AF557591

IMPRESSUM

Herausgegeben von Kristensen & Ko. www.kristendenogko.dk
August 2015
Originaltitel BLOMSTERSTRIK

Strickdesign | Annette Danielsen | www.annetted.dk
www.facebook.com/AnnetteDStrik

Übersetzung | Dörte Dietrich I www.wollwerkstatt-kiel.de

Lektorat | Sieke Dietrich

Fotos | Anne Styrbech | www.styrbech.dk

Gestaltung | Randi Schmidt | www.randis.dk

Druck | Grafisches Centrum Cuno GmbH & Co. KG, Calbe

ISBN 978-3-7843-5475-0

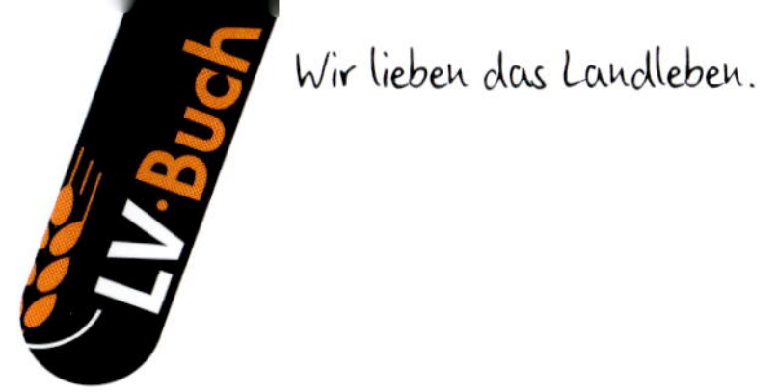

BLUMENSTRICK

ANNETTE DANIELSEN

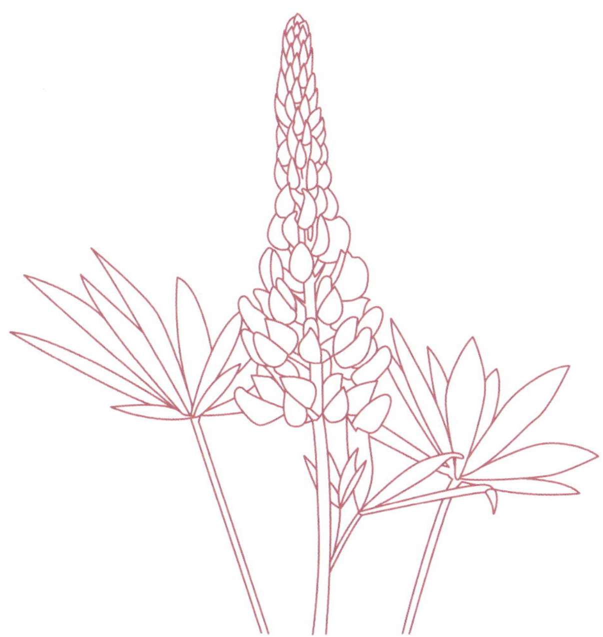

ABKÜRZUNGEN

abh	abheben
abk	abketten
FH	die M abh mit dem Faden hinter der Arbeit
FV	die M abh mit dem Faden vor der Arbeit
Gr	Größe
Hilfsnd	Hilfsnadel
HinR	Hinreihe
insg	insgesamt
li	links
M	Masche
Nd	Nadel
R	Reihe
Rd	Runde
re	rechts
RM	Randmasche
RückR	Rückreihe
U	Umschlag (den Faden von vorne nach hinten über die rechte Nadel legen)
verschr	verschränkt (verdreht)
verschr U	den Faden von hinten nach vorne um die rechte Nd legen = 1 neue M
wdh	wiederholen
zus	zusammen
zw	zwischen

KORREKTUREN

www.AnnetteD.dk
Die Korrekturen für die dänische Ausgabe wurden in der deutschen Ausgabe bereits berücksichtigt.

VERWENDETE GARNE

Die Informationen zu den Garnen finden Sie unter: www.isagerstrik.dk.
Sie können die Garne und Bücher bei den dort empfohlenen Isager Geschäften in Deutschland kaufen.

DANK

TAUSEND DANK an meine fantastischen Mitarbeiterinnen: Anne Styrbech, Randi Schmidt, Susie Haumann, Signe Strømgaard.

Auch einen GROSSEN DANK an meine tüchtigen Strickerinnen: Lone, Grete, Lis, Pia, Tove.

Ein RIESIGES DANKESCHÖN an meine Mutter.

MASCHENPROBE

Die Maschenprobe sollte möglichst mittig in einem Strickteil gemessen werden. Nachfolgend finden Sie ein Beispiel für das Stricken einer Maschenprobe:

Nadel Nr. 3,5
Maschenprobe in kraus rechts gestrickt: 10 cm x 21 M und 42 R

Mit der empfohlenen Nadelstärke mindestens 4 Maschen zusätzlich an jeder Seite anschlagen = 29 M

Mindestens 3 cm zusätzlich in der Höhe stricken = 13 cm stricken.

Nun mittig in der Maschenprobe 10 x 10 cm abmessen und die Maschen und Reihen auszählen.

Mehr Maschen und mehr Reihen als angegeben:
Die Maschenprobe mit einer größeren Nadelstärke wiederholen.

Weniger Maschen und weniger Reihen als angegeben:
Die Maschenprobe mit einer kleineren Nadelstärke wiederholen.

Mehr Reihen und weniger Maschen – oder umgekehrt:
Die Maschenprobe entweder in der Länge oder in der Breite in Form ziehen. Einige von uns stricken "breite" Maschen und haben oft Probleme mit der Maschenprobe. Deshalb ist es sehr wichtig, die Maschenprobe schon während des Strickens zurechtzuziehen, um später richtig Maß nehmen zu können.

Es ist wichtig, die Maschenprobe im großen Strickteil während des Strickens noch einmal zu überprüfen. Die Strickfestigkeit kann sich beim Stricken verändern, z. B.: Wenn man von einem Nadelspiel auf eine Rundnadel wechselt. Wenn man vom Rundstricken zum Stricken in Reihen wechselt und umgekehrt. Wenn man die Strickarbeit für eine Weile beiseitelegt. Die Maschenprobe kann auch unterschiedlich ausfallen, je nachdem, ob man sehr konzentriert oder einfach entspannt drauflos strickt.

Eine Maschenprobe macht nicht viel Spaß – sie ist aber unbedingt notwendig.

BLUMENSTRICK

Im Laufe der Jahre habe ich festgestellt, dass ich am allerbesten aus einer bestimmten Inspiration heraus arbeite. Diese Inspiration kann aus verschiedenen Richtungen kommen: Hans Christian Andersens Märchen, einer Reise nach Grönland oder den dänischen Inseln. Sobald das Thema für ein neues Strickbuch feststeht, ja, dann kommen die Strickmodelle fast von selber.

Die Inspiration für dieses Buch allerdings ließ sich Zeit. Eine Weile liebäugelte ich mit „Close-Up“ Fotoaufnahmen der Natur: z. B. Moos, ein fauler Halloween-Kürbis, ein Marienkäfer. Einige Monate konzentrierte ich mich auf diese Idee.

Der Winter ging vorbei, es wurde Februar und die ersten Schneeglöckchen lugten aus meinem Rasen hervor. Während ich dort mit der Kamera im frostweißen Gras lag, war mir das Thema des neuen Buches auf einmal ganz klar: Blumen sollten meine Inspiration sein.

Zum Glück bekam ich meine „Offenbarung“ schon im Frühjahr – so hatten wir nämlich ein ganzes Jahr Zeit, die Blumen zu fotografieren. Ich bin kein großer Gartenmensch, aber ich weiß doch so viel, dass es nicht möglich ist, im Januar Aufnahmen von Mohnblumen zu machen. Den Blütezeiten muss gefolgt werden, Blumen können nur zu einem bestimmten Zeitpunkt fotografiert werden.

Es war eine richtig schöne Aufgabe. Mehrere Male haben die Fotografin und ich uns angeschaut und gesagt: „Wie schön sind diese Blumen ...“

Mein Lieblingsbild ist das Titelbild der Christrose. Es braucht nicht viel Fantasie um ein kleines Märchen zu sehen, dass sich in diesem Bild versteckt. Die schönen schützenden Blütenblätter entfalten sich und laden zum Fest ein. Die tanzenden Blütenstempel stehen eng, haben aber genug Platz, um mit ihren kleinen gelben Köpfen wippen zu können. Als ich ein kleines Elfenmädchen war, wollte ich in einem Christrosen Elfenschloss leben, Morgentau trinken und Elfentänze im Goldwald tanzen.

Viel Vergnügen beim Stricken.

Die besten Grüße
Annette Danielsen

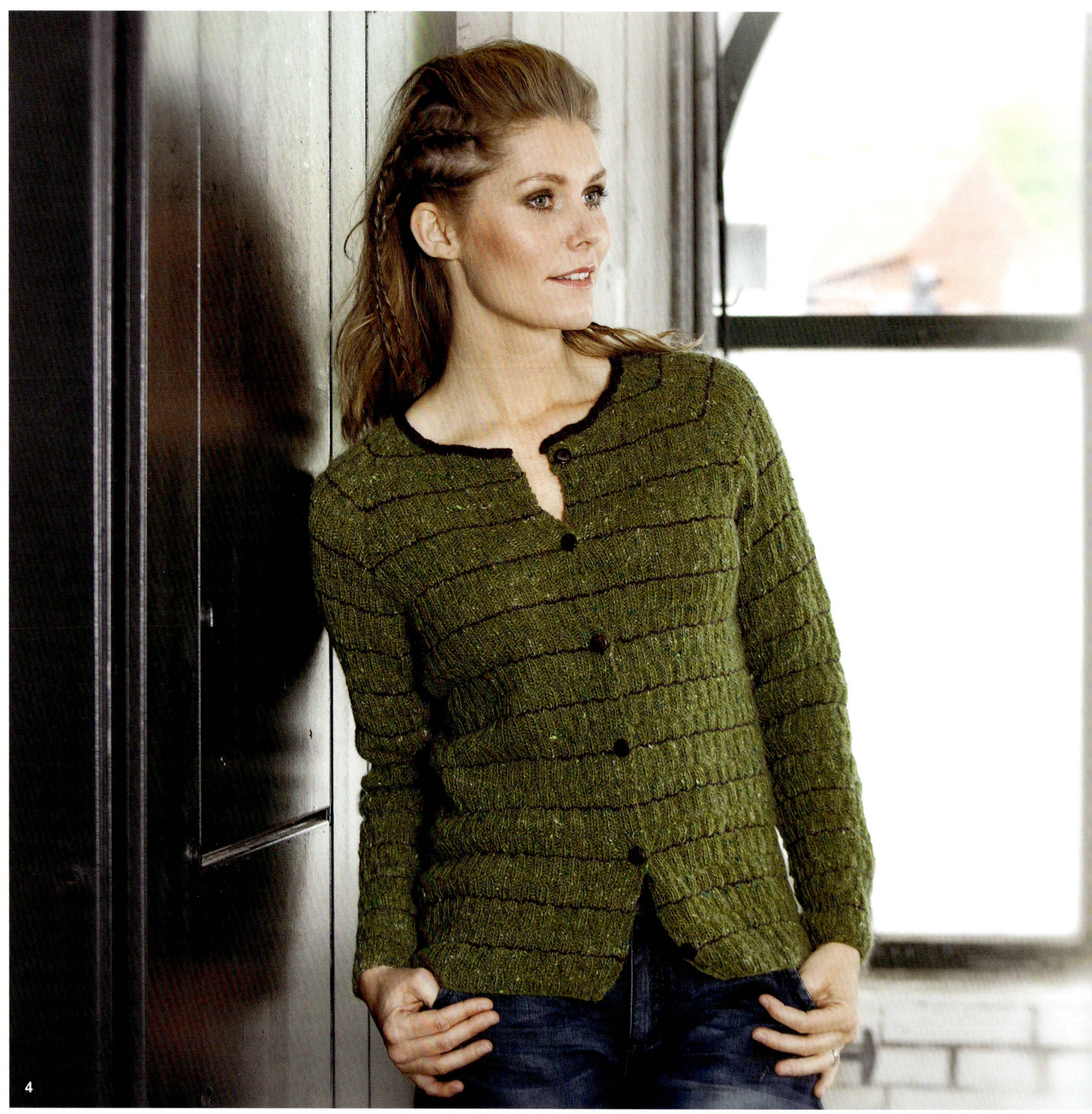

A R T I S C H O C K E

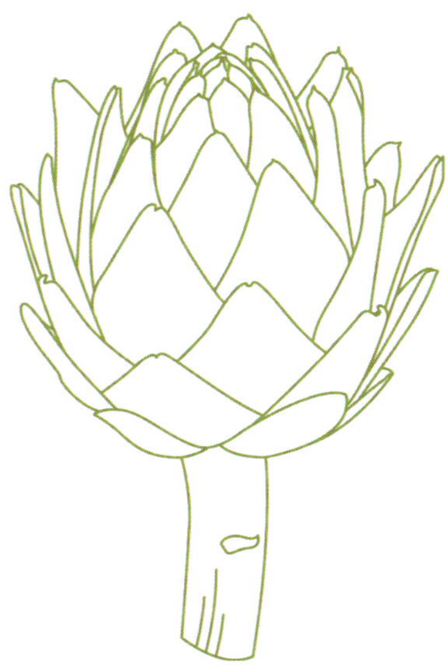

Größe: S(M)L(XL)

Halbe Oberweite: 48(52)55(58) cm
Länge: 55(56)57(58) cm
Innere Ärmellänge: 44 cm

Material:
A: 250(300)300(300)g Isager Tweed Farbe Moos
B: 25g Tvinni Farbe 55

6 Knöpfe

Nadeln: Strumpfnadeln Nr. 3½ und Rundnadeln Nr. 3 und 3½

Maschenprobe im Rippenmuster mit Nd Nr. 3½: 10 cm = 26 M und 36 R

ÄRMEL

52(56)60(64) M mit Farbe A und Strumpfnadeln Nr. 3½ anschlagen.
In Runden stricken.

Runde 1 - 7: 1 li – *2 re – 2 li*. Von * bis * wdh. Enden mit 2 re – 1 li.
Es sind nun 7 Rd im Rippenmuster gestrickt.

Runde 8 mit 1. ZUNAHME: 1 re – 1 neue re, dafür den Querfaden zw den M re verschr stricken – *2 li – 2 re*. Von * bis * wdh. Enden mit 2 li – 1 neue re – 1 li = 54(58)62(66) M.
Runde 9 - 13: 2 re – *2 li – 2 re*. Von * bis * wdh.
Es sind nun 6 Rd mit versetztem Rippenmuster gestrickt.

Zu B wechseln.
Runde 14: Alle M re stricken. B abschneiden.

Zu A wechseln.
Runde 15 mit rechten Maschen und 2. ZUNAHME: 1 re – 1 neue re – 52(56)60(64) re – 1 neue re – 1 re = 56(60)64(68) M.
Runde 16 - 22: 1 re – *2 li – 2 re*. Von * bis * wdh. Enden mit 2 li – 1 re.
Es sind 1 Rd re + 7 Rd im Rippenmuster gestrickt.

Runde 23 mit 3. ZUNAHME: 1 li – 1 neue li, dafür den Querfaden zw den M verschr auf die linke Nd heben und li stricken – *2 re – 2 li*. Von * bis * wdh. Enden mit 2 re – 1 neue li – 1 li = 58(62)66(70) M.
Runde 24 - 28: 2 li – *2 re – 2 li*. Von * bis * wdh.
Es sind 6 Runden mit versetztem Rippenmuster gestrickt.

Zu B wechseln.
Runde 29: Alle M re stricken. B abschneiden.

1 Rd re mit Zunahmen + 7 Rd im Rippenmuster stricken.
1 Rd mit versetztem Rippenmuster mit Zunahmen + 5 Rd im Rippenmuster stricken.
1 Rd re mit B stricken.

Das Muster mit den Zunahmen wiederholen, bis es 92(96)100(104) M sind. Die neuen M in das Rippenmuster einfügen. Die 15 Musterreihen insg 10½mal stricken. Nach einem B-Streifen mit 1 Rd re + 6 Rd im Rippenmuster enden.
Der Ärmel misst ca. 44 cm.

Im Muster weiterstricken. Für den Armausschnitt abketten: Die ersten 12 M abketten – 68(72)76(80) M im Rippenmuster stricken – die letzten 12 M abketten.
Die Fäden abschneiden.
Den zweiten Ärmel auf die gleiche Weise stricken.

KÖRPER

252(268)284(300) M mit A und einer Rundnd Nr. 3½ anschlagen.
In Reihen hin und her stricken.

Reihe 1 (RückR): 1 re – *2 li – 2 re*. Von * bis * wdh. Enden mit 2 li – 1 re.
Reihe 2: 3 re – *2 li – 2 re*. Von * bis * wdh. Enden mit 1 re.
Insg 7 R im Rippenmuster stricken.
Enden mit einer Reihe 1.

6 R im versetzten Rippenmuster stricken: Mit Reihe 1 beginnen.

Zu B wechseln: In einer HinR 252(268)284(300) re stricken. B abschneiden.

Mit A wieder eine HinR stricken, dafür alle M zurückschieben.
1. Knopfloch stricken: 1 re – 2 re zus stricken – 2 neue anschlagen – 2 re zus stricken – 247(263)279(295) re.
7 R im Rippenmuster stricken.
Beginnen mit Reihe 1.
6 R im versetzen Rippenmuster stricken.
Beginnen mit Reihe 1.
1 R re mit B stricken. B abschneiden.

Das Muster wdh.
Das Knopfloch in jeder 30. R wdh.
Die 15 Musterreihen 8½mal stricken. Nach einem B-Streifen mit 1 R re + 6 R im Rippenmuster enden.
Die Arbeit misst ca. 37 cm.
Im Muster weiterstricken.

In der nächsten RückR die Arbeit in Vorderteile und Rücken teilen: 52(56)60(64) M im Rippenmuster stricken – 24 M abketten – 100(108)116(124) M im Rippenmuster stricken (die erste M ist bereits auf der Nd) – 24 M abketten – 52(56)60(64) M im Rippenmuster stricken (die erste M ist bereits auf der Nd).

RAGLAN

Im Muster weiterstricken.
In einer HinR die Ärmel in die Armausschnitte einsetzen: Die 52(56)60(64) M des rechten Vorderteils – 68(72)76(80) Ärmelmaschen im Rippenmuster – 100(108)116(124) Rückenmaschen im Rippenmuster – 68(72)76(80) Ärmelmaschen im Rippenmuster – 52(56)60(64) M des linken Vorderteils stricken = 340(364)388(412) M.
1 R im Muster stricken.

In allen HinR Abnahmen stricken.
1. ABNAHME: 50(54)58(62) M – 2 li zus – Markierung setzen – 2 li zus – 64(68)72(76) M – 2 li zus – Markierung setzen – 2 li zus – 96(104)112(120) M – 2 li zus – Markierung setzen – 2 li zus – 64(68)72(76) M – 2 li zus – Markierung setzen – 2 li zus – 50(54)58(62) M = 332(356)380(404) M.
Die Markierungen zw den Abnahmen von R zu R mitführen.

1 R im Muster stricken.

2. ABNAHME: 49(53)57(61) M – 2 li zus – 2 li zus – 62(66)70(74) M – 2 li zus – 2 li zus – 94(102)110(118) M – 2 li zus – 2 li zus – 62(66)70(74) M – 2 li zus – 2 li zus – 49(53)57(61) M = 324(348)372(396) M.
1 R im Muster stricken.

1 R re mit B stricken. B abschneiden.

Mit A stricken.
Wieder eine HinR stricken – nun mit Knopfloch.
3. ABNAHME: 1 re – 2 re zus – 2 neue M anschlagen – 2 re zus – 43(47)51(55) re – 2 re verschr zus – 2 re zus – 60(64)68(72) re – 2 re verschr zus – 2 re zus – 92(100)108(116) re –

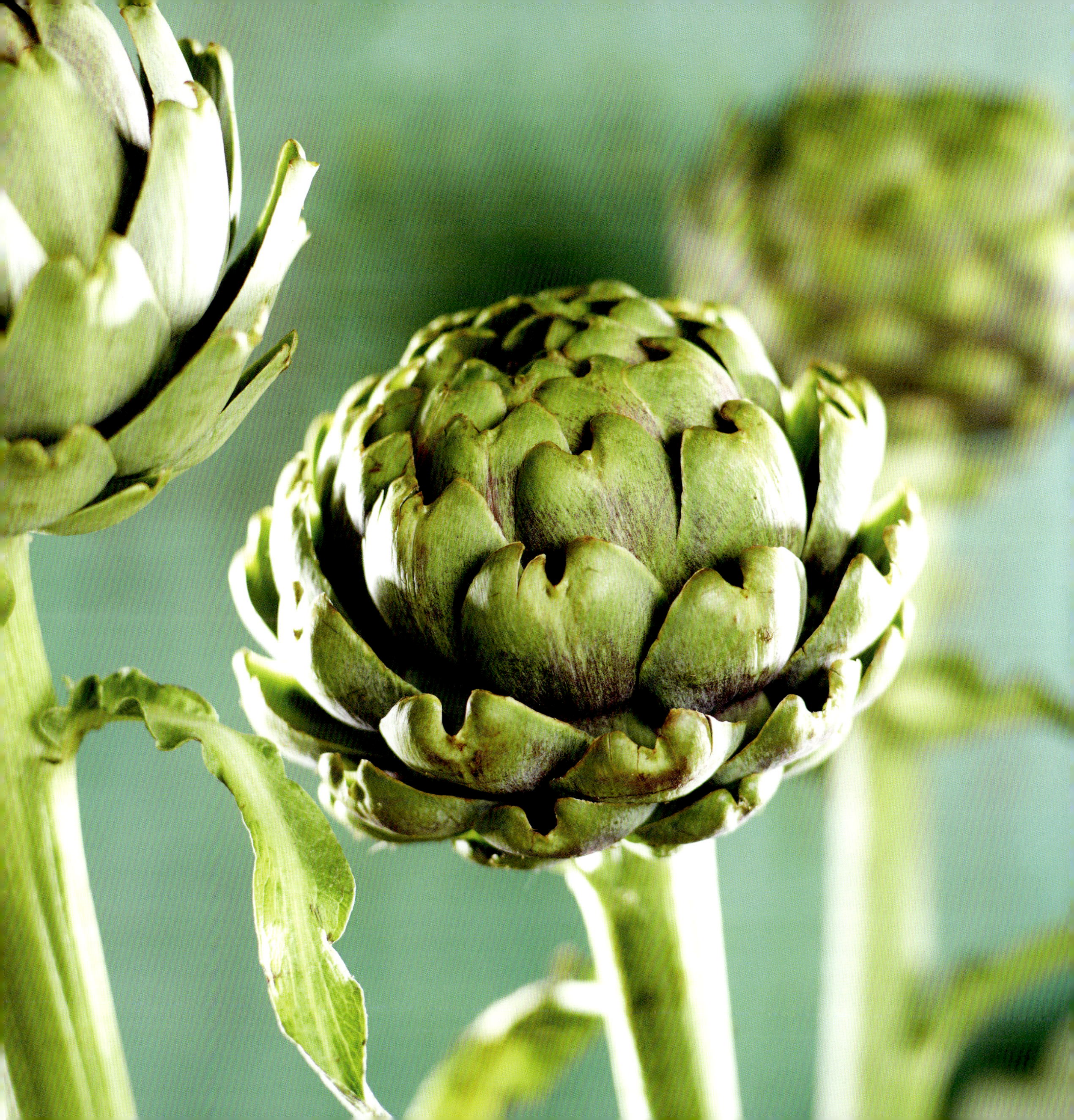

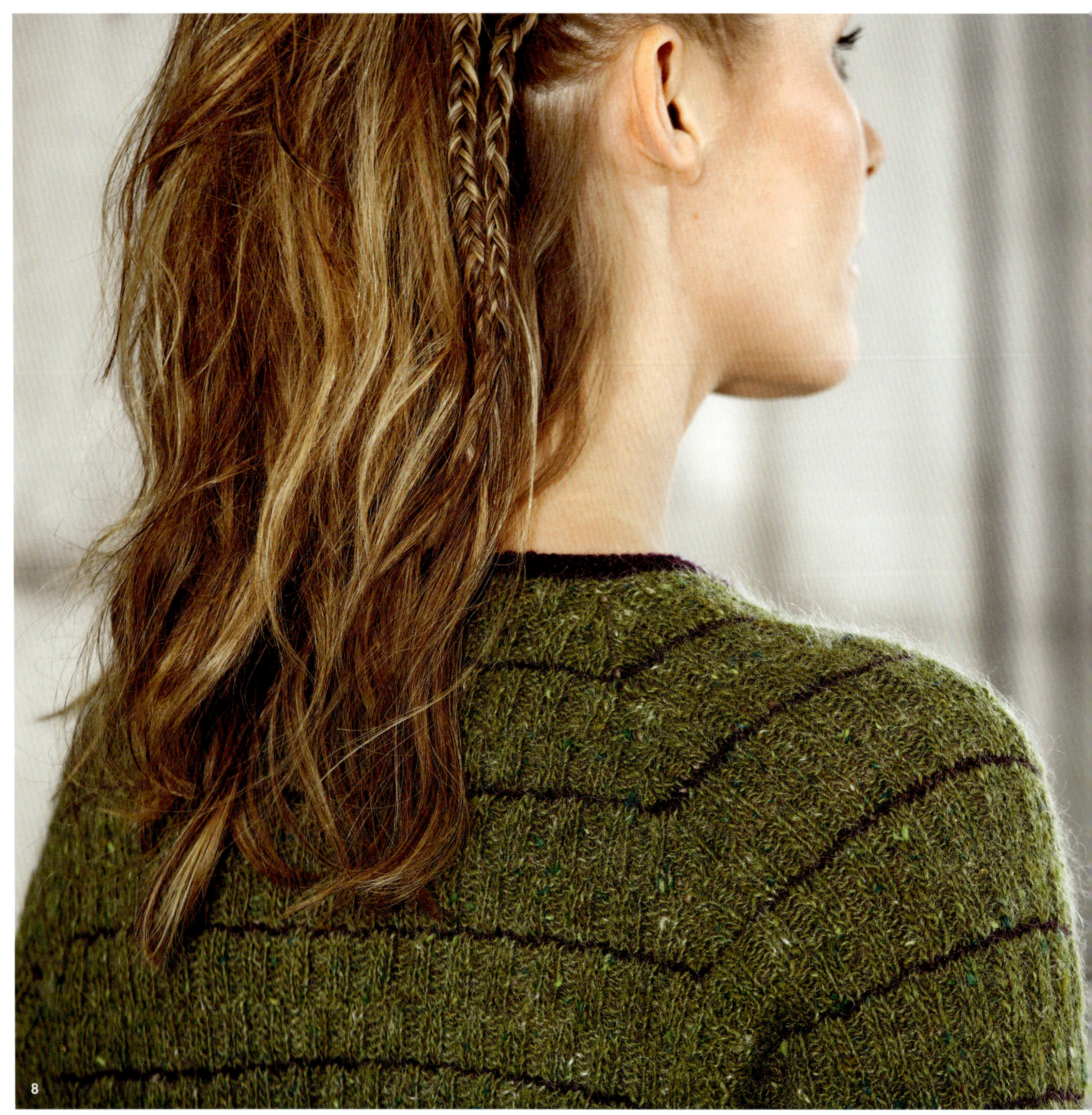

2 re verschr zus – 2 re zus – 60(64)68(72) re – 2 re verschr zus – 2 re zus – 48(52)56(60) re stricken = 316(340)364(388) M.
1 R im Muster stricken.

Im Muster weiterstricken und in den HinR an beiden Seiten der Markierungen Abnahmen stricken. Ob die Abnahmen rechts oder links zusammengestrickt werden, ergibt sich aus dem Muster.
Insg 16 Abnahmereihen stricken = 212(236)260(284) M.
1 R im Muster stricken.

1 R re mit B stricken. B abschneiden.

Die Abnahmen noch 2mal stricken = 196(220)244(268) M.
4 R nach B-Streifen enden.

Im Muster und mit den Abnahmen weiterstricken, aber gleichzeitig für den Halsausschnitt am Anfang jeder R abketten.
Beidseitig 3mal 3 M abketten = 154(178)202(226) M.
Beidseitig 2mal 2 M abketten = 130(154)178(202) M.
1 R im Muster stricken.

1 R re mit B stricken. B abschneiden.

Mit A stricken.
Beidseitig 2mal 2 M abketten = 106(130)154(178) M.
Im Muster und mit den Abnahmen wie bisher stricken.
Beidseitig 4(5)5(5)mal 1 M abketten = 66(80)104(128) M.
1 R im Muster stricken.

Gr. S: Weiterlesen bei ABSCHLUSS.

Gr. (M)L(XL):
1 R re mit B stricken. B abschneiden.
Zu A wechseln.
Beidseitig (1)3(5)mal 1 M abketten = (70)74(78) M.
1 R im Muster stricken.

ABSCHLUSS

Die letzte Abnahme an jeder Seite der Markierungen stricken. In der folgenden RückR 2 M re zus – 54(58)62(66) M im Muster – 2 M re zus stricken. A abschneiden.

HALSRAND

Mit B und Rundnadel Nr. 3 stricken.
38(42)45(48) M aus dem Halsausschnitt am rechten Vorderteil herausstricken. Re über die 56(60)64(68) M auf der Nadel stricken.
38(42)45(48) M aus dem Halsausschnitt am linken Vorderteil herausstricken = 132(144)154(164) M.

1 R re – 1 R li – 1 R re – 1 R li stricken.
Alle M abketten.

FERTIGSTELLUNG

Die abgeketteten Maschen unter den Ärmeln mit den abgeketteten Maschen des Körpers zusammennähen.
Die Fäden vernähen. Die Knöpfe annähen.

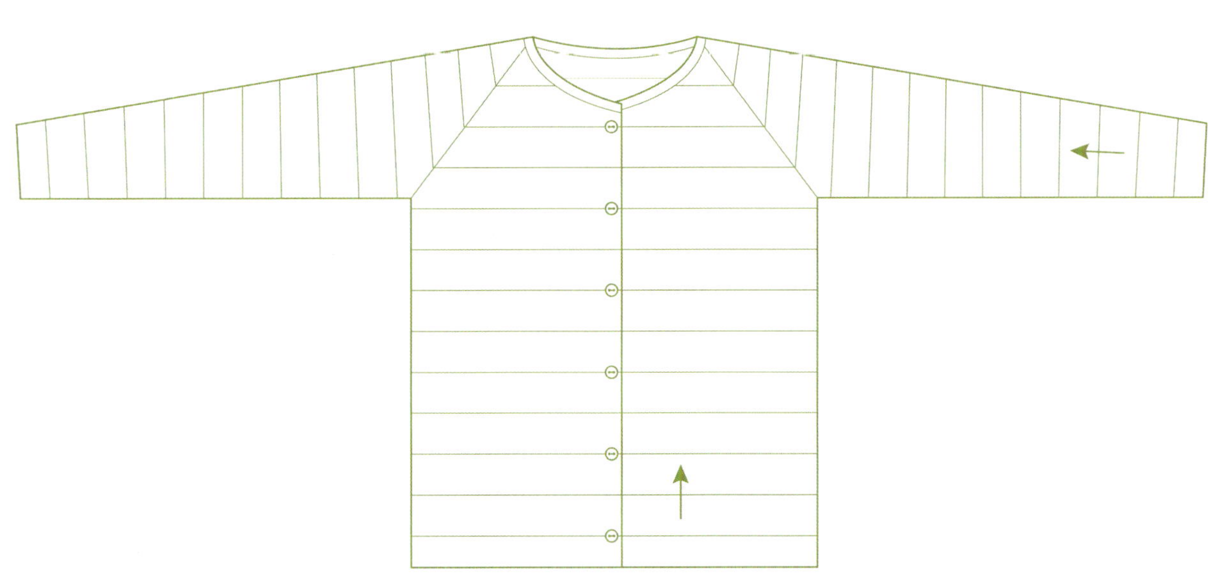

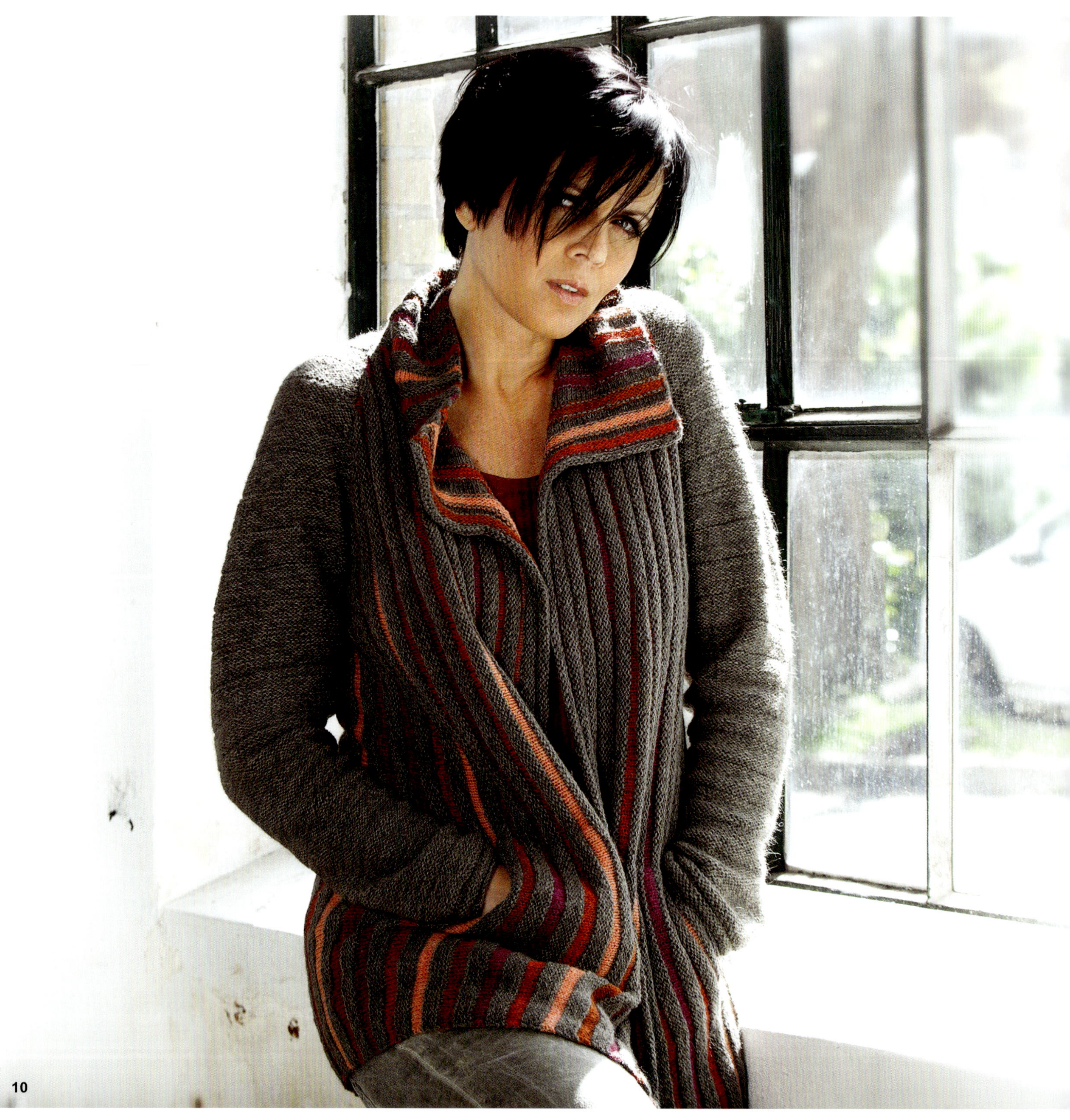

T U L P E

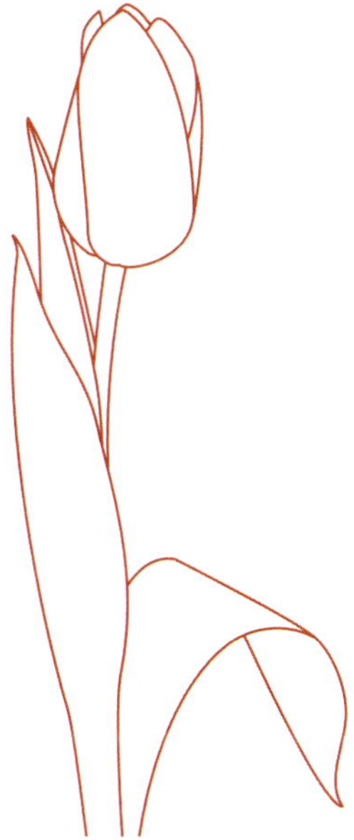

Größe: S(M)L(XL)

Halbe Oberweite: 47(50)53(56) cm
Länge: 72(72)74(76) cm
Innere Ärmellänge: 43 cm

Material:
A: 250(250)300(300)g Tvinni Farbe 23s
B: 200(200)200(250)g Isager Alpaca 1 Farbe 23
C: 120g Reste. Hier verteilt auf Tvinni Farbe 1s, 19s und 28s und Isager Highland Farbe Rhubarb

Nadeln: Rundnadel und Strumpfnadeln Nr. 3½

Maschenprobe glatt gestrickt: 10 cm = 22 M und 32 R
Maschenprobe im Ärmelmuster: 10 cm = 22 M und 34 R

Die Jacke wird quer vom linken Vorderteil über den Rücken bis zum rechten Vorderteil gestrickt.

LINKES VORDERTEIL

158 M mit A + B und Nd Nr. 3½ anschlagen.
In Reihen hin und her stricken.

Reihe 1 (RückR): 158 re.
Reihe 2: 1 re – 156 li – 1 re.
Reihe 3: Wie Reihe 1.
Reihe 4: Wie Reihe 2.
Reihe 5: Wie Reihe 1.

Zur ersten C-Farbe wechseln.
Reihe 6 (HinR): 158 re.
Reihe 7: 1 re – 156 li – 1 re.
Reihe 8: Wie Reihe 6.
Reihe 9: Wie Reihe 7. C abschneiden.

Zurück zu A + B wechseln. Für die Halsrundung nun in den HinR vor den letzten 30 M Zunahmen stricken:
Reihe 10: 128 re – 1 neue re, dafür den Querfaden zw den M re verschr stricken. Eine Markierung setzen. 30 re stricken.
Reihe 11: 159 re.
Reihe 12: 1 re – 128 li – 1 neue li, dafür den Querfaden zw den M verschr auf die li Nd heben und li stricken. 29 li – 1 re.
Reihe 13: 160 re.
Reihe 14: 1 re – 129 li – 1 neue li – 29 li – 1 re.
Reihe 15: 161 re.

Zu der nächsten C-Farbe wechseln.
Reihe 16: 131 re – 1 neue re – 30 re.
Reihe 17: 1 re – 160 li – 1 re.
Reihe 18: 132 re – 1 neue re – 30 re.
Reihe 19: 1 re – 161 li – 1 re. C abschneiden.

Weitere Streifen stricken und vor der Markierung insg 30(30)35(40)mal zunehmen = 7(7)8(9) Streifen mit C = 188(188)193(198) M.
Die Farben der C-Streifen müssen nicht gleichmäßig verteilt sein.

3 Reihen mit A + B ohne Zunahmen stricken.

1. WENDESTRICKEN AM KRAGEN

Reihe 1 (RückR): 29 re. Wenden.
Reihe 2: 1 verschr U um die rechte Nd legen – 28 li – 1 re.
Reihe 3: 27 re. Wenden.

Zu einer C-Farbe wechseln.
Reihe 4: 27 re.
Reihe 5: 1 re – 24 li. Wenden.
Reihe 6: 1 verschr U – 25 re.
Reihe 7: 1 re – 24 li – den U mit der nächsten M li zus – 1 li stricken.
C abschneiden. Wenden.

Zu A + B wechseln.
Reihe 8: 1 neue M auf der rechten Nd anschlagen – 27 re.
Reihe 9: 27 re – die neue M mit der nächsten M re zus stricken. Wenden.
Reihe 10: 1 verschr U – 27 li – 1 re.
Reihe 11: 28 re – U mit nächster M re zus – U mit nächster M re zus – die nächsten 2 M abketten – 156(156)161(166) re stricken.
Die 30 Kragenmaschen stilllegen.

ARMAUSSCHNITT

Im Muster weiterstricken.
1 HinR über die 156(156)161(166) Körpermaschen stricken. Wenden.
1 M abketten – die R zu Ende stricken.

Zu einer C-Farbe wechseln.
1 HinR stricken.
2 M abketten – die RückR zu Ende stricken.
1 HinR stricken.
1 M abketten – die RückR zu Ende stricken.
C abschneiden.

Zu A + B wechseln.
Im Muster weiterstricken.
Weiterhin abwechselnd 1 oder 2 M am Anfang der RückR abketten, bis insg 24 M abgekettet sind = 134(134)139(144) M auf der Nd.

LINKE TASCHE

Mit dem nächsten Abketten beginnt gleichzeitig die Tasche: 2 M abketten – 92(92)94(96) re stricken (die erste M ist bereits auf der Nd). Die letzten 40(40)43(46) M nicht stricken, sondern in Verlängerung der soeben gestrickten Maschen 25 M neu anschlagen. Wenden.
Re über die neuen 25 M + re über die ersten 25 M der 92(92)94(96) Körpermaschen stricken. Wenden.
Dies sind 50 M für die Tasche.

Über diese 50 Taschenmaschen glatt rechts hin und her stricken.
Die erste R li stricken, damit die Rechtsmaschen außen liegen. Wenn die Tasche 25 cm misst, die ersten 25 M in einer HinR abketten – die letzten 25 M stricken.
In der nächsten R 25 li – weiter über die unteren 40(40)43(46) Jackenmaschen re stricken.

Im Muster weiterstricken.
Mit einer C-Farbe über die ersten 40(40)43(46) M stricken – die 25 Taschenmaschen stricken – die R zu Ende stricken = 132(132)137(142) M.
Weiterhin abketten wie bisher.
Beim ersten Mal 1 M abketten.
Weiterstricken, bis insg 36(38)41(44) M abgekettet sind = 122(120)122(124) M.

Derzeitige Position:
Gr. S(XL): Unmittelbar nach einem C-Streifen.
Gr. (M): Nach 2 Reihen mit A + B.
Gr. L: Unmittelbar nach einem A + B-Streifen.

26(32)34(36) R stricken.

Neue Position:
Gr. S(XL):
Unmittelbar vor einem C-Streifen.

Gr. (M):
Nach 4 Reihen mit A + B.

Gr. L:
Unmittelbar vor einem A + B-Streifen.

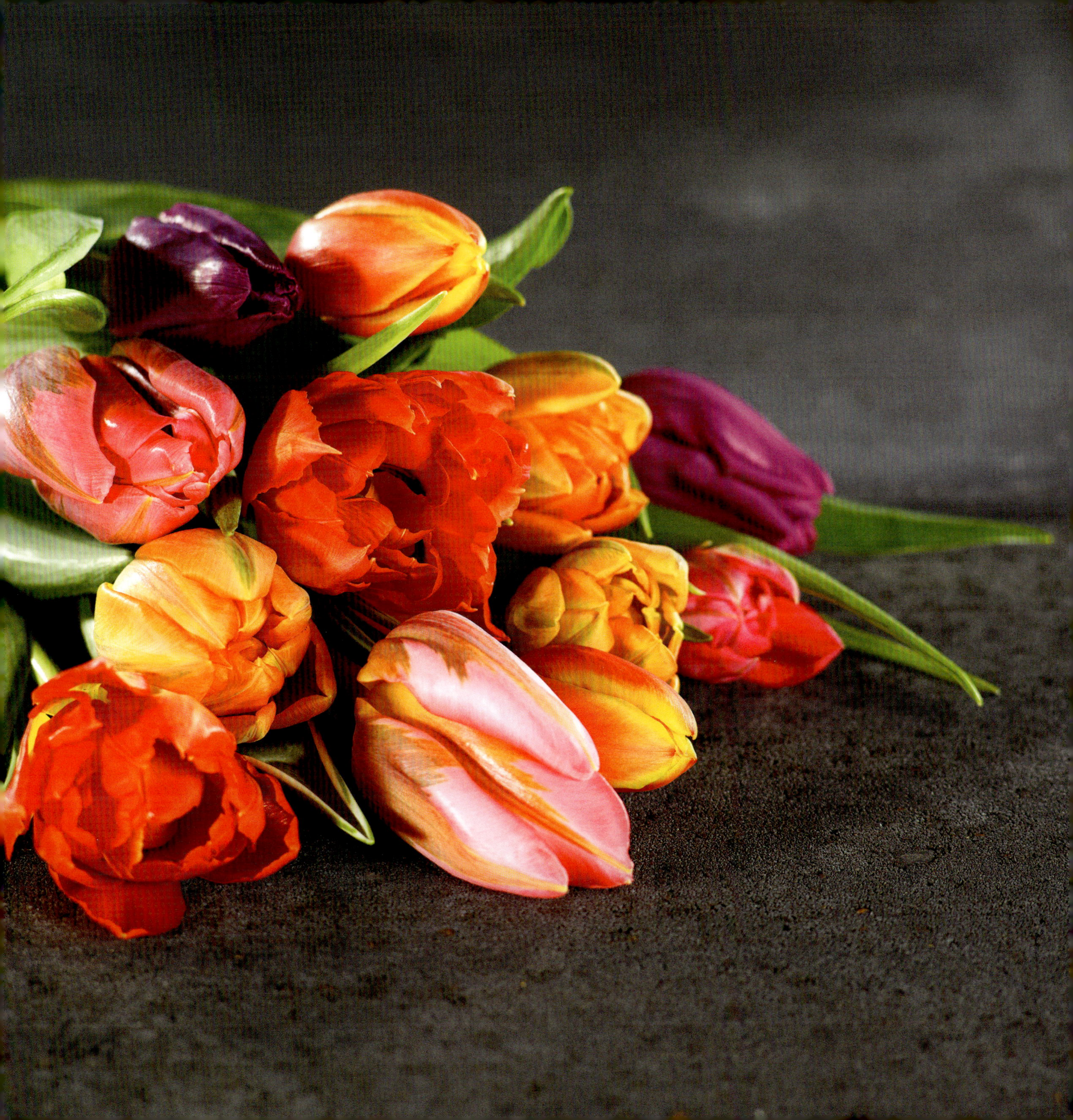

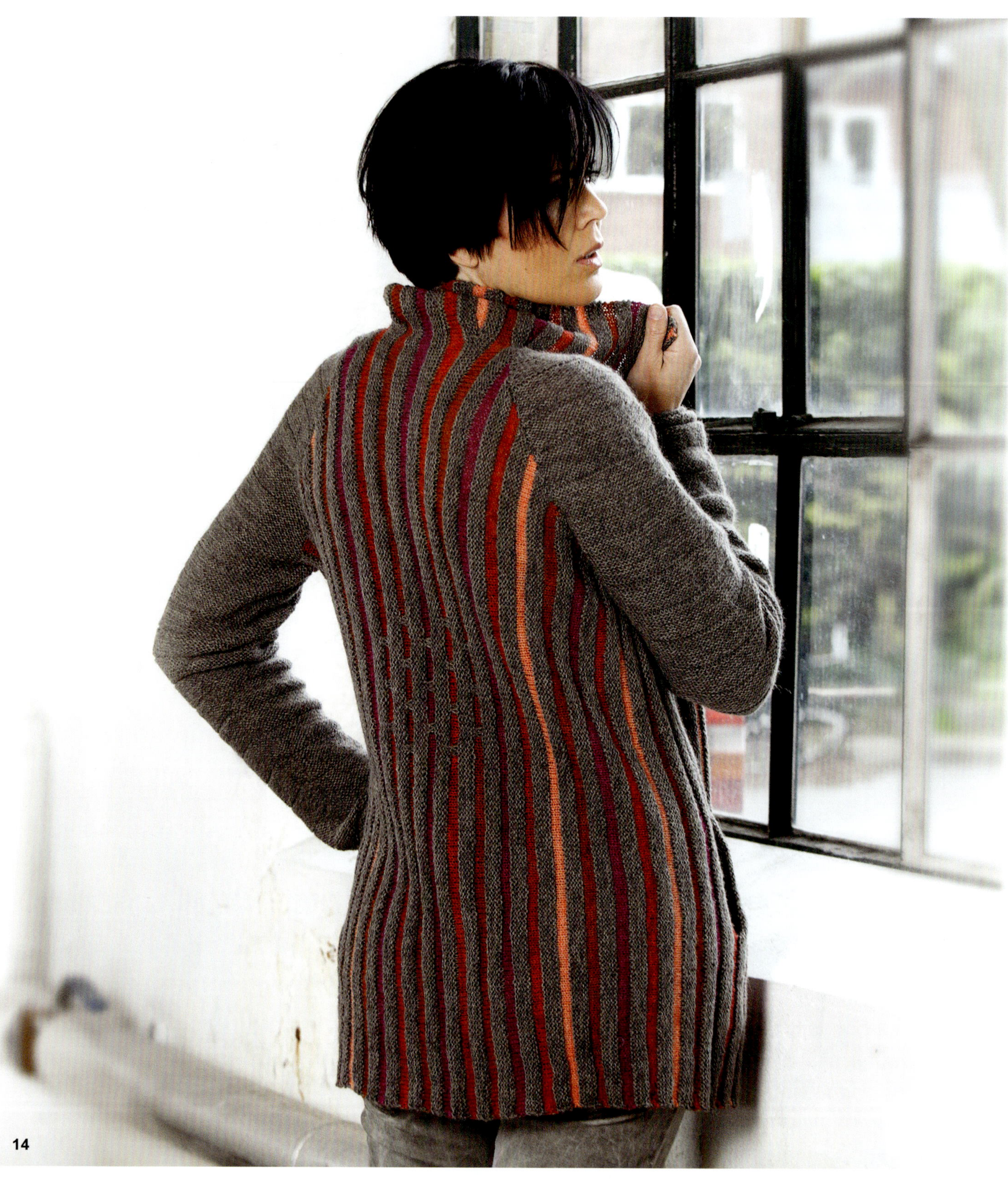

RÜCKEN

Im Muster weiterstricken und gleichzeitig in Verlängerung der HinR neue M anschlagen. Zuerst 1(2)2(2) M anschlagen. Danach abwechselnd 1 oder 2 M anschlagen, bis es insg 36(38)41(44) neue M sind = 158(158)163(168) M. Die 30 Kragenmaschen wieder auf die Nd heben. In der nächsten HinR nach den Körpermaschen weiter über die Kragenmaschen stricken = 188(188)193(198) M.
1 RückR stricken.

RÜCKENMUSTER

Zu einer C-Farbe wechseln und 1. ZIEGELsteinmuster (= Hebemaschenmuster) stricken:
Reihe 1: 78 re – 2 M abh mit dem Faden hinter den M = 2 FH – 6 re – 2 FH – 6 re – 2 FH – 92(92)97(102) re stricken.
Reihe 2: 1 re – 91(91)96(101) li – 2 M abh mit dem Faden vor den M = 2 FV – 6 li – 2 FV – 6 li – 2 FV – 77 li – 1 re stricken.
Reihe 3: Wie Reihe 1.
Reihe 4: Wie Reihe 2.

Zu A + B wechseln.
Reihe 5: 188(188)193(198) re.
Reihe 6: Wie Reihe 5.
Reihe 7: 1 re – 186(186)191(196) li – 1 re.

2. WENDESTRICKEN AM KRAGEN:
Reihen 1 – 10 wie 1. WENDESTRICKEN AM KRAGEN.
Reihe 11: 28 re – den U mit der nächsten M re zus – den U mit der nächsten M re zus – 158(158)163(168) re stricken.

Noch 2 Reihen mit A + B stricken.

Zu einer C-Farbe wechseln und 2. ZIEGEL stricken:
Reihe 1: 74 re – 2 FH – 6 re – 2 FH – 6 re – 2 FH – 6 re – 2 FH – 88(88)93(98) re stricken.
Reihe 2: 1 re – 87(87)92(97) li – 2 FV – 6 li – 2 FV – 6 li – 2 FV – 6 li – 2 FV – 73 li – 1 re stricken.
Reihe 3: Wie Reihe 1.
Reihe 4: Wie Reihe 2.

Zu A + B wechseln und 6 R im Muster wie bisher stricken.
Zu einer C-Farbe wechseln und 3. ZIEGEL wie 1. ZIEGEL stricken.

Zu A + B wechseln und 6 R im Muster wie bisher stricken.
Zu einer C-Farbe wechseln und 4. ZIEGEL wie 2. ZIEGEL stricken.

Gr. L(XL):
Zu A + B wechseln und 6 R im Muster wie bisher stricken.
Zu einer C-Farbe wechseln und 5. ZIEGEL wie 1. ZIEGEL stricken.
Zu A + B wechseln und 6 R im Muster wie bisher stricken.
Zu einer C-Farbe wechseln und 6. ZIEGEL wie 2. ZIEGEL stricken.

Alle Gr.:
Zu A + B wechseln und 3 R im Muster wie bisher stricken.
3. WENDESTRICKEN AM KRAGEN:
Reihen 1 – 10 wie 1. WENDESTRICKEN AM KRAGEN.
Reihe 11: 28 re – den U mit der nächsten M re zus – den U mit der nächsten M re zus – 158(158)163(168) re stricken.

Noch 2 R mit A + B stricken.
Zu einer C-Farbe wechseln und 5.(5.)7.(7.) ZIEGEL wie 1. ZIEGEL stricken.
Dies ist der letzte ZIEGEL.

3 Reihen mit A + B stricken.
4. WENDESTRICKEN AM KRAGEN:
Reihen 1 – 11 wie 1. WENDESTRICKEN AM KRAGEN.

ARMAUSSCHNITT

Die 30 Kragenmaschen stilllegen.
An der Ärmelseite abketten.
Abwechselnd 1 und 2 M abketten, bis insg 36(38)41(44) M abgekettet sind = 122(120)122(124) M.
26(32)34(36) Reihen ohne Abketten stricken.
Beginnen und enden wie beim ersten Ärmel.

RECHTES VORDERTEIL

In Verlängerung der HinR neue M anschlagen. Zuerst 1(2)2(2) M anschlagen. Danach abwechselnd 1 oder 2 M anschlagen, bis insg 10(12)15(18) M angeschlagen sind = 132(132)137(142) M.
Enden nach 4 R mit einer C-Farbe.

RECHTE TASCHE

In der nächsten Reihe mit der Tasche beginnen: 65(65)68(71) re stricken. Wenden.
25 li stricken. NICHT über die letzten 40(40)43(46) M stricken, sondern in Verlängerung der soeben gestrickten 25 M weitere 25 M anschlagen. Wenden.

Über die 50 Taschenmaschen glatt rechts hin und her stricken. Die erste R re stricken, sodass die rechten M außen liegen.
Wenn die Tasche 25 cm misst, die ersten 25 M in einer HinR abketten – die letzten 25 Taschenmaschen stricken – über die restlichen 67(67)69(71) Jackenmaschen re weiterstricken und in Verlängerung davon 2 neue M anschlagen.
In der nächsten R 94(94)96(98) re – und über die restlichen 40(40)43(46) M unterhalb der Tasche re weiterstricken = 134(134)139(144) M.

Weitere M wie bisher anschlagen (abwechselnd 1 und 2 M).
Beim 1. Mal 1 M anschlagen.
Insg 36(38)41(44) neue M anschlagen = 158(158)163(168) M.
Enden nach 4 R mit A + B.

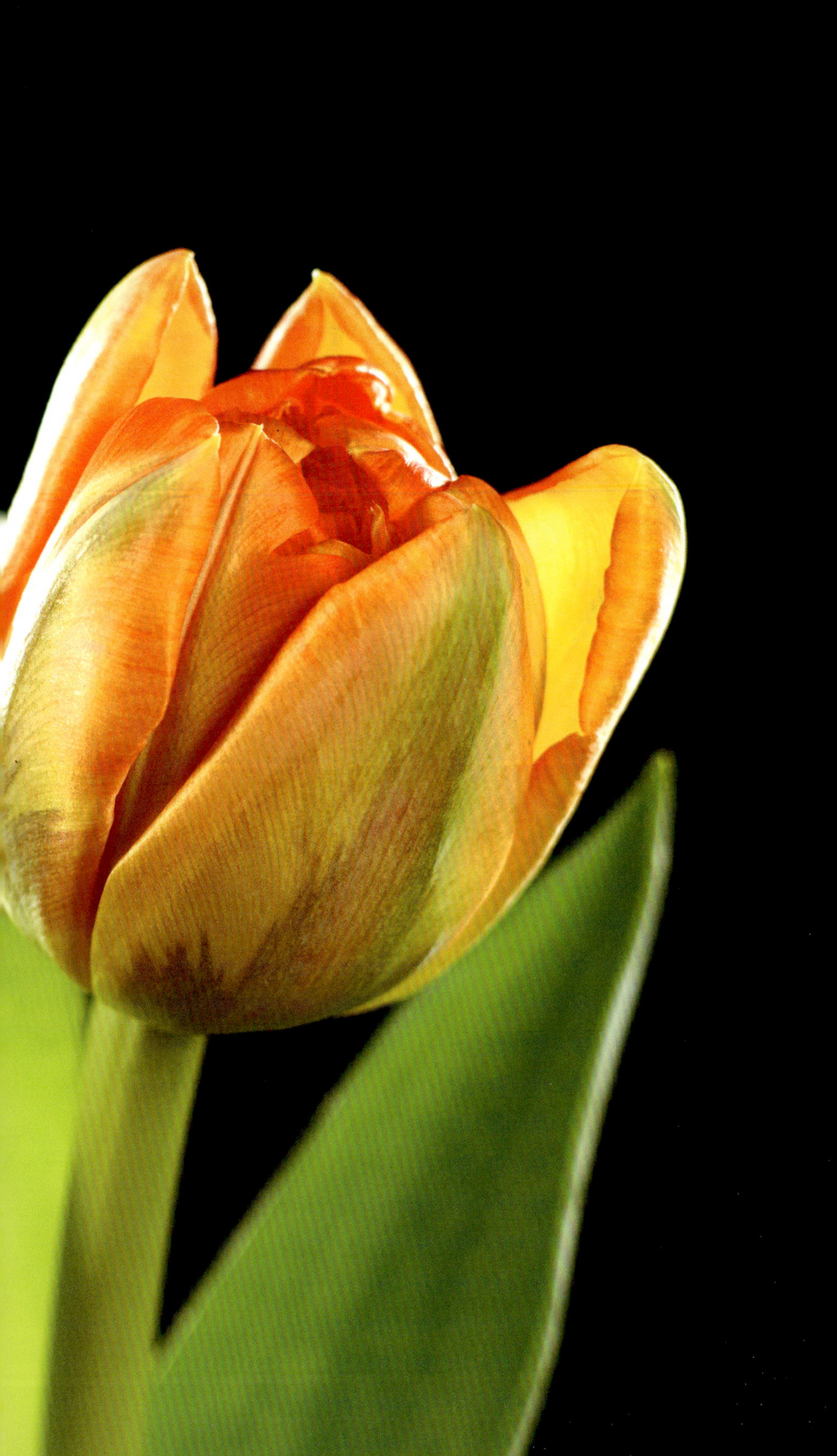

RECHTES VORDERTEIL

Die Kragenmaschen wieder auf die Nadel heben.
In der nächsten HinR die Kragenmaschen wieder mitstricken = 188(188)193(198) M.
1 R stricken.

Zu einer C-Farbe wechseln.
Für die Halsrundung Abnahmen stricken:
Reihe 1: 156(156)161(166) re – 2 re zus – Markierung setzen – 30 re.
Reihe 2: 1 re – 185(185)190(195) li – 1 re.
Reihe 3: 155(155)160(165) re – 2 re zus – 30 re.
Reihe 4: 1 re – 184(184)189(194) li – 1 re. C abschneiden.

Zu A + B wechseln.
Reihe 5: 154(154)159(164) re – 2 re zus – 30 re.
Reihe 6: 185(185)190(195) re.
Reihe 7: 1 re – 152(152)157(162) li – 2 li zus – 29 li – 1 re.
Reihe 8: 184(184)189(194) re.
Reihe 9: 1 re – 151(151)156(161) li – 2 li zus – 29 li – 1 re.
Reihe 10: 183(183)188(193) re.

Im Muster und mit den Abnahmen vor der Markierung weiterstricken, bis insg 30(30)35(40) Abnahmen gestrickt sind = 158 M.

Ohne Abnahmen den letzten C-Streifen stricken.
5 Reihen mit A + B ohne Abnahmen stricken.
In einer RückR rechts abketten.

ÄRMEL

48(50)54(58) M mit A + B und Strumpfnadeln Nr. 3½ anschlagen.
In Runden stricken.
Um linke M zu vermeiden, wird der Ärmel gewendet und von der Innenseite gestrickt.

Rand: 4 Rd li – 4 Rd re – 4 Rd li stricken.

Gr. (M): 9 Rd re + 1 Rd li stricken.

Alle Gr.:
1. ZUNAHME stricken: 1 re – 1 neue re, dafür den Querfaden zw den M re verschr stricken – 44(48)52(56) re – 1 neue re – 1 re.
7 Rd re stricken
2. ZUNAHME stricken: 1 re – 1 neue re – 46(50)54(58) re – 1 neue re – 1 re.
1 Rd li stricken.

Das Muster wiederholen: 9 Rd re – 1 Rd li.
Die Zunahme nach der ersten und vor der letzten M in jeder 10.(8.)8.(8.) Rd wdh, bis es insg 76(82)88(94) M sind.

Weiterstricken, bis der Ärmel 43 cm misst.
Nach der Linksreihe mit einer ungeraden Rundenanzahl enden.

Den Ärmel auf die Außenseite wenden (nun liegen die linken Maschen außen).
Ab hier in Reihen hin und her stricken.
Mit einer RückR beginnen.

Weiterhin Rechtsrillen in jeder 10. R stricken.
Reihe 1: 76(82)88(94) M. Wenden.
Reihe 2: 2 re zus – 33(36)39(42) re – 2 re verschr zus – 1 re – Markierung setzen – 1 re – 2 re zus – 33(36)39(42) re – 2 re zus.

Die Abnahmen am Anfang und Ende jeder 4. R stricken.
Die Abnahmen in der Mitte der R (an jeder Seite der Markierung) 6(7)8(9)mal in jeder 8. R stricken = 42 M.

Danach die Abnahmen in der Mitte der Reihe und die Abnahmen am Anfang und Ende der Reihe in jeder 4. Reihe stricken, bis noch 6 M übrig sind.
1 R stricken.
Immer 2 und 2 M zus stricken und gleichzeitig dabei abk.

Den zweiten Ärmel auf die gleiche Weise stricken.

FERTIGSTELLUNG

Die Ärmel vor dem Einnähen mit Nadeln im Armausschnitt feststecken. Von außen zusammennähen. Dabei beachten, dass die linken Maschen auf der Außenseite sind.
Die Tasche unten, an der Seite und oben zusammennähen.
Die Tasche eventuell oben in den ersten 5 C-Streifen festheften. Die Fäden vernähen.

Die Jacke in lauwarmem Wasser waschen und danach vorsichtig in der Waschmaschine schleudern.
Die Jacke in der Rückenmitte quer über einen Besenstiel hängen, sodass die Vorderteile nach unten hängen. Die Ärmel über den Besenstiel legen, damit sie nicht zu lang werden. Nach ½ Stunde die Jacke abnehmen, liegend in Form bringen und vollständig trocknen lassen.

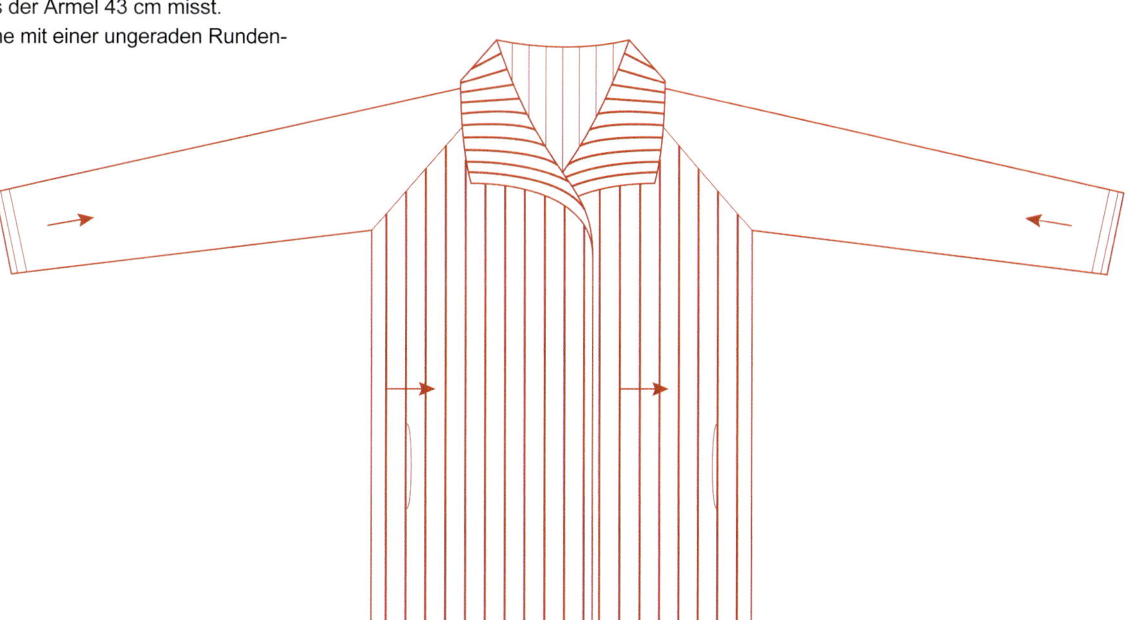

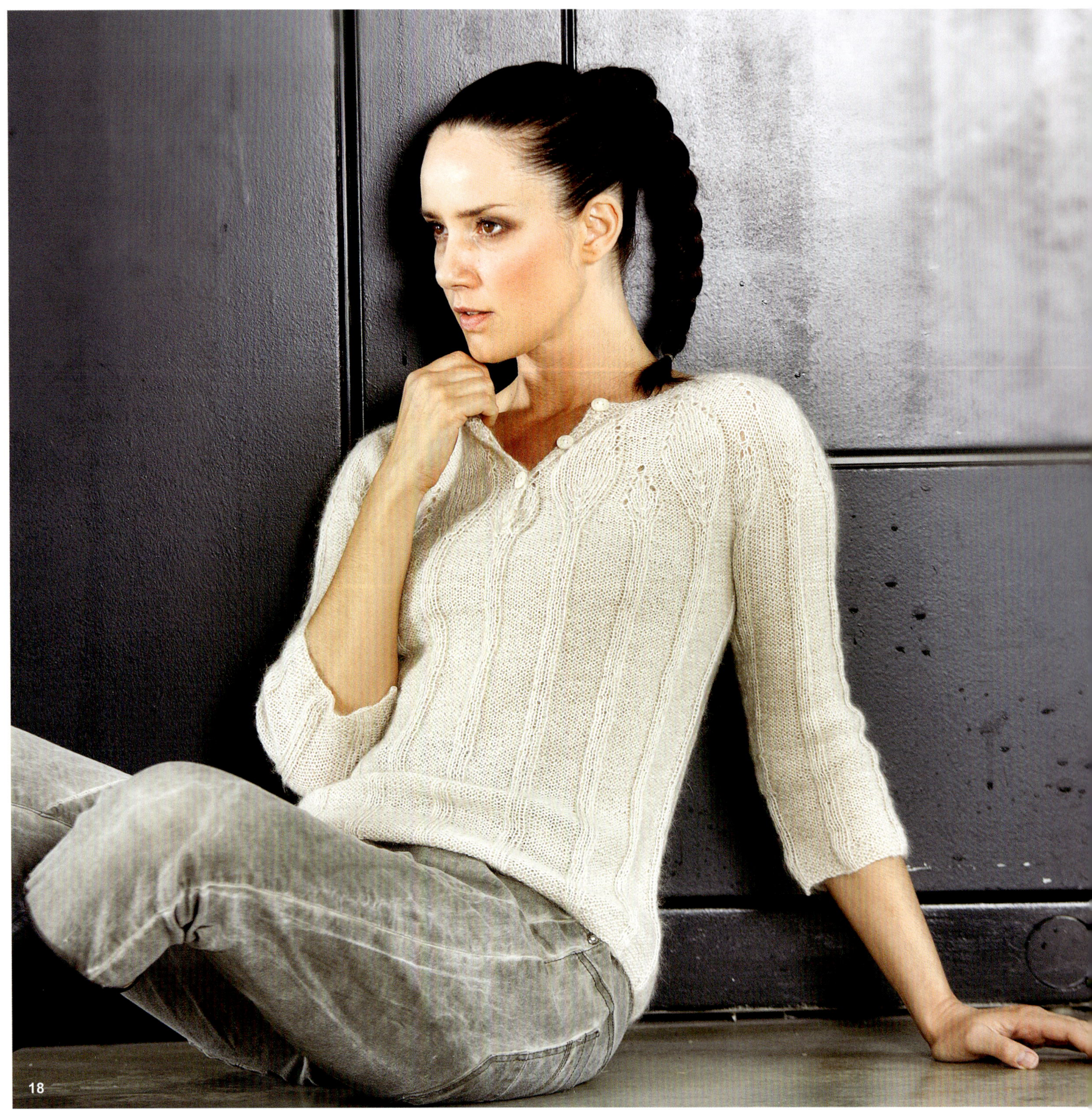

CALLA

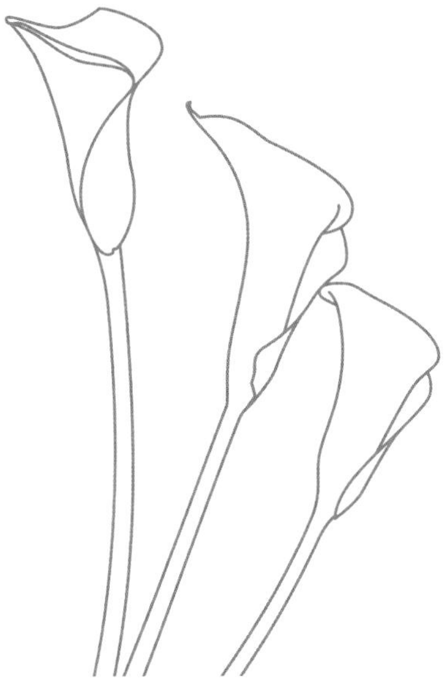

Größe: S(M)L(XL)

Halbe Oberweite: 46(51)55(59) cm
Länge ab Schulter: 56(57)58(59) cm
Länge Rückenmitte: 53(54)55(56) cm
Innere Ärmellänge bei ¾ Ärmeln: 32 cm

Material:
125(125)125(150)g Isager Silk Mohair Farbe 00
150(150)150(200)g Isager Alpaca 1 Farbe 0
Beide Qualitäten zusammen verstricken

4 Knöpfe

Nadeln: Rund- und Strumpfnadeln Nr. 3 und 3½

Maschenprobe glatt gestrickt mit Nd Nr. 3½: 10 cm = 23 M und 32 R

PASSE

110(118)126(134) M mit Nd Nr. 3 und beiden Fäden anschlagen.
4 Reihen kraus rechts hin und her stricken.
In der RückR ein Knopfloch stricken: 1 re – 2 re zus – U – 107(115)123(131) re.
1(1)1(3) R re stricken.

Zu Nd Nr. 3½ wechseln.
Reihe 1 (RückR): 110(118)126(134) re.
Reihe 2: 3 re – nach Diagramm stricken – 3 re.
Reihe 3: 3 re – re über rechte M und li über die U stricken. Enden mit 3 re.
Reihe 4: Wie Reihe 2.
Reihe 5: 3 re – re über rechte M und li über linke M + U stricken. Enden mit 3 re.

Alle ungeraden Reihen wie Reihe 5 stricken.

Im Diagramm die drei Stellen mit * beachten:
Reihe 26: Beginnen mit 3 re – U – nach Diagramm weiterstricken.
Diese Maschen sind bis zum Ende des Musters außerhalb des Diagramms und werden in den HinR re und in den RückR li gestrickt.
Reihe 42: Beginen mit 3 re – 2 re zus – nach Diagramm stricken. Enden mit 2 re verschr zus, anstatt mit 3 re zus – 3 re.
Reihe 46: Beginnen mit 3 re – 2 re zus – nach Diagramm stricken. Enden mit 2 re verschr zus, anstatt mit 3 re zus – 3 re.

Gr. S(M):
Reihe 2 - 47(49) stricken. Knopflöcher in den Reihen 13, 27 und 41 stricken.

Gr. L(XL):
Reihe 2 - 25 stricken.
Ein Knopfloch in R 13 stricken.
Reihe 24 - 25 noch einmal stricken.
Reihe 26 - 49 stricken.
Knopflöcher in den Reihen 27 und 43 stricken.
Reihe 48 - 49 noch einmal stricken.

Es sind nun 345(371)397(423) M auf der Nadel.
Enden mit einer RückR.

VORDERTEIL

LINKE SEITE
Li über linke M, re über rechte M stricken und dabei den Halsausschnitt duch Wendestrick formen:
Reihe 1 (HinR): 3 re – 2 re zus – 49(53)57(61) M stricken. Wenden.
Reihe 2: 9(13)4(8) M stricken. Wenden.
Reihe 3: 1 verschr U – 9(13)4(8) M stricken. Wenden.
Reihe 4: 9(13)4(8) M – 2 re verschr zus – 12 M stricken. Wenden.
Reihe 5: 1 verschr U – 22(26)17(21) M stricken. Wenden.
Reihe 6: 22(26)17(21) M – 2 re verschr zus – 12 M stricken. Wenden.
Reihe 7: 1 verschr U – 35(39)30(34) M stricken. Wenden.

Gr. S(M):
Weiterlesen bei Reihe 10.

Gr. L(XL):
Reihe 8: 30(34) M – 2 re verschr zus – 12 M stricken. Wenden.
Reihe 9: 1 verschr U – 43(47) M stricken. Wenden.

Reihe 10: 35(39)43(47) M – 2 re verschr zus – 14 M stricken. Es sind noch 3 M auf der Nd.
Den Schlitz in der vorderen Mitte schließen und über das rechte Vorderteil stricken: Die letzten 3 M auf eine Hilfsnd heben. Die ersten 3 M des rechten Vorderteils hinter die letzten 3 M des linken Vorderteils legen. Diese 3 M beider Nd zus stricken, sodass die Knopflöcher über der Knopfleiste liegen.

RECHTE SEITE

Reihe 1: 2 li zus – 49(53)57(61) M stricken. Wenden.
Reihe 2: 9(13)4(8) M stricken. Wenden.
Reihe 3: 1 verschr U – 9(13)4(8) M stricken. Wenden.
Reihe 4: 9(13)4(8) M – 2 li zus – 12 M stricken. Wenden.
Reihe 5: 1 verschr U - 22(26)17(21) M stricken. Wenden.
Reihe 6: 2 li zus – 12 M stricken. Wenden.
Reihe 7: 1 verschr U – 35(39)30(34) M stricken. Wenden.

Gr. S(M):
Weiterlesen bei Reihe 10.

Gr. L(XL):
Reihe 8: 30(34) M – 2 li zus – 12 M stricken. Wenden.
Reihe 9: 1 verschr U – 43(47) M stricken. Wenden.

Reihe 10: 35(39)43(47) M – 2 li zus – 14 M – die 3 mittleren M re zus – 50(54)58(62) M stricken.

Das Vorderteil hat nun 101(109)117(125) M.
Die Fäden abschneiden und die M stilllegen.

RÜCKEN

Es sind noch 237(255)273(281) M übrig.
Die ersten und letzten 68(73)78(83) M sind die Ärmel. Die Ärmelmaschen stilllegen.
Die restlichen 101(109)117(125) M = Rücken.

Über den Rücken 8(8)10(10) Reihen im Muster stricken.
Mit einer HinR beginnen.
Die letzte R ist eine RückR.
Nun in Rd über alle Körpermaschen stricken.
Den Pullover mit der Innenseite nach außen wenden, um linke M zu vermeiden.

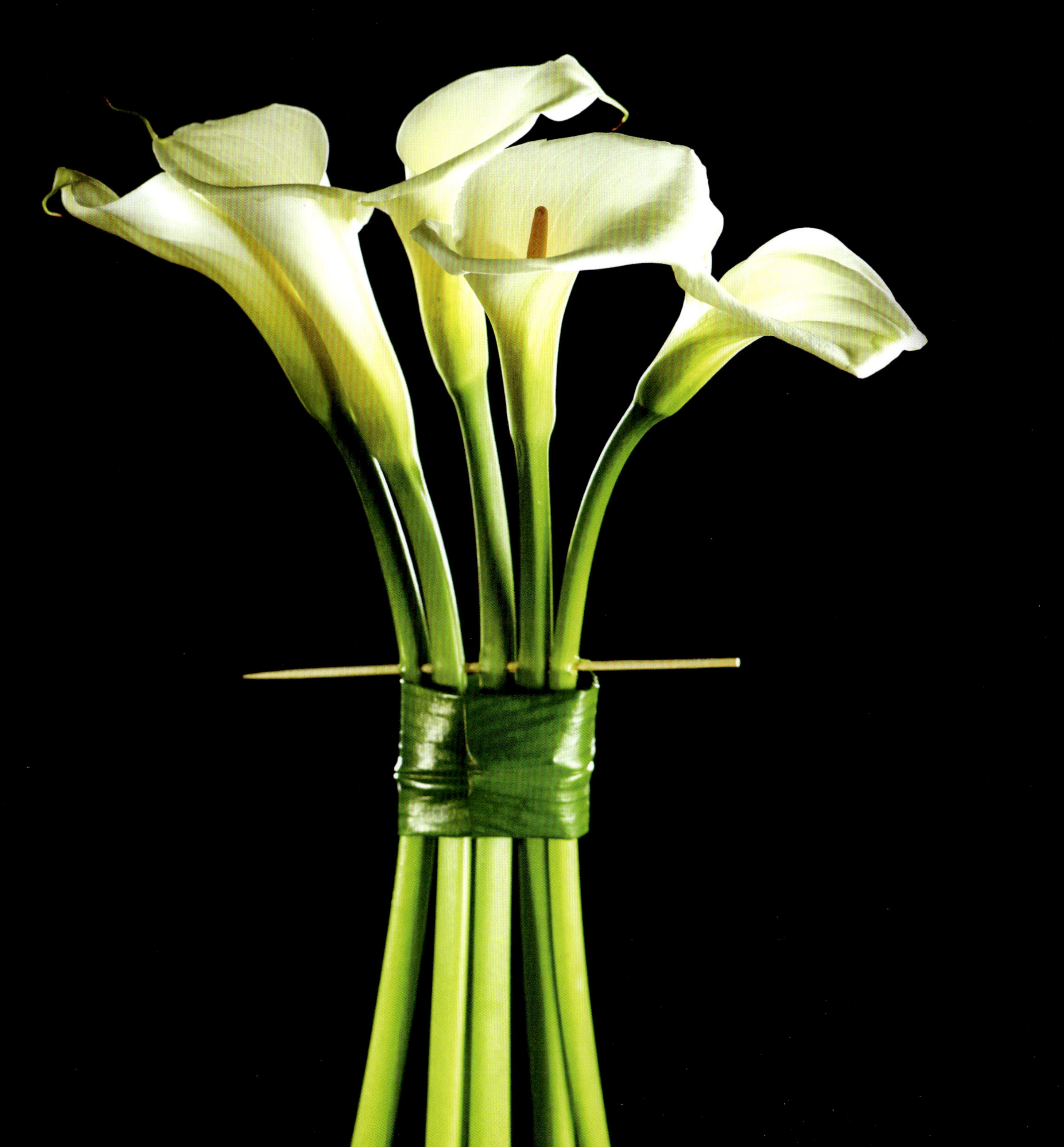

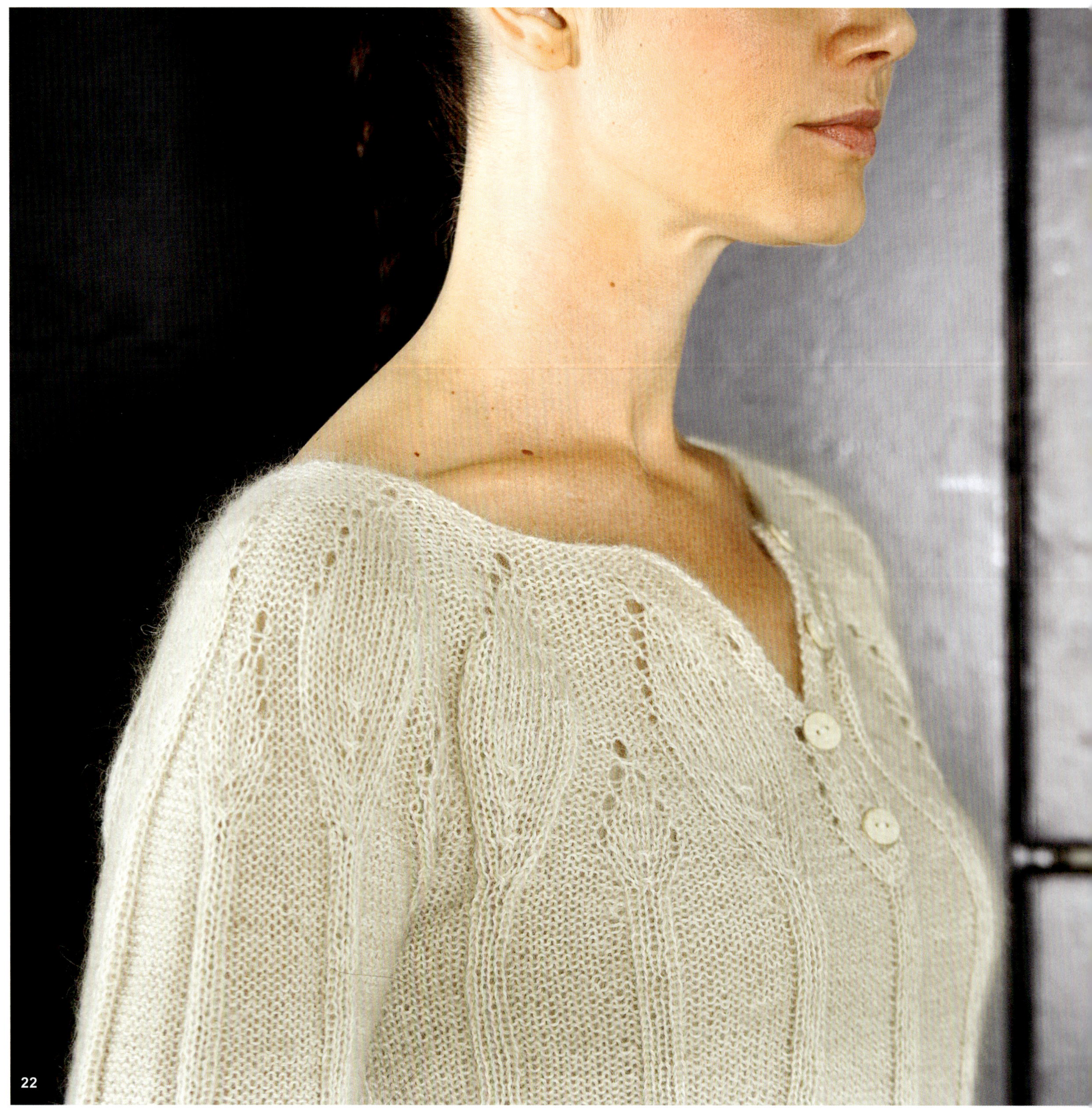

KÖRPER

Im Muster stricken.
Die Vorderteilmaschen wieder auf die Nd heben. 5(8)9(11) M in Verlängerung der Rückenmaschen anschlagen. Über die Vorderteilmaschen weiterstricken – 5(8)9(11) M in Verlängerung des Vorderteils anschlagen = 212(234)252(272) M.

Das Muster von der Innenseite rund weiterstricken. Die neuen M im Armausschnitt stricken:
Gr. S: 1 re – 3 li – 1 re.
Gr. (M): 8 re.
Gr. L: 3 re – 3 li – 3 re.
Gr. (XL): 4 re – 3 li – 4 re.

Weiterstricken, bis die Arbeit unter den Ärmeln 33 cm misst.

Gr. (M):
In der Mitte unter dem Ärmel enden.

Gr. S,L(XL):
1 M vor den 3 Linksmaschen unter dem Ärmel enden.

Alle Gr.:
Das Strickstück nach außen wenden.

RAND

Zu Nd Nr. 3 wechseln.
Nun in Reihen hin und her stricken.
Reihe 1 (HinR): Alle M re stricken. Wenden.
Reihe 2: Im Muster wie bisher stricken.
Reihe 1 - 2 wdh, bis insg 11 R gestrickt sind. In einer RückR locker abketten.

ÄRMEL

Die Ärmelmaschen wieder auf eine Nd heben.
Von der Außenseite stricken.
68(73)78(83) Ärmelmaschen stricken – 4(4)5(5) M aus dem geraden Stück herausstricken – 5(8)9(11) M aus den Körpermaschen herausstricken – 4(4)5(5) M aus dem geraden Stück herausstricken = 81(89)97(104) M.

Wenden und nun in Runden von der Innenseite stricken. Die neuen M im Armausschnitt stricken:
Gr. S:
5 re – 3 li – 5 re.

Gr. (M):
1 re – 3 li – 8 re – 3 li – 1 re.

Gr. L:
8 re – 3 li – 8 re.

Gr. (XL):
9 re – 3 li – 9 re.

Danach die Ärmelmaschen im Muster stricken.
1 Rd über alle 81(89)97(104) M stricken.

Mittig unter dem Ärmel ABNAHMEN stricken.
Gr. S: 3 re – 2 re verschr zus – 3 li – 2 re zus – 3 re.

Gr. (M):
1 re – 3 li – 1 re – 2 re verschr zus – 2 re – 2 re zus – 1 re – 3 li – 1 re.

Gr L(XL):
6(7) re – 2 re verschr zus – 3 li – 2 re zus – 6(7) re.

Den Ärmel von der Innenseite in Rd weiterstricken.

Die Abnahmen an jeder Seite der mittleren 3(2)3(3) M (unter dem Ärmel) in jeder 10.(7.)6.(6.) Runde insg. 9(13)16(15)mal stricken = 63(63)65(74) M.

Weiterstricken, bis der Ärmel 30 cm misst. Direkt vor den mittleren 3(2)3(3) M unter dem Ärmel enden. Das Strickstück nach außen wenden.

RAND

Zu Nd Nr. 3 wechseln. Nun in Reihen hin und her stricken.
Reihe 1 (HinR): Alle M re stricken. Wenden.
Reihe 2: Im Muster wie bisher stricken.
Reihe 1 - 2 wdh, bis insg 9 Reihen gestrickt sind.
In einer RückR locker abketten.

Den zweiten Ärmel auf die gleiche Weise stricken. ABER: Vor dem Rand nach den mittleren 3(2)3(3) M unter dem Ärmel enden.

FERTIGSTELLUNG

Die Fäden vernähen. Knöpfe annähen.

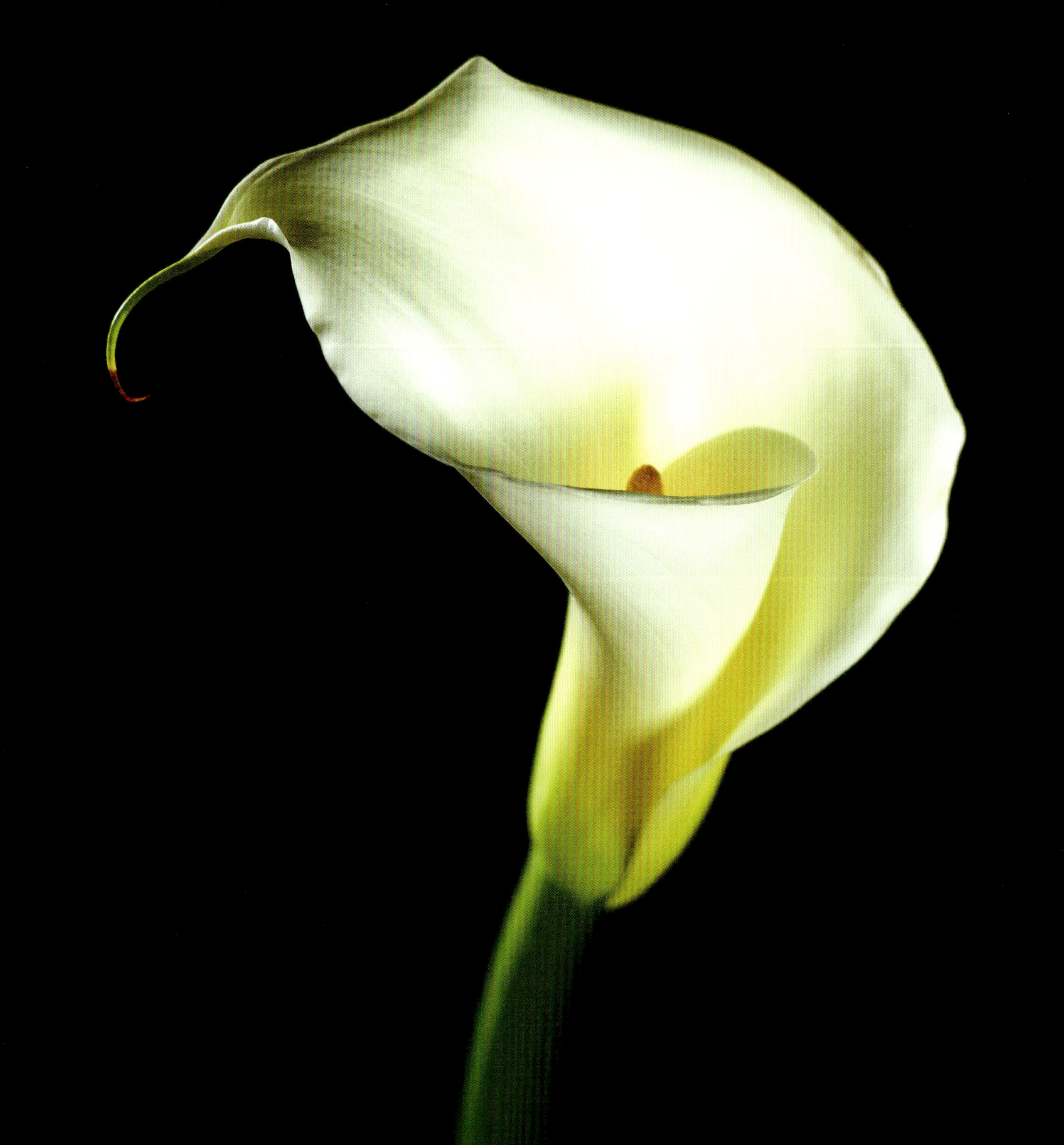

DIAGRAMM

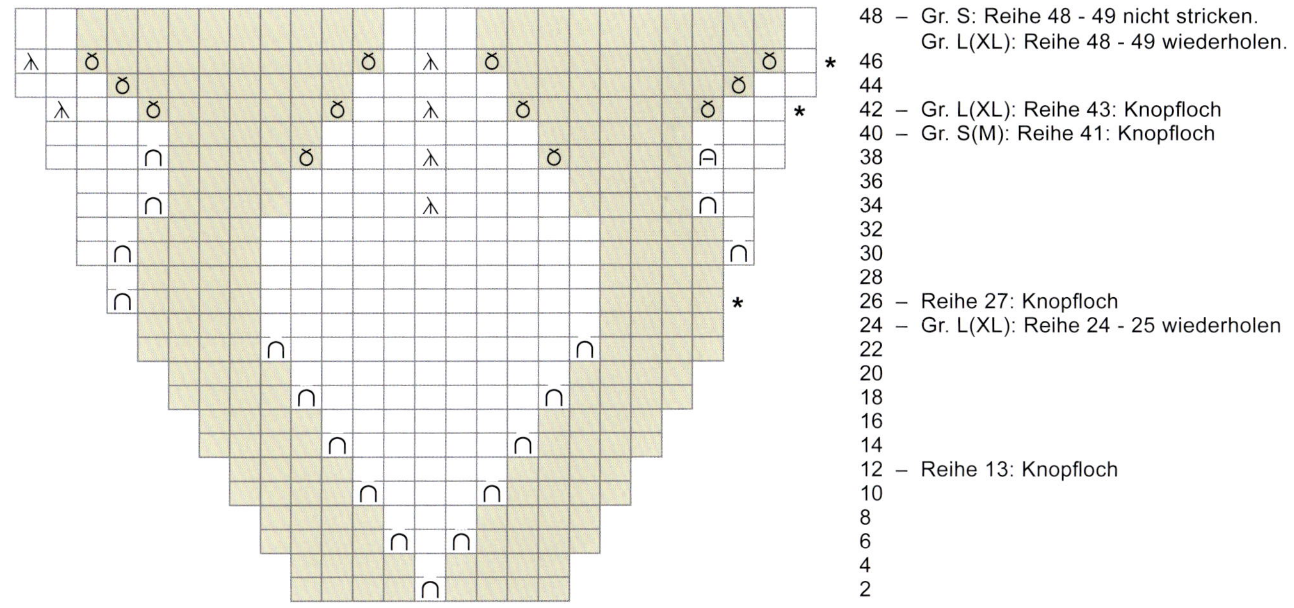
48 – Gr. S: Reihe 48 - 49 nicht stricken.
Gr. L(XL): Reihe 48 - 49 wiederholen.
* 46
44
* 42 – Gr. L(XL): Reihe 43: Knopfloch
40 – Gr. S(M): Reihe 41: Knopfloch
38
36
34
32
30
28
* 26 – Reihe 27: Knopfloch
24 – Gr. L(XL): Reihe 24 - 25 wiederholen
22
20
18
16
14
12 – Reihe 13: Knopfloch
10
8
6
4
2

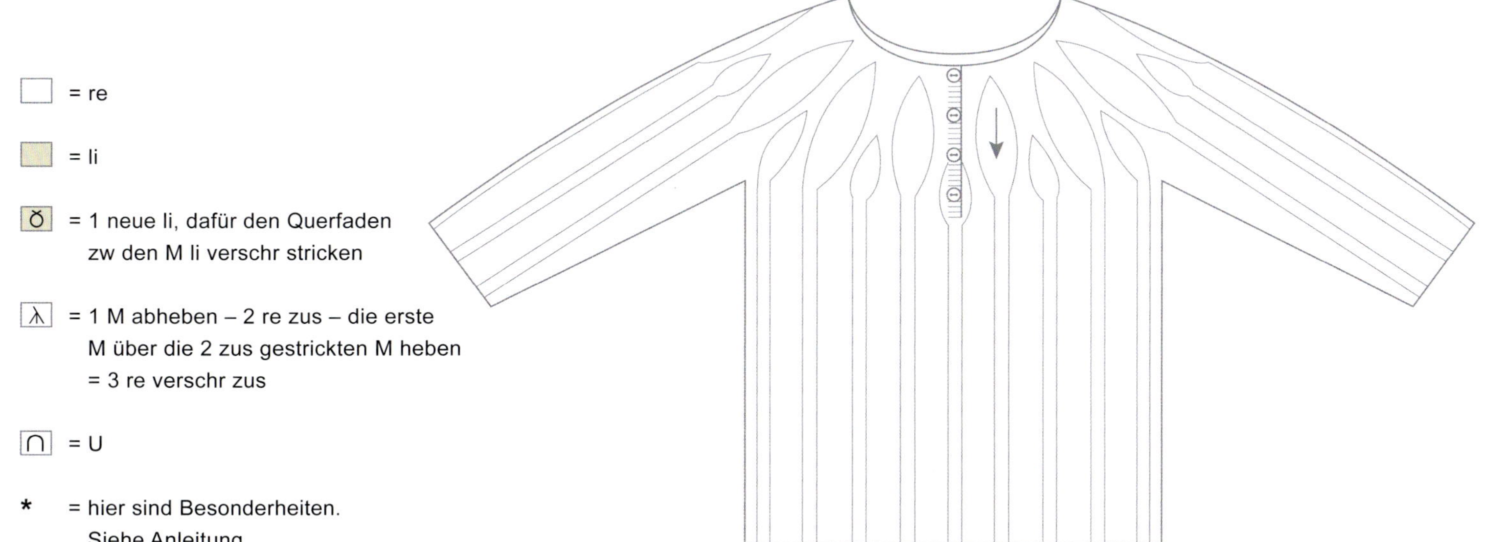
= re
= li
ŏ = 1 neue li, dafür den Querfaden zw den M li verschr stricken
⋏ = 1 M abheben – 2 re zus – die erste M über die 2 zus gestrickten M heben = 3 re verschr zus
∩ = U
* = hier sind Besonderheiten. Siehe Anleitung.

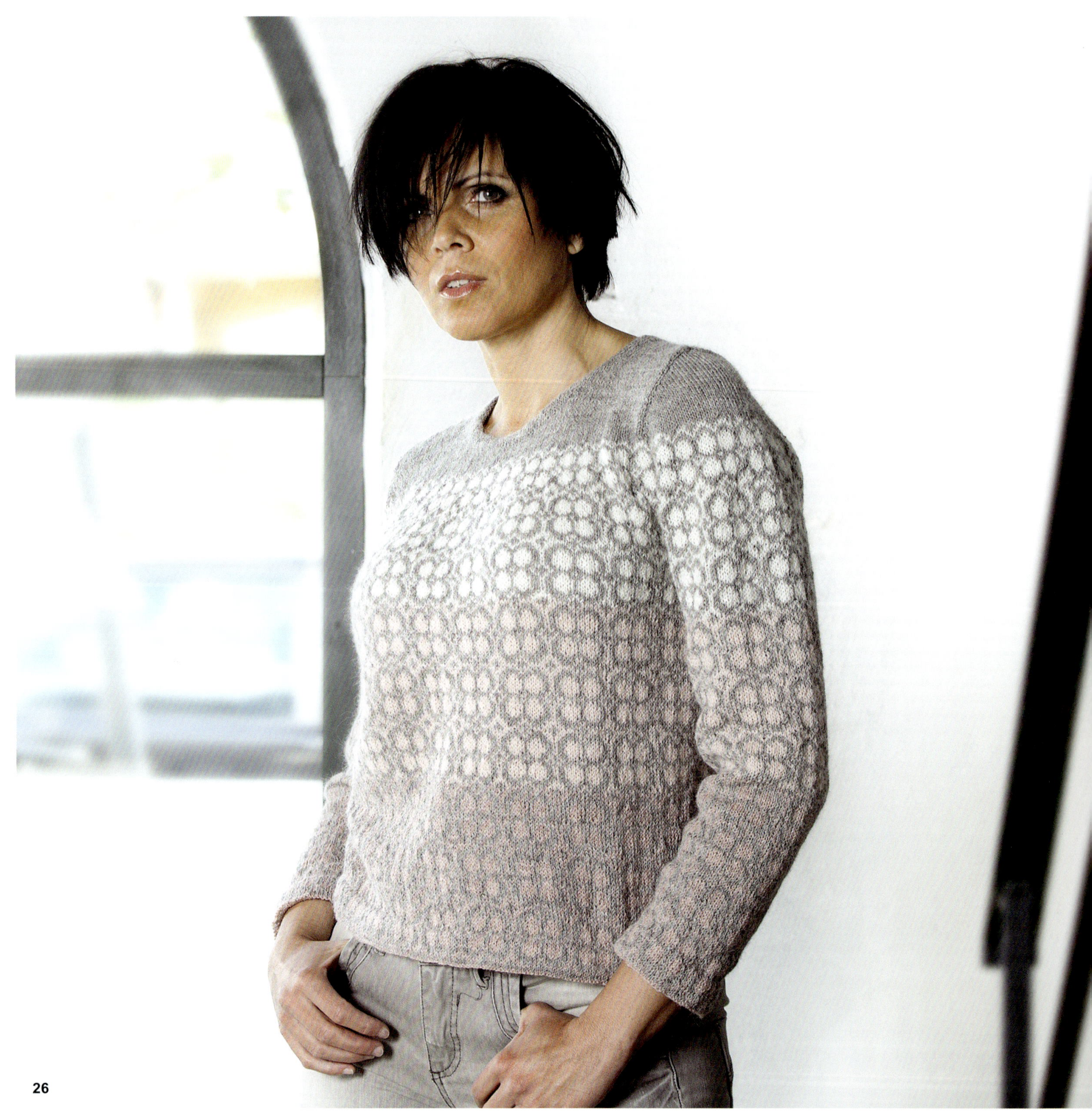

H E R B S T A N E M O N E

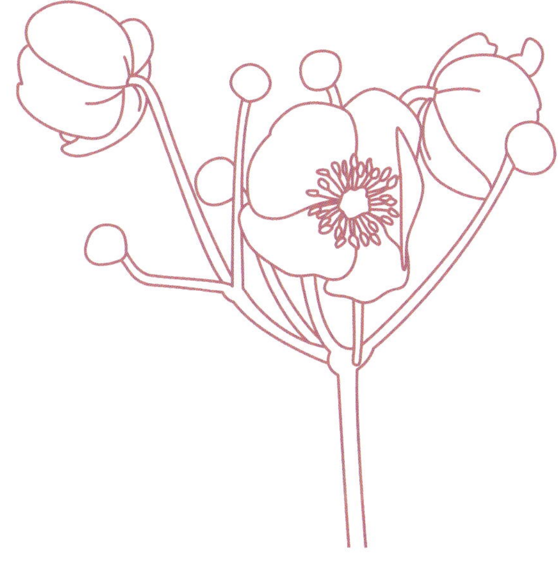

Größe: S(M)L(XL)

Halbe Oberweite: 50(53)57(60) cm
Länge: 55(55)57(57) cm
Ärmellänge: 39 cm

Material:
A: 150(200)200(200)g Isager Alpaca 2 Farbe 3s
B: 100g Isager Alpaca 2 Farbe 61
C: 50(50)50(100)g Tvinni Farbe 61
D: 50g Tvinni Farbe 0

Nadeln: Rundnadeln Nr. 2½ und 3

Maschenprobe glatt gestrickt mit Nd Nr. 3: 10 cm = 28 M und 36 R
Maschenprobe im Muster mit Nd Nr. 3: 10 cm = 28 M und 34 R

ÄRMEL

60(60)72(72) M mit Farbe B und Strumpfnadeln Nr. 2½ anschlagen. Zur Runde schließen und 12 Rd re stricken.

Eine Linksrille mit ZUNAHMEN stricken:
3 li – *1 neue li, dafür den Querfaden zwischen den M verschr auf die linke Nd heben und li stricken – 6 li*. Von * bis * wdh. Enden mit 1 neue li – 3 li = 70(70)84(84) M.

Zu A wechseln.
1 Rd re stricken.

Zu Strumpfnd Nr. 3 wechseln und das Muster mit A und B stricken.
Die Vorbereitungsrunde von Diagramm 1 stricken.
Runde 1 – 15 stricken.

ZUNAHME in Runde 16:
1 re – 1 neue re, dafür den Querfaden zwischen den M re verschr stricken – das Diagramm bis vor die letzte M stricken – 1 neue re – 1 re = 72(72)86(86) M.

Nach Diagramm 1 weiterstricken.
Die neuen M nach und nach in das Muster einfügen. Die Zunahmen in jeder 8. Rd wdh.
Runde 1 - 16 insg 4mal stricken = 84(84)98(98) M.

B mit C austauschen.
Die Zunahmen wie bisher stricken.
Runde 1 - 16 insg 3mal stricken = 96(96)110(110) M.

C mit D austauschen.
Die Zunahmen wie bisher stricken.
Runde 1 - 8 mit der letzten Zunahme stricken = 98(98)112(112) M.
Runde 9 - 16 stricken.

Abketten in Runde 1: 7 M abk – 84(84)98(98) M nach Diagramm stricken (die erste M ist bereits auf der Nd) – die letzten 7 M abk.
Die Fäden abschneiden.

Gr. S(XL):
Den zweiten Ärmel auf die gleiche Weise stricken.

Gr. (M)L:
Den zweiten Ärmel auf die gleiche Weise stricken, aber in der Mitte des Diagramms bei * beginnen.

KÖRPER

260(273)299(312) M mit B und Rundnadel Nr. 2½ anschlagen.
Zur Runde schließen und 12 Runden re stricken.

Eine Linksrille mit ZUNAHMEN stricken:
6 li – *1 neue li – 13 li*. Von * bis * wdh.
Enden mit 1 neue li – 7 li = 280(294)322(336) M.

Zu A wechseln.
1 Rd re stricken.

Zu Rundnadel Nr. 3 wechseln und das Muster mit A und B stricken.
Die Vorbereitungsrunde von Diagramm 1 stricken.
Runde 1 - 16 insg 3mal stricken.

B mit C austauschen.
Runde 1 - 16 insg 3mal stricken.

C mit D austauschen.
Runde 1 - 15 stricken.

Abketten in Runde 16:
273(287)315(329) M nach Diagramm stricken – die letzten 7 M abk.
Das Abketten in der nächsten Rd fortsetzen:
Runde 1: Die ersten 7 M abk – 126(133)147(154) M nach Diagramm stricken – 14 M abk – die letzten 126(133)147(154) M nach Diagramm stricken.
Der Körper misst 34 cm.

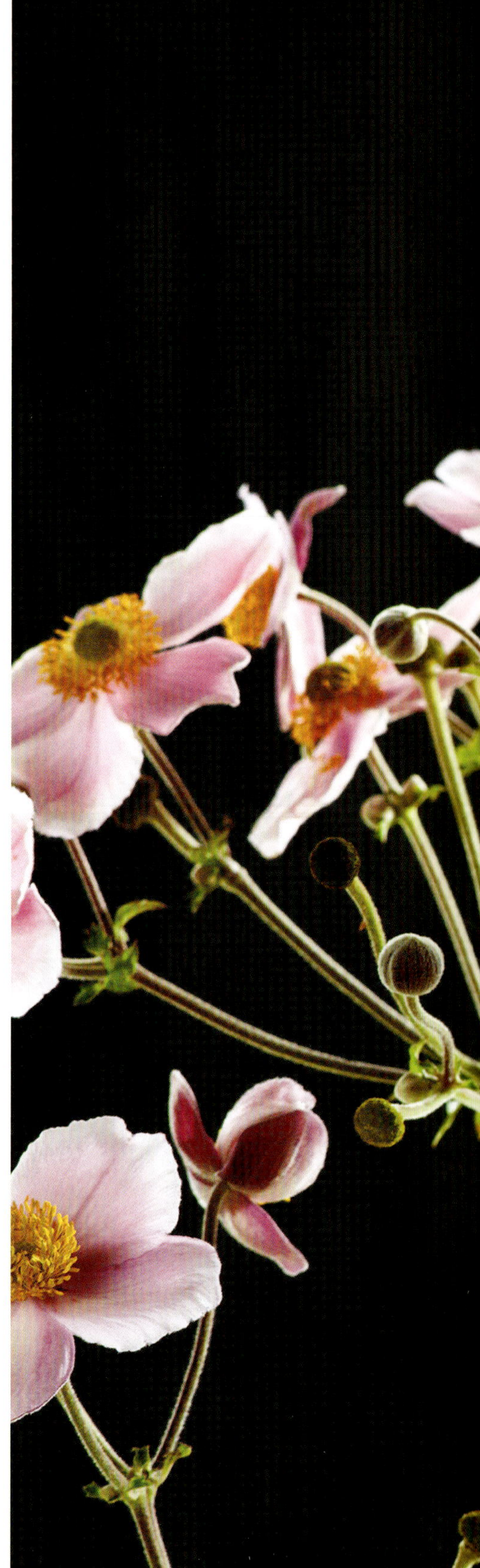

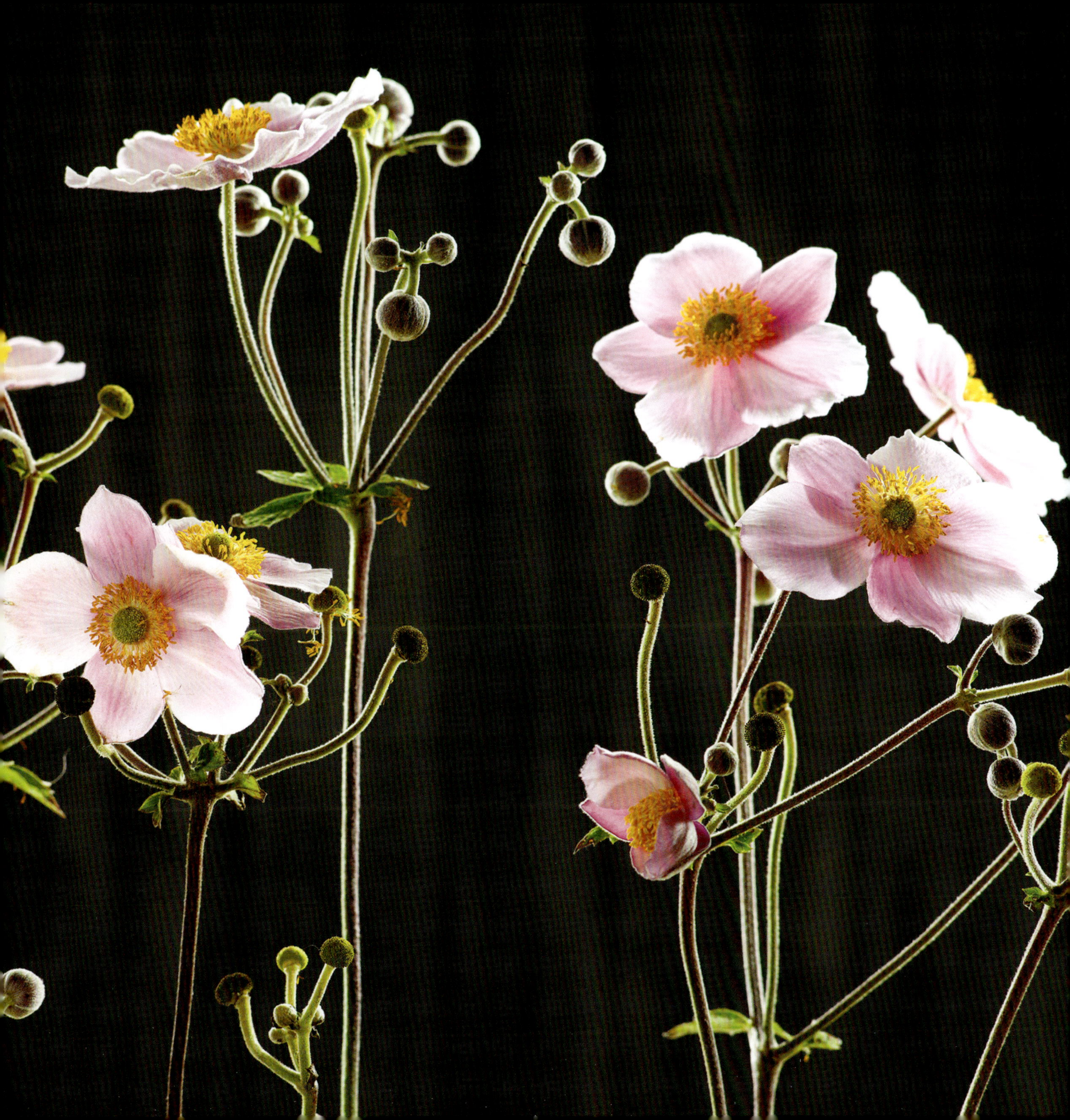

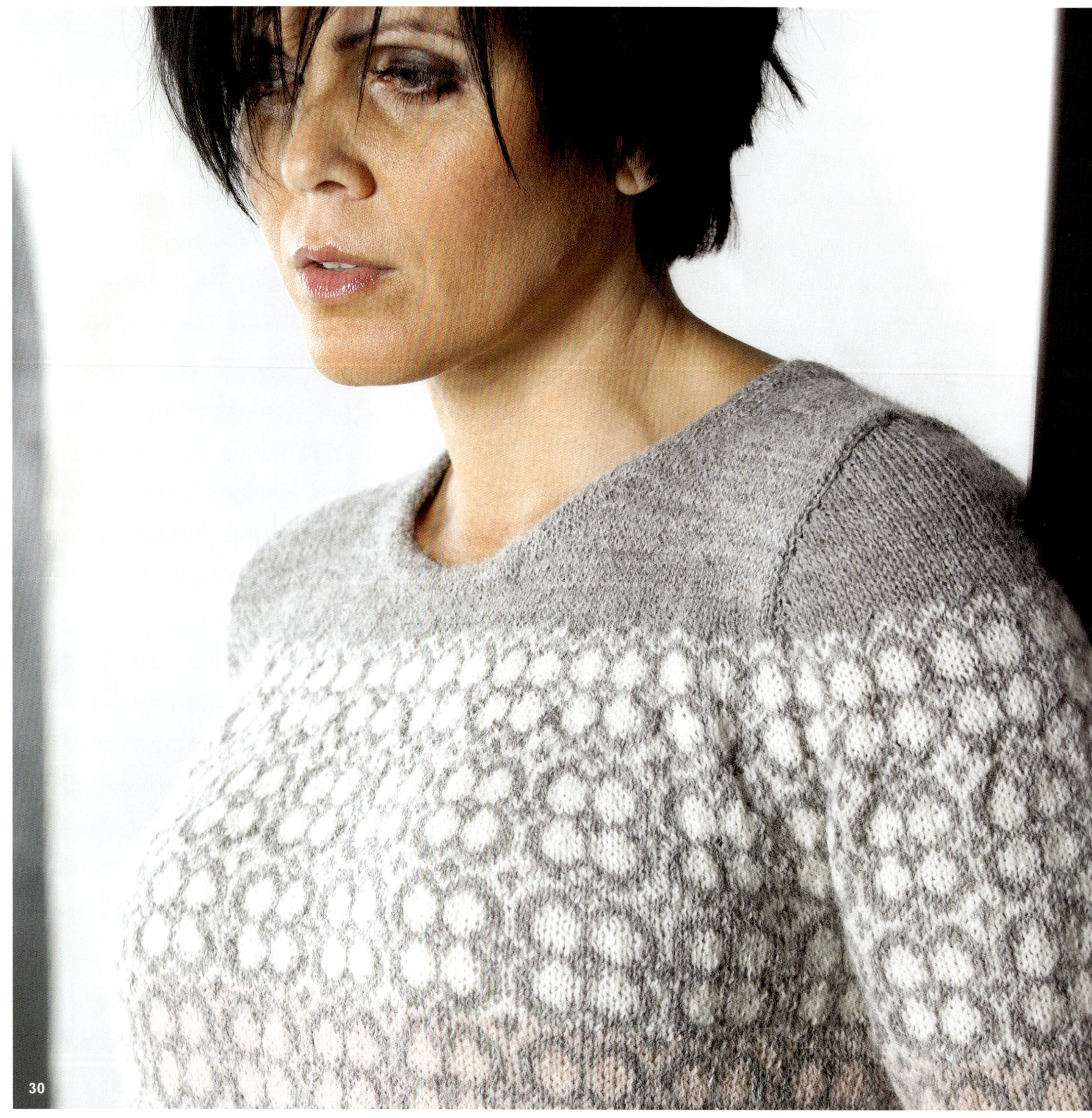

PASSE

Weiter nach Diagramm 1 stricken.
Bei * beginnen.
In Runde 2 alle Teile zusammenstricken:
84(84)98(98) M des ersten Ärmels – 126(133)147(154) Vorderteilmaschen – 84(84)98(98) M des zweiten Ärmels – 126(133)147(154) Rückenmaschen stricken = 420(434)490(504) M.
Eine Markierung setzen.
Runde 3 - 16 stricken. Bei * beginnen.
Nach Diagramm 2 mit Abnahmen stricken. Danach sind noch 300(310)350(360) M auf der Nd.
D abschneiden.
Mit A weiterstricken. 2 Rd glatt re stricken.
1. ABNAHME: *8 re – 2 re zus*.
Von * bis * wdh = 270(279)315(324) M. Ab hier jedes Teil für sich fertig stricken.

RÜCKEN

Das Strickstück wenden.
Über den Rücken eine RückR mit A stricken:
1 re – 79(83)92(97) li – 1 re stricken. Wenden.
30(30)38(38) R glatt über die Rückenmaschen stricken. Enden mit einer RückR.
Für den Halsausschnitt abk: 31(32)36(38) re – 19(21)22(23) M abk – die letzten 31(32)36(38) re stricken.
Jede Seite für sich fertig stricken.

Für die Halsrundung 4(4)5(5)mal 2 M an der Halsseite abk.
Die letzten 23(24)26(28) M stilllegen.

Die andere Rückenseite auf die gleiche Weise stricken, aber spiegelverkehrt.

LINKE ARMKUGEL

Eine HinR über die 54(54)63(63) Ärmelmaschen re stricken. Wenden.
1 R li zurück stricken, aber die erste und letzte M re stricken.

Am Anfang jeder R 2(2)4(4)mal 1 M abk = 50(50)55(55) M.

Am Anfang jeder R 10(10)11(11)mal 2 M abk = 10(10)11(11) M.
Alle M abketten.

VORDERTEIL

Über die 81(86)95(99) Vorderteilmaschen eine HinR stricken.
12(12)16(16) R glatt stricken. Enden mit einer RückR.
Für den Halsausschnitt abketten: 38(39)41(43) re – 5(8)13(13) M abk – die letzten 38(39)41(43) re.
Jede Seite für sich fertig stricken.

Für die Halsrundung 1mal 3 M an der Halsseite abk = 35(36)38(40) M.
4mal 2 M abk = 27(28)30(32) M.
4mal 1 M abk = 23(24)26(28) M.
Noch 8(8)12(12) R stricken.

Die Schultermaschen des Rückens wieder auf eine Nadel heben.

Die Schulter zusammenstricken: Vorderteil und Rücken rechts auf rechts aneinanderlegen und mit einer dritten Nd die Schultermaschen zusammenstricken und gleichzeitig dabei abketten.

Die andere Schulter auf die gleiche Weise stricken, aber spiegelverkehrt.

RECHTE ARMKUGEL

Wie die linke Armkugel stricken.

HALSBELEG

Von außen mit A und Nd Nr. 2½ M aus dem Halsausschnitt herausstricken.
An der rechten Schulter beginnen.
37(39)44(45) M aus den abgeketteten Nackenmaschen – 7(7)10(10) M aus dem geraden Stück an der linken Schulter – 43(46)49(51) M aus den abgeketteten Vorderteilmaschen – 7(7)10(10) M aus dem geraden Stück an der rechten Schulter herausstricken = 94(99)113(116) M.
5 Rd re stricken.
Alle M sehr locker abketten.

FERTIGSTELLUNG

Vor dem Einnähen die Ärmel mit Nadeln im Armausschnitt feststecken. Von außen einnähen. Die Belege unten am Körper und den Ärmeln an den Linksreihen auf die Innenseite umlegen und auf der Rückseite festnähen.
Den Halsbeleg auf die Innenseite umlegen, sodass er von außen nicht sichtbar ist und auf der Rückseite festnähen.
Die Fäden vernähen.

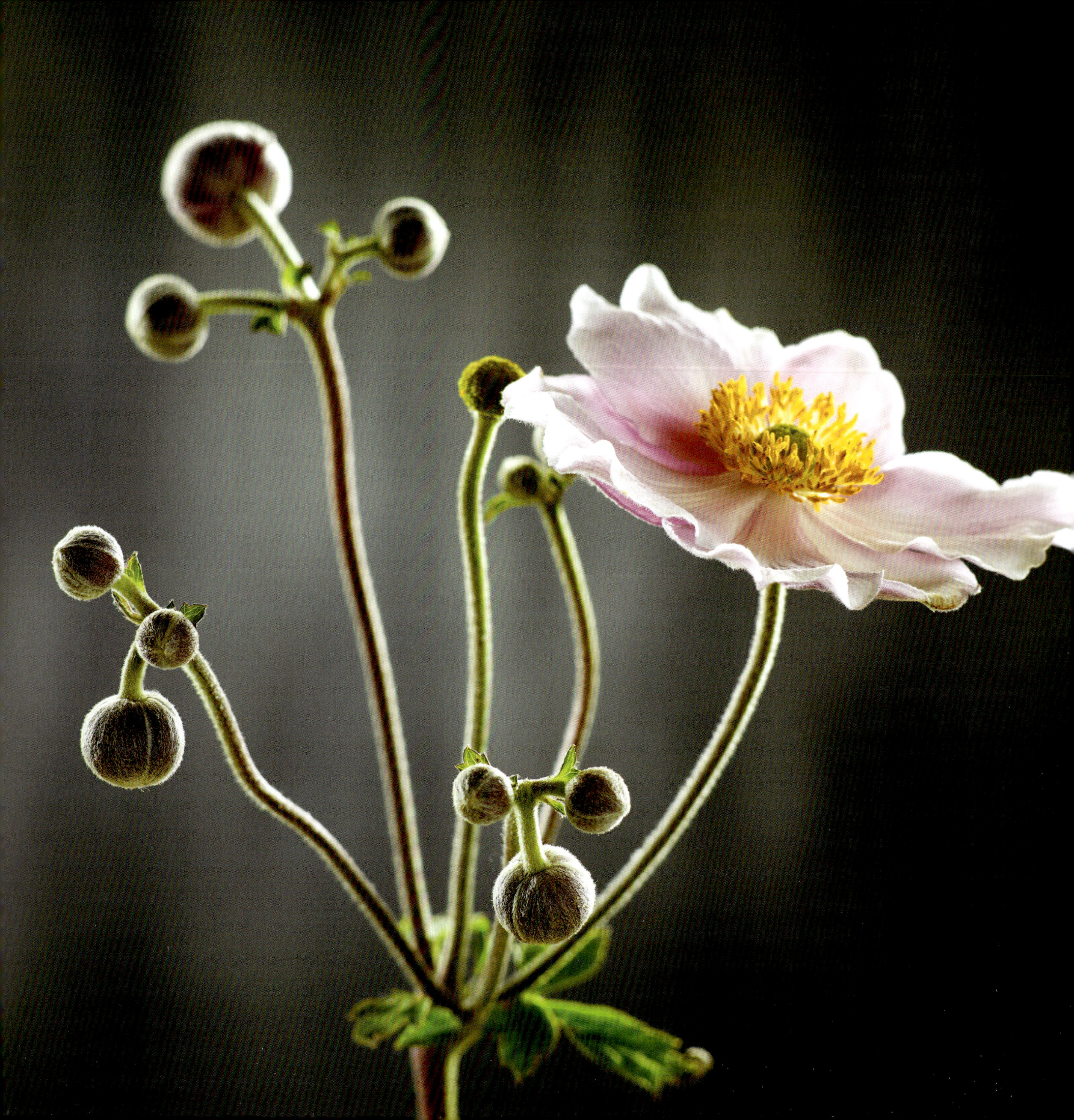

DIAGRAMM 1

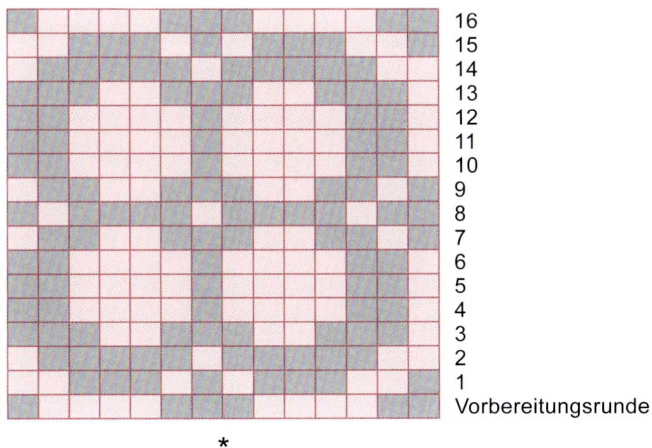

DIAGRAMM 2

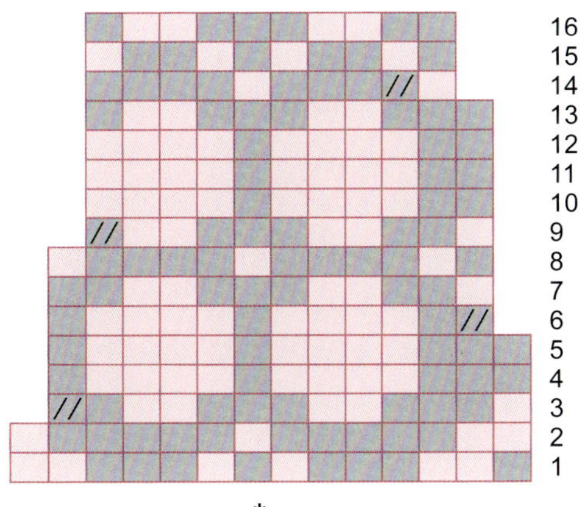

= Farbe A

= Farbe B, C und D

// = 2 re zusammen

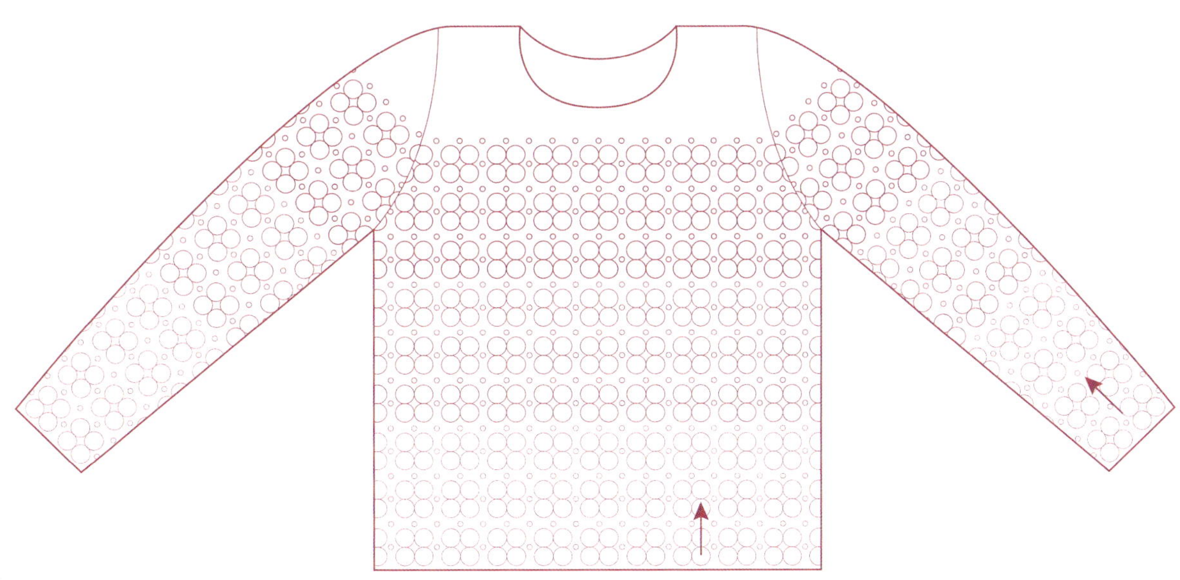

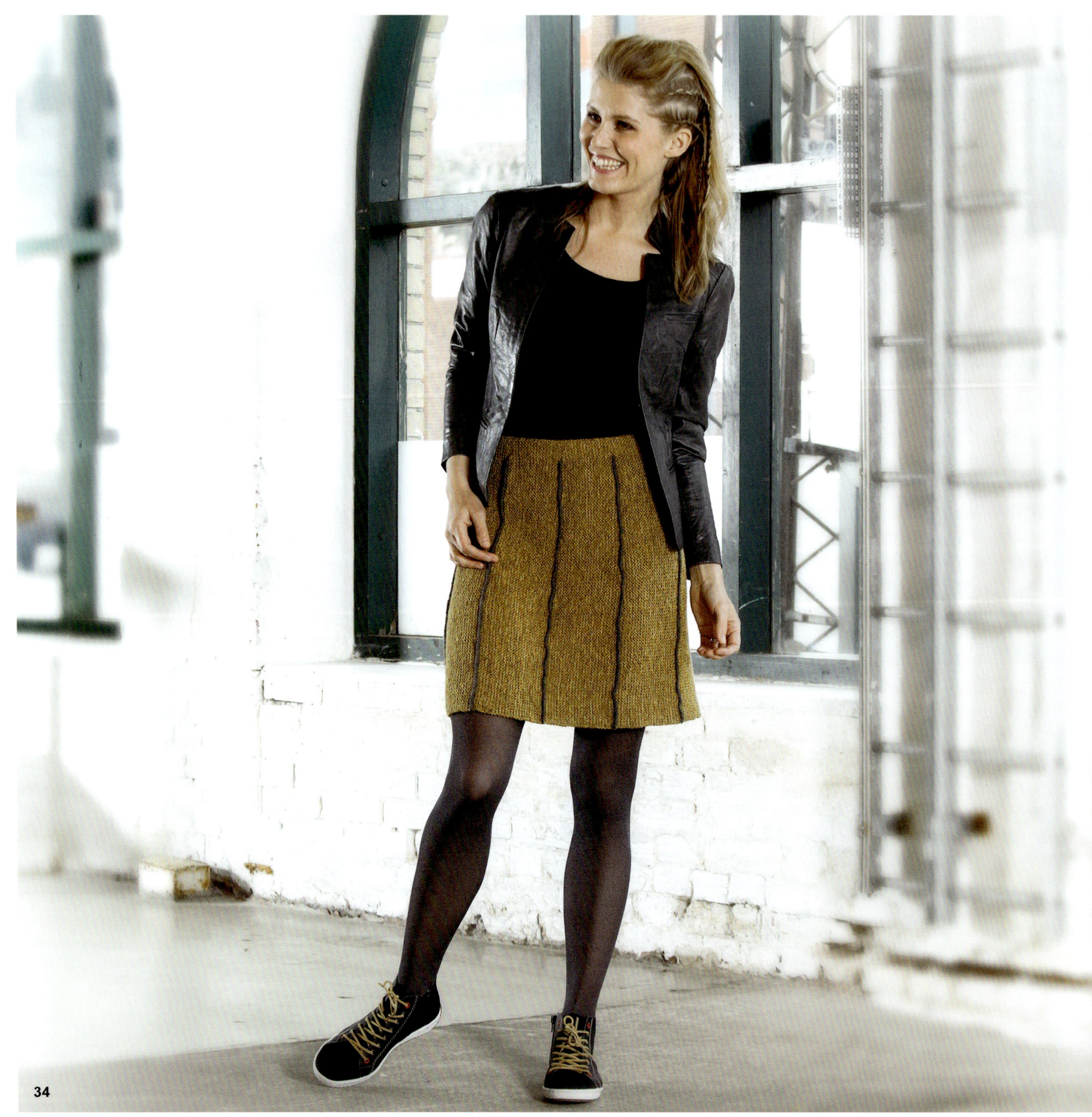

S O N N E N B L U M E

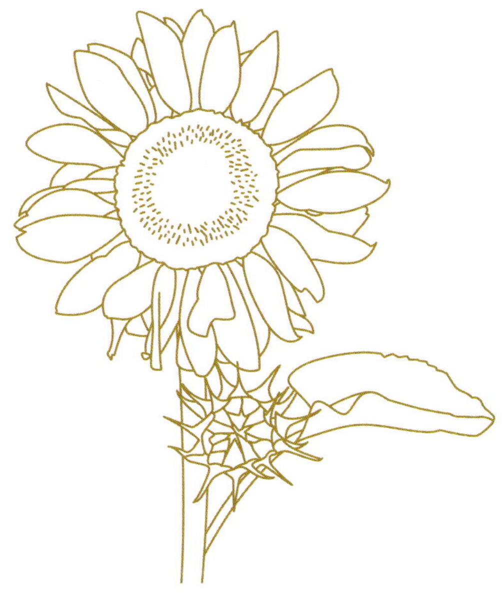

Größe: S(M)L(XL)

Taillenumfang: 73(81)89(97) cm
Länge: 53 cm

Material:
A: 100(100)150(150)g Isager Alpaca 1 Farbe 59
B: 150(150)200(200)g Isager Highland Farbe Curry
C: 50g Tvinni Farbe 23s (Biese)

3 cm breites Gummiband für die Taille

Nadeln: Rundnadel Nr. 3½ + eine dünnere Nadel für das Zusammenstricken der Biesen

Maschenprobe glatt gestrickt mit A + B: 10 cm = 23 M und 42 R

Der Rock wird von der Seite quer und in Reihen hin und her gestrickt.
104 M mit A + B und Nd Nr. 3½ anschlagen.

WENDESTRICK LINKS

Reihe 1 (HinR): 46 re. Wenden.
Reihe 2: 1 U um die rechte Nd – 46 re.
Reihe 3: 46 re – den U mit der nächsten M re zus – 19 re. Wenden.
Reihe 4: 1 U – 66 re.
Reihe 5: 66 re – den U mit der nächsten M re zus – 13 re. Wenden.
Reihe 6: 1 U – 80 re.
Reihe 7: 80 re – den U mit der nächsten M re zus – 11 re. Wenden.
Reihe 8: 1 U – 92 re.
Reihe 9: 92 re – den U mit der nächsten M re zus – 11 re.

ZWISCHENSTÜCK

29 R re stricken. Die letzte R ist eine RückR.

WENDESTRICK RECHTS

Reihe 1: 97 re. Wenden.
Reihe 2: 1 U – 97 re.
Reihe 3: 86 re. Wenden.
Reihe 4: 1 U – 86 re.
Reihe 5: 73 re. Wenden.
Reihe 6: 1 U – 73 re.
Reihe 7: 56 re. Wenden.
Reihe 8: 1 U – 56 re.

BIESE

Zu C wechseln.
56 re – den U mit der nächsten M re zus – 16 re – den U mit der nächsten M re zus – 12 re – den U mit der nächsten M re zus – 5 re.
Es sind noch 5 M + ein Umschlag + 7 M, die NICHT gestrickt werden, auf der Nd. Wenden.
In der RückR stricken: Die erste M mit dem Faden vor der M abh – 91 li.
Noch 4 R glatt (insg 6 R) über diese ersten 92 M stricken. Die letzte R ist eine RückR.
C abschneiden.

An der Rückseite, aus der letzten R mit A +B, 92 M mit einer dünnen Nd aufnehmen.
Wieder mit A + B stricken.
Die 2 Nd so aneinanderlegen, dass die rechten M außen liegen.
Mit einer dritten Nd die erste M der einen Nd mit der ersten M der anderen Nd zus stricken. Auf diese Weise alle M zus stricken und die Biese schließen.
Über die letzten 12 M weiterstricken: 5 re – den U mit der nächsten M re zus – 6 re.
Eine RückR re stricken.

WENDESTRICK LINKS stricken.
ZWISCHENSTÜCK stricken.
WENDESTRICK RECHTS stricken.
BIESE stricken.
Dieses Muster wdh, bis insgesamt 9(10)11(12) Biesen gestrickt sind.

Nach der letzten Biese den Rock zusammenstricken:
Mit einer dünnen Nd 104 M von außen aus der Anschlagreihe aufnehmen. Den Rock rechts auf rechts aneinanderlegen, die M beider Nd zus stricken und gleichzeitig dabei abketten.

FERTIGSTELLUNG

Die oberen 3 cm für das Gummiband auf die Innenseite umlegen und festnähen. Eine kleine Öffnung lassen. Das Gummiband einziehen und zusammennähen.
Die Fäden vernähen.

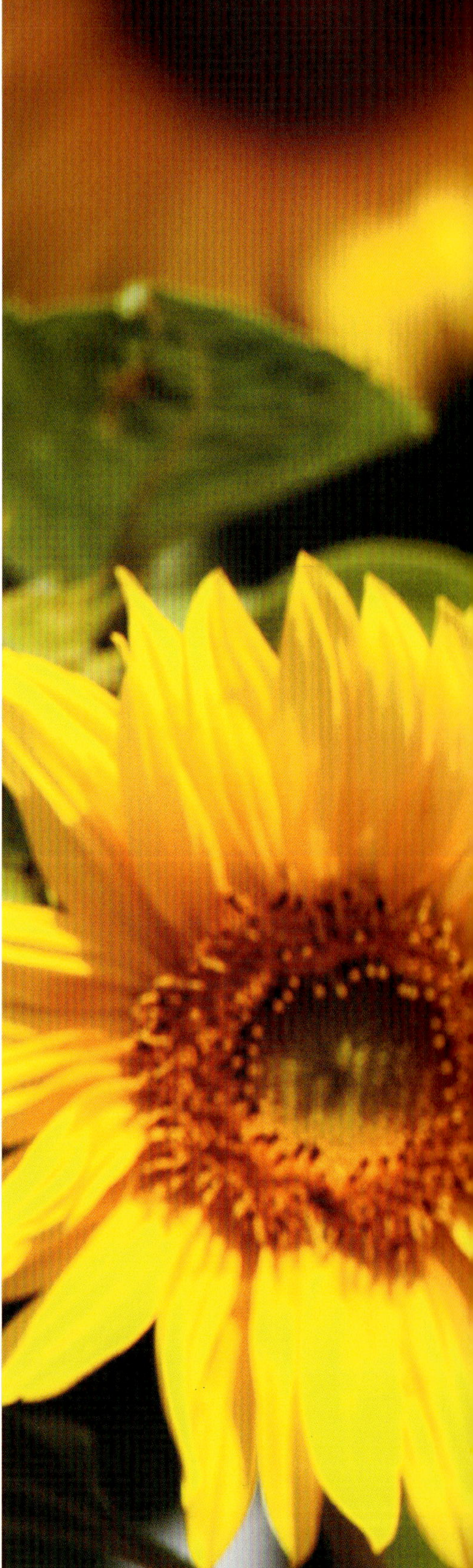

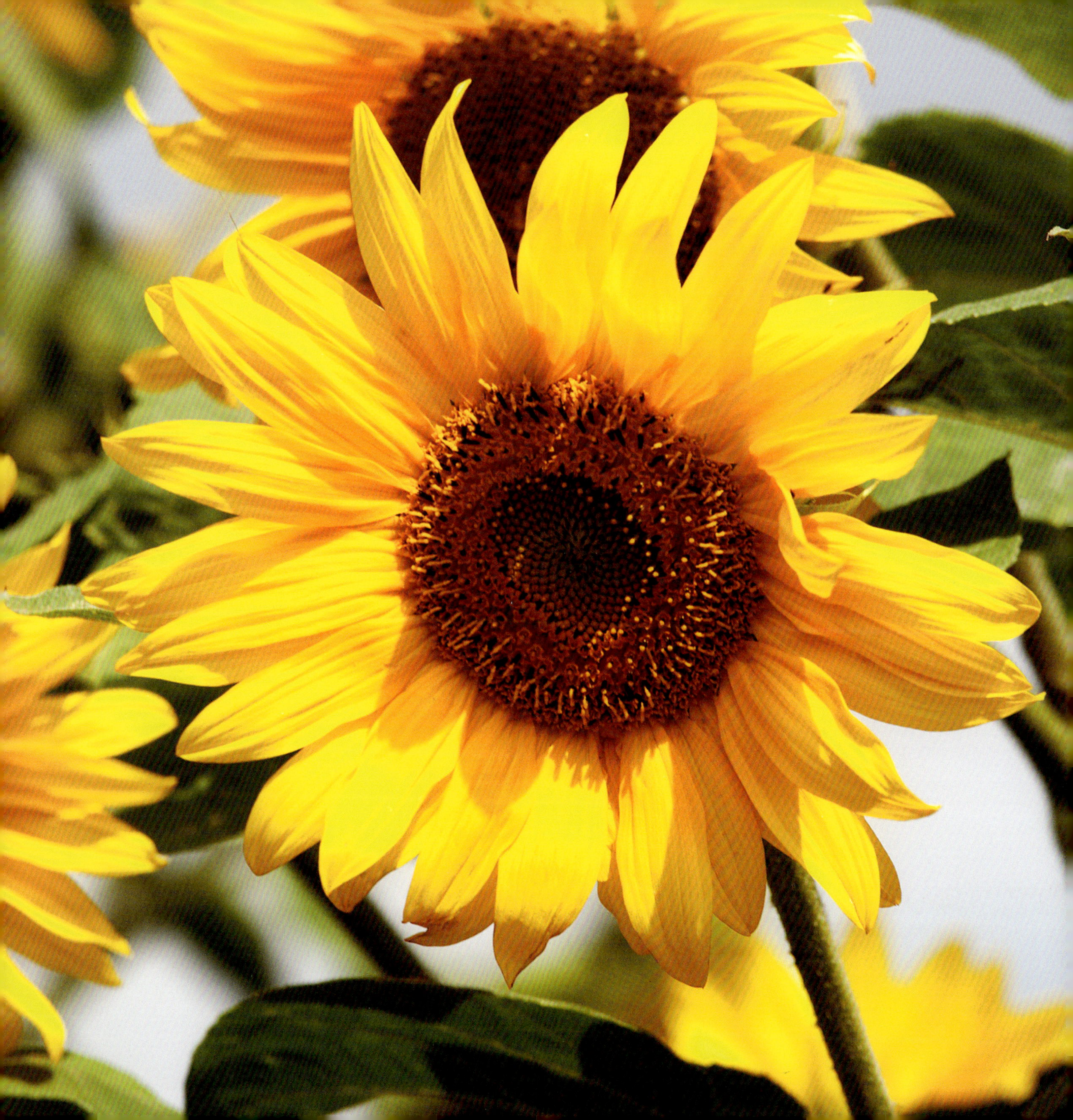

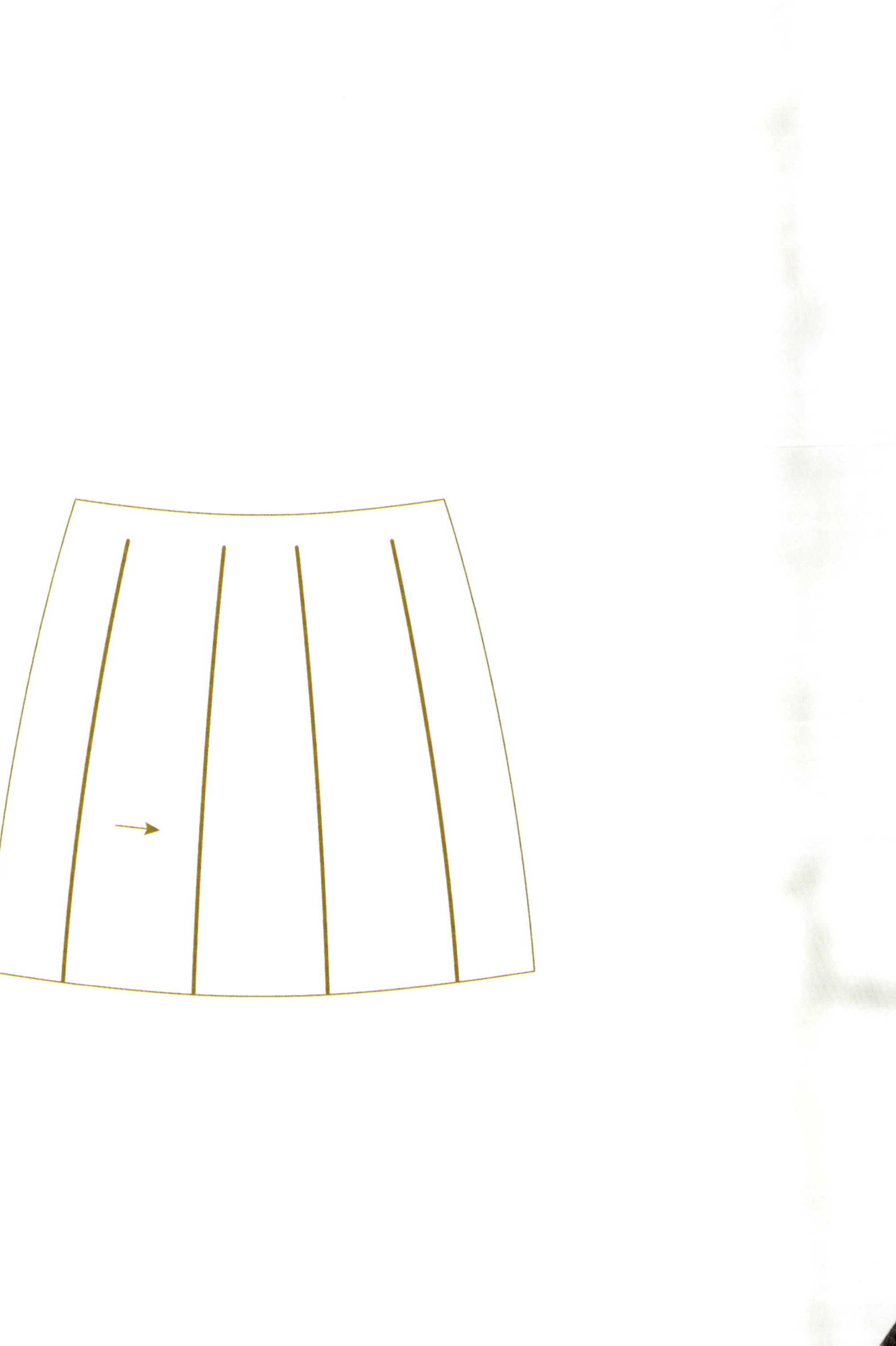

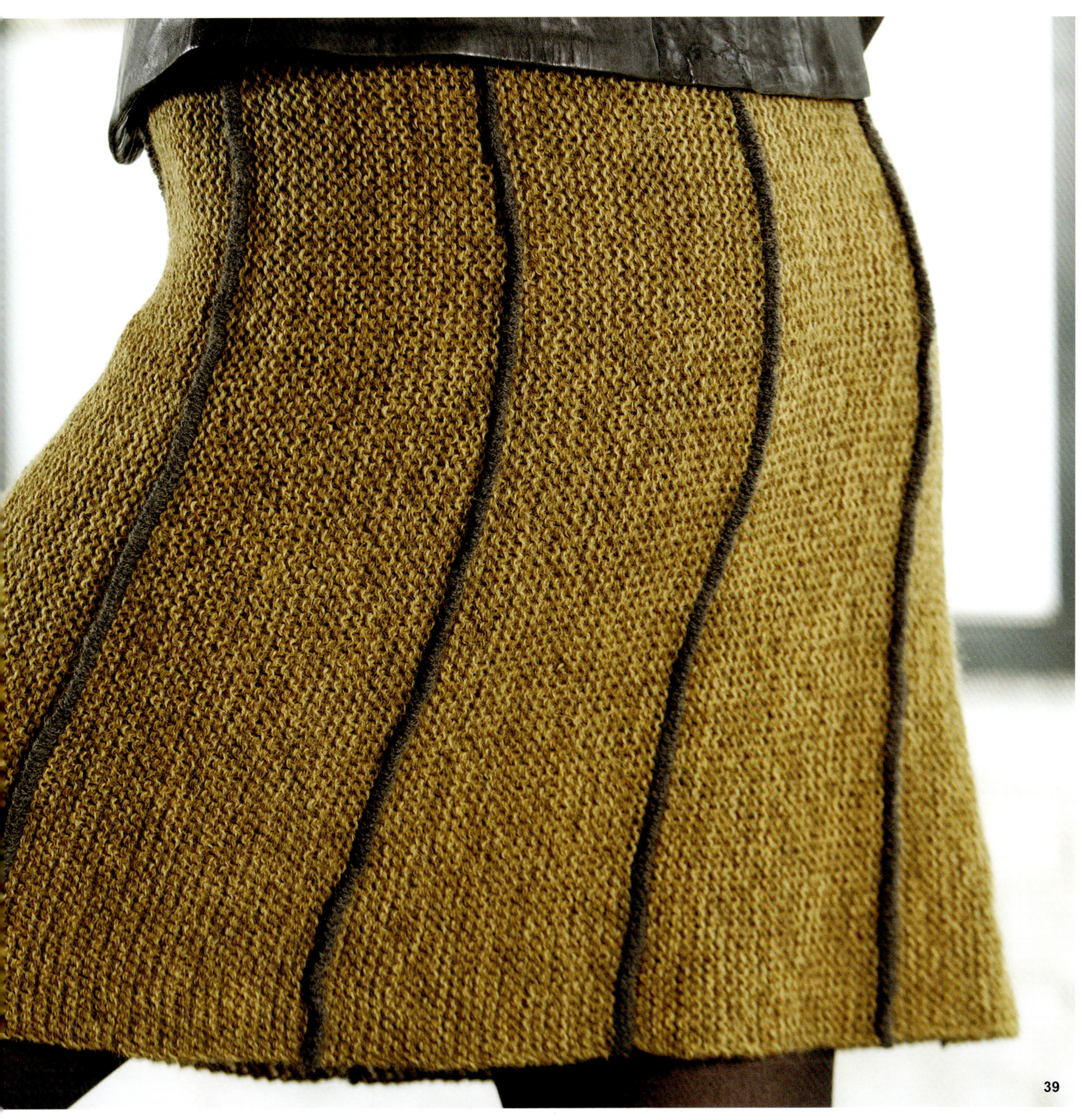

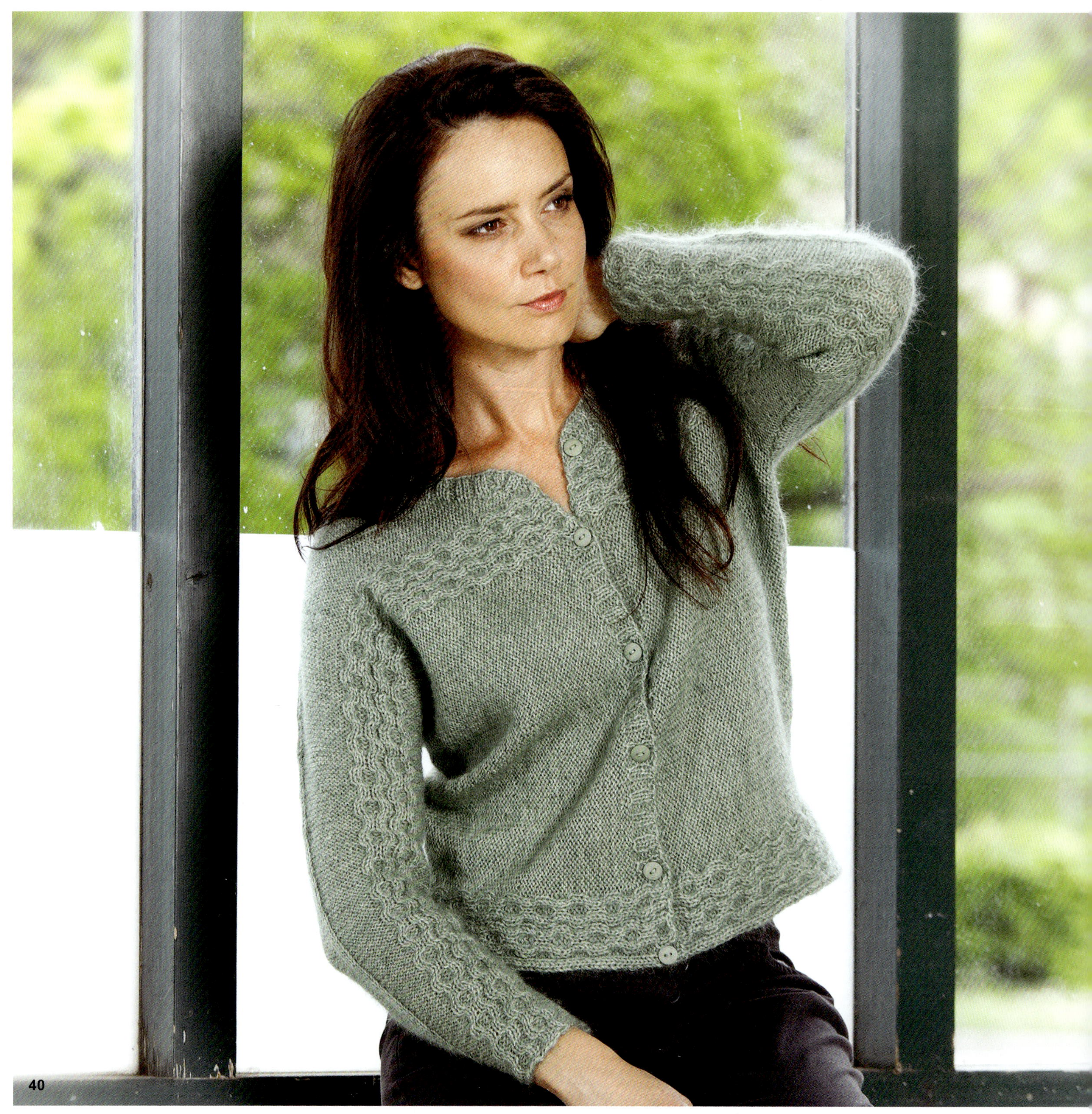

HORTENSIE

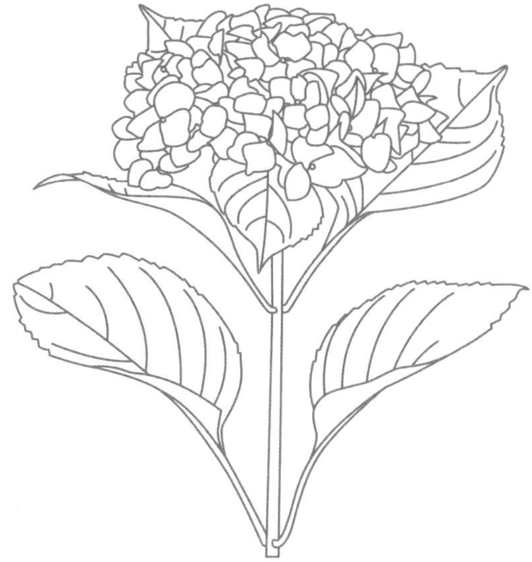

Größe: S(M)L(XL)

Halbe Oberweite: 47(50)55(57) cm
Länge: 53(54)55(56) cm
Innere Ärmellänge: 40(40)37(37) cm

Material:
200(250)250(250)g Isager Alpaca 2 Farbe 46
125(125)125(150)g Isager Silk Mohair Farbe 67
Beide Qualitäten zusammen verstricken

6 Knöpfe

Nadel: Rundnadel Nr. 4

Maschenprobe glatt gestrickt, beide Qualitäten zusammen: 10 cm = 20 M und 28 R

LINKE SEITE

Mit dem linken Ärmel beginnen.
50(54)60(64) M mit Nd Nr. 4 anschlagen.
In Reihen hin und her stricken.

In den RückR das Diagramm von links nach rechts stricken.
In den HinR das Diagramm von rechts nach links stricken.

Reihe 1 (RückR): 5(6)8(9) re – Diagramm – 3(4)5(6) re – 2 li – 3(4)5(6) re – Diagramm – 5(6)8(9) re.
Reihe 2: 1 re – 4(5)7(8) li – Diagramm – 3(4)5(6) li – 2 re – 3(4)5(6) li – Diagramm – 4(5)7(8) li – 1 re.
Reihe 3: Wie Reihe 1.
Reihe 4: Wie Reihe 2.
Reihe 5: Wie Reihe 1.
Reihe 6: Wie Reihe 2.
Reihe 7: Wie Reihe 1.
Reihe 8 mit 1. ZUNAHME: 1 re – 4(5)7(8) li – Diagramm – 3(4)5(6) li – 1 neue li, dafür den Faden zw den M verschr auf die li Nd heben und li stricken – 2 re – 1 neue li – 3(4)5(6) li – Diagramm – 4(5)7(8) li – 1 re = 52(56)62(66) M.

7 Reihen wie bisher stricken.
Es sind nun 4(5)6(7) M zwischen dem Diagramm und den 2 mittleren M.

Reihe 16 mit 2. ZUNAHME: 1 re – 4(5)7(8) li – Diagramm – 4(5)6(7) li – 1 neue li – 2 re – 1 neue li – 4(5)6(7) li – Diagramm – 4(5)7(8) li – 1 re = 54(58)64(68) M.
Das Muster noch einmal stricken.

7 Reihen nach Diagramm wie bisher stricken.
Es sind nun 5(6)7(8) M zwischen Diagramm und den 2 mittleren M.
Gleichzeitig mit der 3. ZUNAHME auch Zunahmen am Anfang und Ende der Reihe stricken: 1 re – 1 neue li – 25(27)30(32) M im Muster – 1 neue li – 2 re – 1 neue li – 25(27)30(32) M im Muster – 1 neue li – 1 re = 58(62)68(72) M.

Die Zunahmen am Anfang und Ende der R insg 4mal in jeder 24. R stricken.
Die Zunahmen vor und nach den 2 mittleren M insg 14(14)13(13)mal in jeder 8. R stricken.
Direkt nach der letzten Zunahme in der HinR enden.
Der Ärmel misst ca. 40(40)37(37) cm und hat 86(90)94(98) M.

Im Muster weiterstricken und weitere Zunahmen an jeder Seite der 2 mittleren M stricken.
Beidseitig 10mal 5 neue M in Verlängerung der R anschlagen = 190(194)198(202) M.
Die neuen M in den HinR li und in den RückR re stricken.

19 neue M in Verlängerung der RückR anschlagen = 209(213)217(221) M.
In der HinR wie folgt stricken: 3 re – 2 li – 2 re – 4 li – 2 re – 2 li – 4 re – 2 li – die R wie bisher zu Ende stricken.
19 neue M in Verlängerung der HinR anschlagen = 228(232)236(240) M.
In der RückR wie folgt stricken: 3 li – 4 re – 4 li – 2 re – 2 li – 4 re – 2 li – die R bis zu den letzten 21 M wie bisher stricken, dann wie folgt stricken: 2 re – 4 li – 2 re – 2 li – 4 re – 2 li – 2 re – 2 li – 1 re.

Weiterstricken: 1 M abh mit dem Faden vor den M = 1 FV – 4 M in Rippen – Diagramm – 59(60)62(63) M – Diagramm – 17(18)18(19) M – 2 mittlere M – 17(18)18(19) M – Diagramm – 59(60)62(63) M – Diagramm – 4 M in Rippen – 1 re.
Weiterhin in jeder 8. R Zunahmen an jeder Seite der 2 mittleren M stricken.
Beginnen mit Diagrammreihe 8 und der 17.(17.)16.(16.) ZUNAHME in der Ärmelmitte = 230(234)238(242) M.

Im Muster weiterstricken und in der Ärmelmitte in jeder 8. R zunehmen, bis insg 21 Zunahmen in der Ärmelmitte gestrickt sind = 238(242)248(252) M.

1(5)1(5) Reihe(n) stricken.
In der nächsten HinR für den Halsausschnitt abk.
Im Muster weiterstricken: 117(119)122(124) M – die mittleren 4 M abketten – 117(119)122(124) M stricken (die erste M ist bereits auf der Nd).

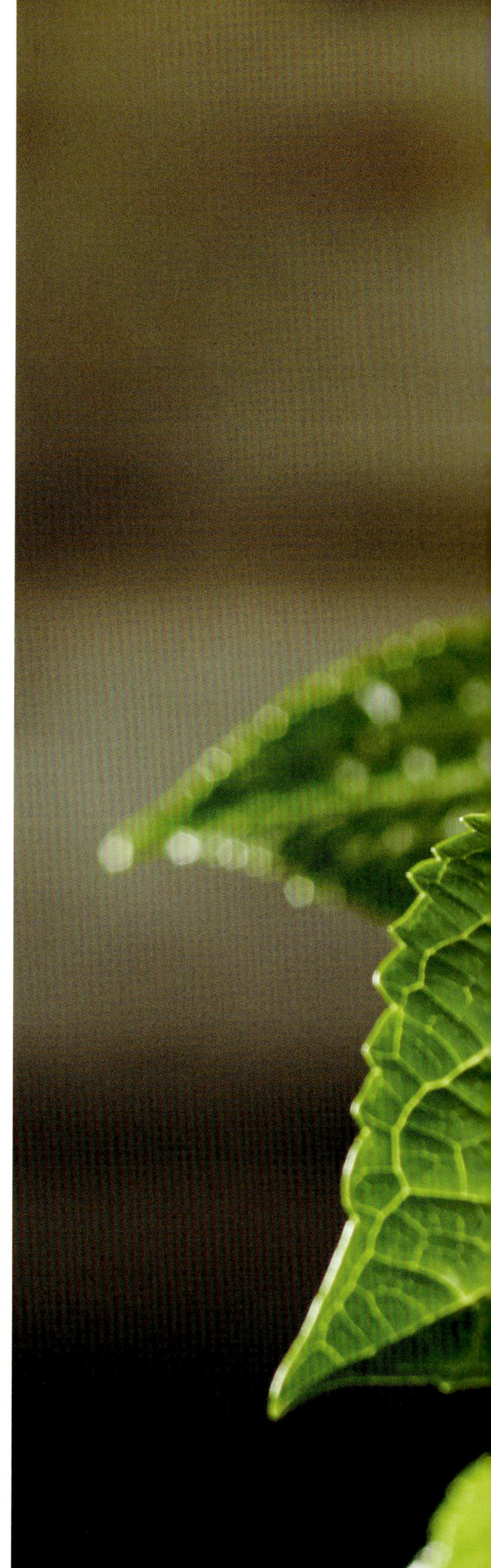

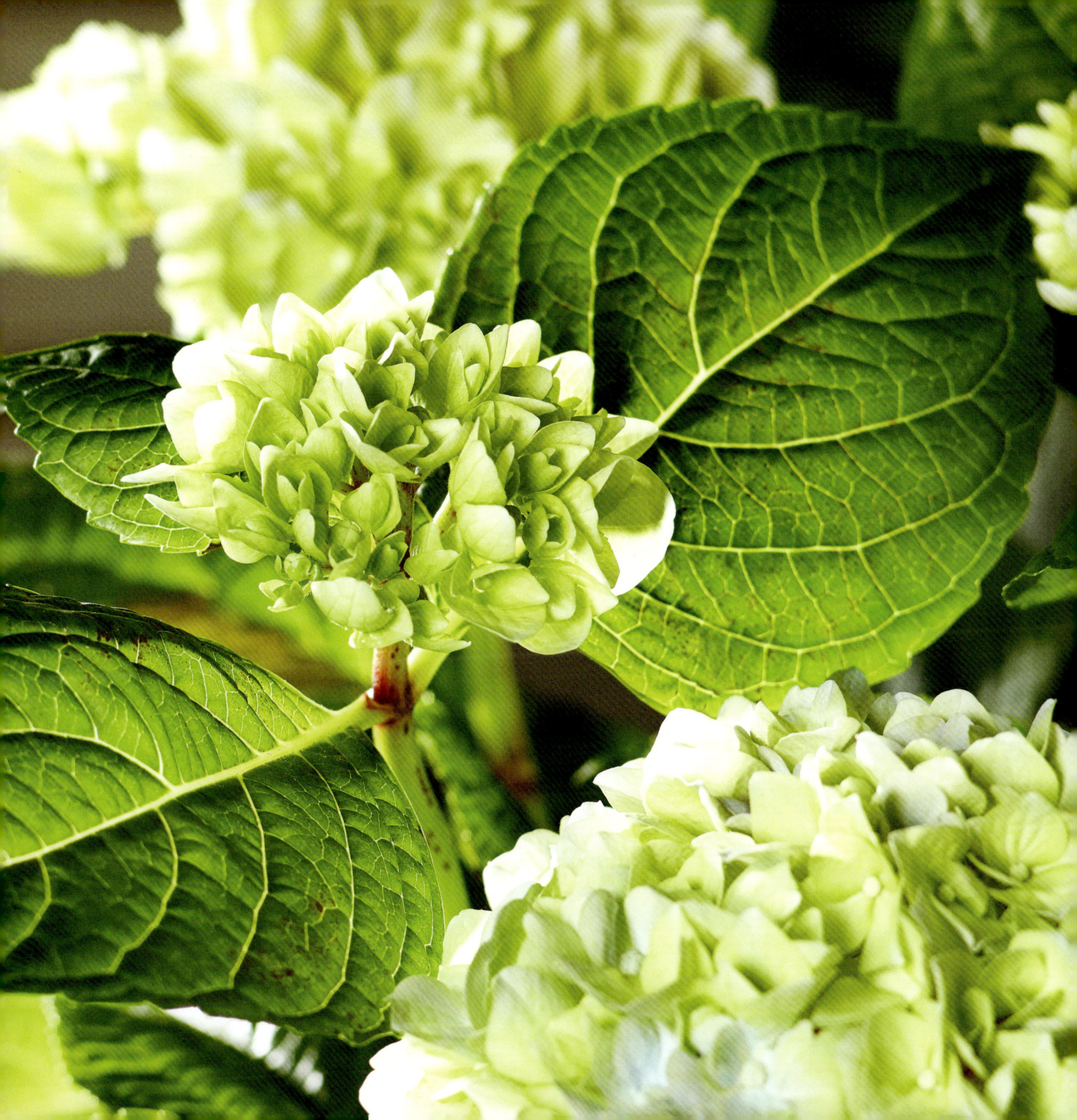

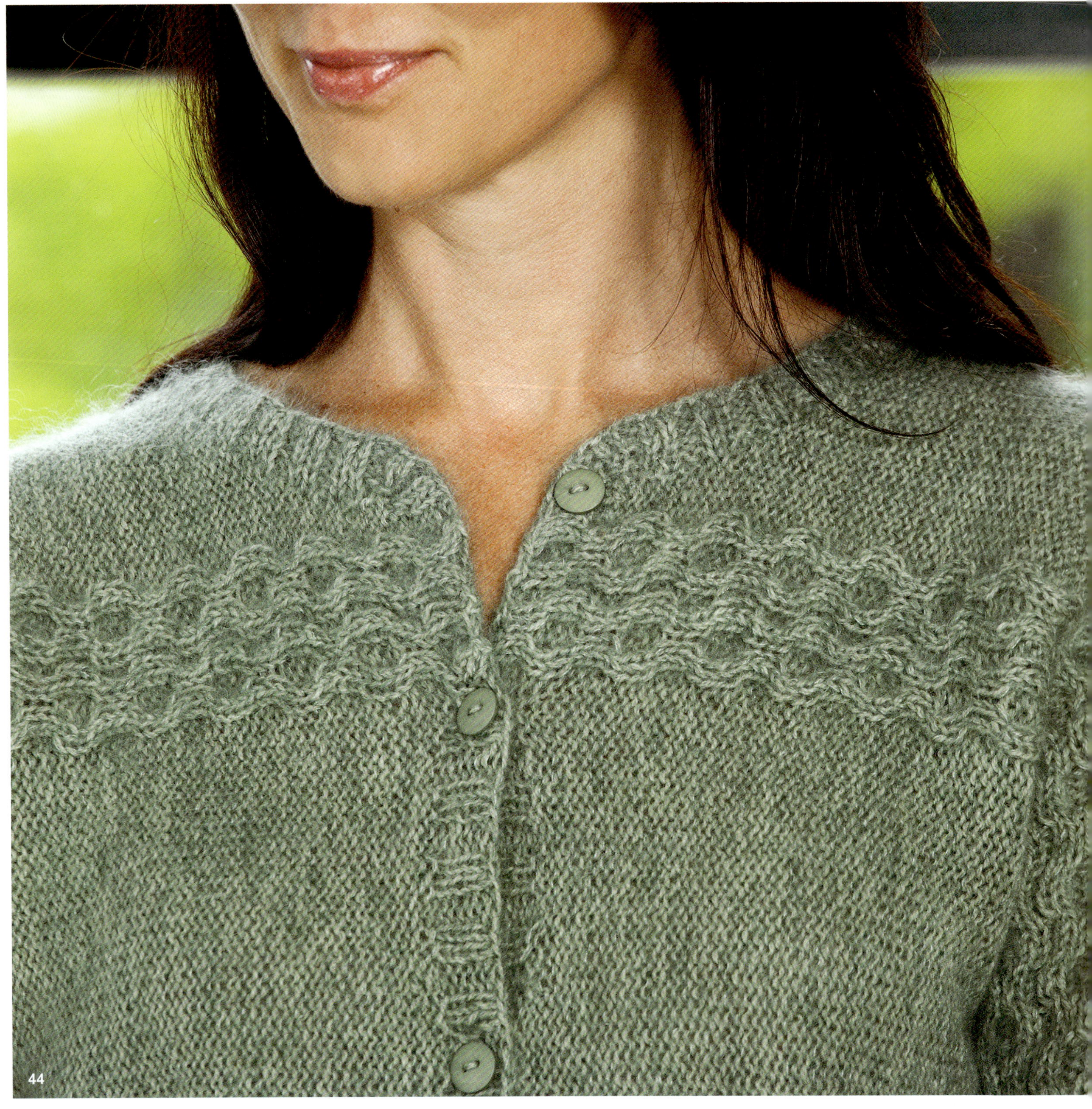

LINKES VORDERTEIL

Nur über die ersten 117(119)122(124) M im Muster weiterstricken.
An der Halsseite für den Halsausschnitt abk:
1mal 5 M abk = 112(114)117(119) M.
1(2)2(2)mal 3 M abk = 109(108)111(113) M.
3(2)2(3)mal 2 M abk = 103(104)107(107) M.
3(3)4(3)mal 1 M abk = 100(101)103(104) M.

8(8)10(10) Reihen im Muster über die letzten M stricken.
Am unteren Rand der Jacke enden.

Für eine größere Weite an den Hüften nun verkürzte Reihen stricken. Im Muster weiterstricken.
Reihe 1: 64 M. Wenden.
Reihe 2: 1 verschr U – 64 M.
Reihe 3: 50 M. Wenden.
Reihe 4: 1 verschr U – 50 M.
Reihe 5: 36 M. Wenden.
Reihe 6: 1 verschr U – 36 M.
Reihe 7: 22 M. Wenden.
Reihe 8: 1 verschr U – 22 M.
Reihe 9: 22 M – *den U mit der nächsten M re verschr zus stricken – 13 M*. Von * bis * wdh, bis keine U mehr vorhanden sind – die R zu Ende stricken.

Die Fäden abschneiden und die Maschen stilllegen.

LINKER RÜCKEN

Am Nacken beginnen.
Insg 24(24)28(28) R über die 117(119)122(124) Rückenmaschen stricken. Am Nacken enden.
Die Maschen stilllegen.

RECHTE SEITE

Wie die linke Seite bis LINKES VORDERTEIL stricken.

RECHTER RÜCKEN

Nach dem Abketten der mittleren 8 M (4 M vorher + 4 M jetzt) 21(21)25(25) R über die ersten 117(119)122(124) M stricken = Rücken.
Im Nacken enden.

Die M der linken Rückenhälfte wieder auf eine Nd heben.
Entweder die beiden Rückenhälften mit dem Matratzenstich zus nähen oder den Rücken zus stricken und dabei abk: Die 2 Teile rechts auf rechts aufeinanderlegen, mit einer dritten Nd die M beider Nd zus stricken und gleichzeitig dabei abk.

RECHTES VORDERTEIL

Wie das LINKE VORDERTEIL stricken.
Am Halsausschnitt mit Abketten beginnen.

Nach den verkürzten Reihen die U mit der nächsten M li zus stricken.

Mit einer RückR enden.
Die Fäden nicht abschneiden.

VORDERER RAND

Am rechten Vorderteil eine HinR stricken: 1 FV – 4 M in Rippen – 16 M nach Diagramm.
ZUNAHMEN stricken: *2 li – 2 re – 2 li – 2 re – 2 li – 2 re – 2 li – 1 re – 1 neue re, dafür den Querfaden zw den M re verschr stricken*. Von * bis * insg 3(2)4(3)mal stricken.
2 li – 2 re insg 3(7)0(4)mal stricken. 2 li – 16 M nach Diagramm – 2 li – 2 re = 103(103)107(107) M.

30(30)34(34) M aus dem rechten Halsausschnitt, herausstricken bis zu den 2 rechten M auf der Schultermitte.
2 M aus den 2 rechten M herausstricken.
30(30)34(34) M aus dem Nacken herausstricken bis zu den 2 rechten M auf der linken Schultermitte.
2 M aus den 2 rechten M herausstricken.
30(30)34(34) M aus dem linken Halsausschnitt herausstricken.
Nach der Markierung sind nun 94(94)106(106) M herausgestrickt.

2 re – 2 li – 16 M nach Diagramm – 2 li. *2 re – 2 li* insg 3(7)0(4)mal stricken.
ZUNAHMEN stricken: *1 neue re – 1 re – 2 li – 2 re – 2 li – 2 re – 2 li – 2 re – 2 li*. Von * bis * insg 3(2)4(3)mal stricken. 16 M nach Diagramm – 4 M in Rippen – 1 re.

Insg sind es nun 300(300)320(320) M.

Reihe 1 (RückR): 1 FV – 4 M in Rippen – 16 M nach Diagramm. *2 re – 2 li*. Von * bis * über insg 60(60)64(64) M wdh. 2 re – 16 M nach Diagramm.
2 re – 2 li. Von * bis * über insg 100(100)112(112) M wdh. 2 re – 16 M nach Diagramm.
2 re – 2 li. Von * bis * über insg 60(60)64(64) M wdh. 2 re – 16 M nach Diagramm – 4 M in Rippen - 1 re.

Das Muster wie bisher nach Diagramm und in Rippen stricken.
Knopfloch = 2 M zus – 2 neue M anschlagen – 2 M zus. Je nach Muster die M rechts oder links zus stricken.
Reihe 2 mit Knopfloch und ZUNAHME: 1 FV – Knopfloch – 16 M nach Diagramm – 0(0)2(2) M in Rippen – Knopfloch – 16 M in Rippen – Knopfloch – 14 M in Rippen – Knopfloch – 16 M in Rippen – Knopfloch – 0(0)2(2) M in Rippen – 16 M nach Diagramm – Knopfloch.
Die Ecke: 1 neue M li – 1 re (diese M markieren) – 1 neue M li - 92(92)104(104) M in Rippen = 1 M vor der Markierung am linken Vorderteil.
Die Ecke: 1 neue M li – 1 re (markierte M) – 1 neue li – in Rippen und nach Diagramm über das linke Vorderteil stricken.

Reihe 3: In Rippen + Diagramm stricken – um die erste Markierung herum 2 li – 1 re – 1 li – 2 re und um die zweite Markierung herum 2 re – 1 li – 1 re – 2 li.

Reihe 4 mit ZUNAHME: Rippen bis zu der markierten M stricken. 1 neue li – 1 re – 1 neue re.
Wieder Rippen bis zu der markierten M stricken.
1 neue re – 1 re – 1 neue li = 308(308)328(328) M.

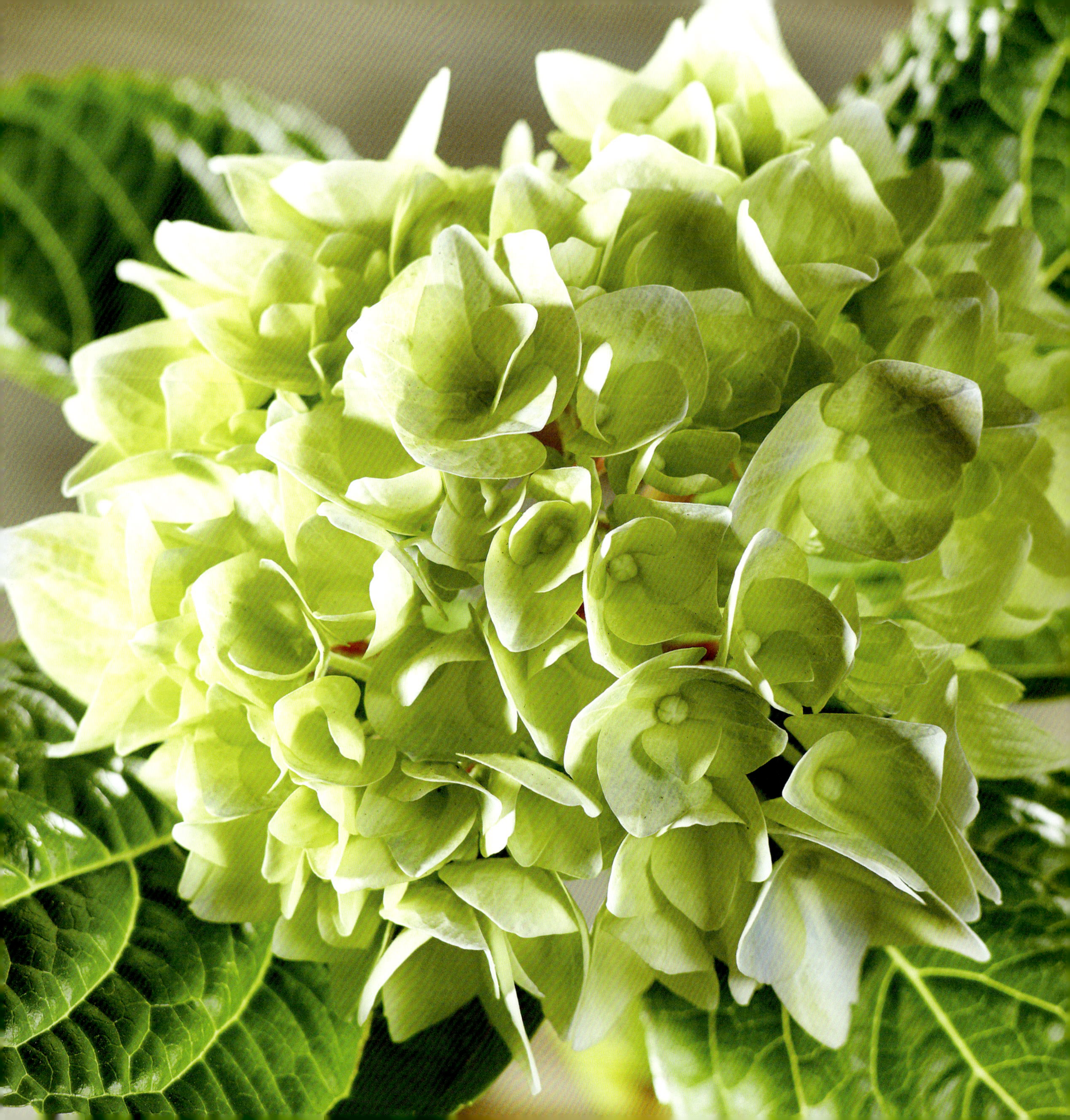

Reihe 5: In Rippen + Diagramm stricken.

In der HinR in Rippen abketten. Wenn nach Diagramm ein Zopf gestrickt werden soll, mit einem Zopf abk.

FERTIGSTELLUNG

Die Seitennähte zusammennähen – ab Ärmel nähen.
Die Ärmelnähte zusammennähen.
Die Fäden vernähen.
Die Knöpfe annähen.

DIAGRAMM

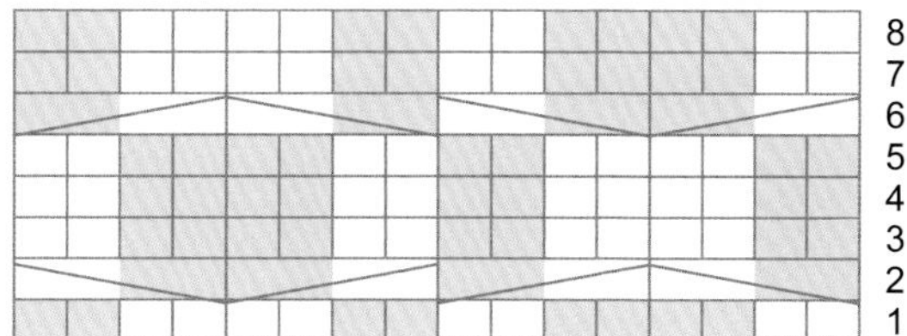

= re in den HinR – li in den RückR

= li in den HinR – re in den RückR

= 2 M auf Hilfsnadel hinter die Arbeit legen – 2 re stricken – 2 M von der Hilfsnadel li stricken

= 2 M auf Hilfsnadel vor die Arbeit legen – 2 li stricken – 2 M von der Hilfsnadel re stricken

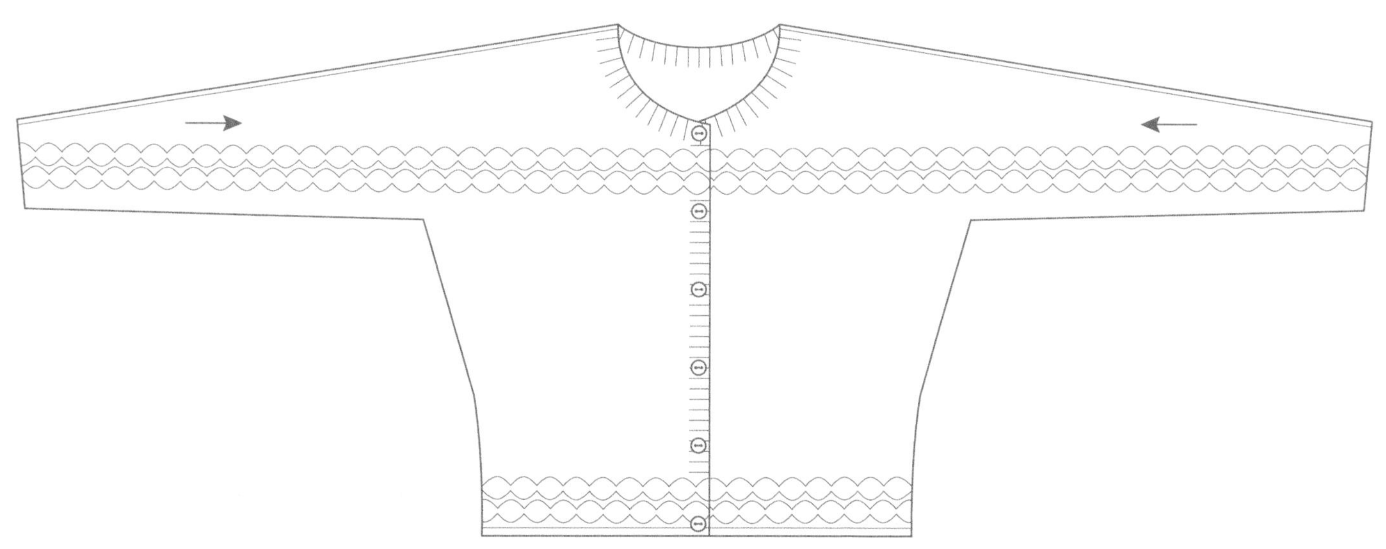

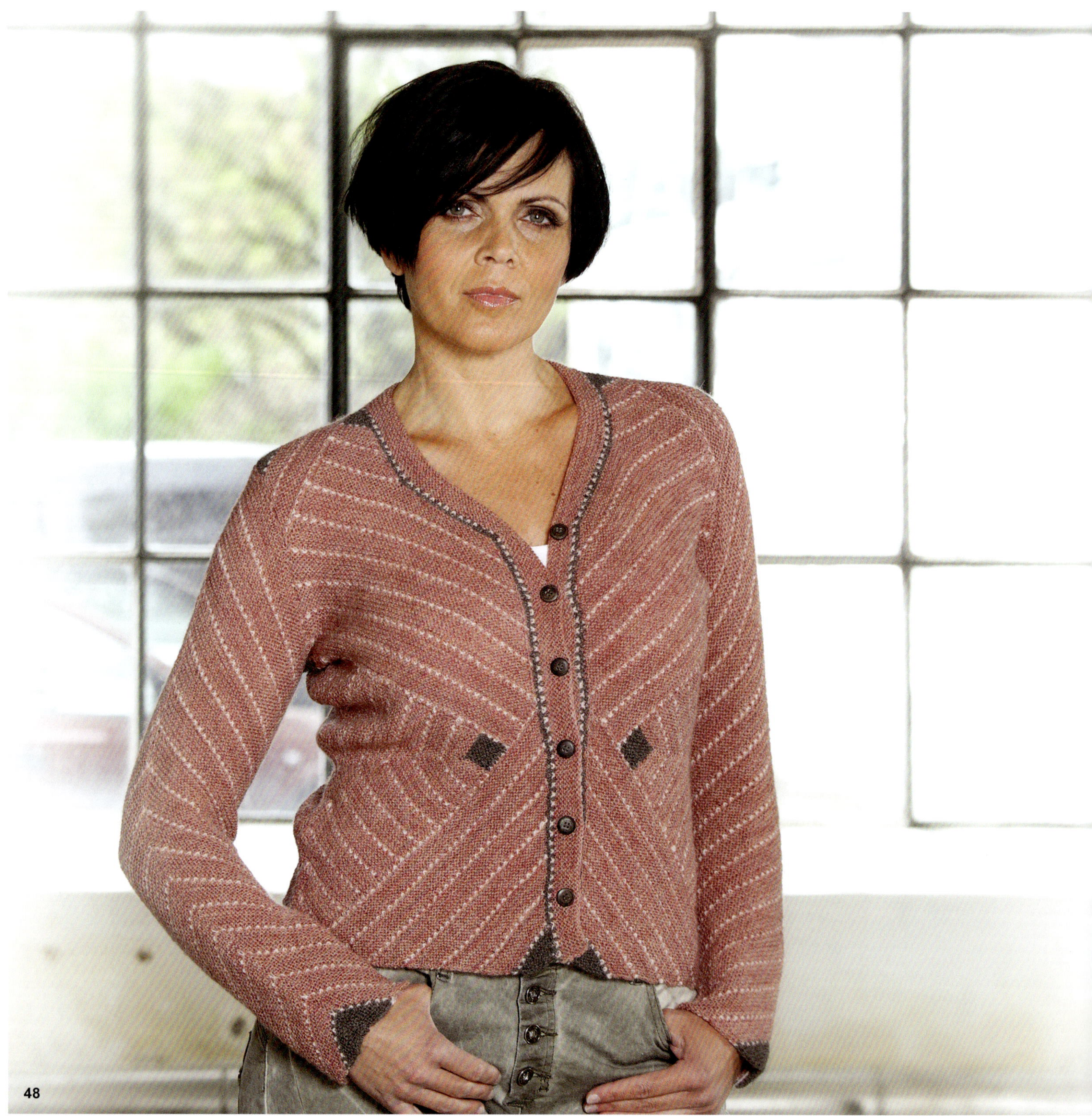

L U P I N E

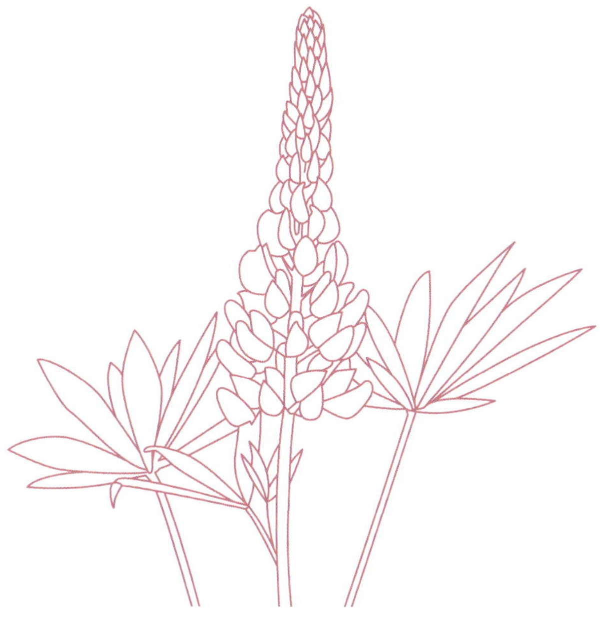

Größe: S(M)L(XL)

Halbe Oberweite: 44(49)55(60) cm
Länge: 54(54)57(57) cm
Innere Ärmellänge: 42 cm

Material:
A: 300(300)300(350)g Isager Highland Farbe Rose
B: 50(50)50(100)g Tvinni Farbe 61
C: 50g Tvinni Farbe 23s

6 Knöpfe

Nadel: Rundnadel Nr. 3, es müssen häufiger Maschen stillgelegt werden. Statt diese auf Hilfsfäden stillzulegen, können natürlich auch mehrere Hilfsnadeln verwendet werden.

Maschenprobe kraus rechts: 10 cm = 28 M und 56 R
Es ist sehr wichtig die Maschenprobe einzuhalten.

LINKS UNTEN (1)

3 M mit C anschlagen.
Reihe 1 (HinR): 3 re.
Reihe 2: 1re – 1 neue re, dafür den Faden zw den M re verschr stricken – 1re – 1 neue re – 1 re.
Reihe 3: 5 re
Reihe 4: 1 re – 1 neue re – 3 re – 1 neue re – 1 re.
Reihe 5: 7 re.
Reihe 6: 1 re – 1 neue re – 5 re – 1 neue re – 1 re.
Reihe 7: 9 re.
Reihe 8: 1 re – 1 neue re – 7 re – 1 neue re – 1 re.
Reihe 9: 11 re.
Reihe 10: 1 re – 1 neue re – 9 re – 1 neue re – 1 re.
Reihe 11: 13 re.
Reihe 12: 1 re – 1 neue re – 11 re – 1 neue re – 1 re.
C abschneiden.

Zu B wechseln.
Hebemaschenreihe 1 (HinR): *1 re – 1 M abh mit dem Faden hinter den M = 1 FH*.
Von * bis * wdh. Enden mit 1 re.
Hebemaschenreihe 2: *1 re – 1 M abh mit dem Faden vor den M = 1 FV*.
Von * bis * wdh. Enden mit 1 re.
B abschneiden.

Zu A wechseln und den ersten breiten Streifen stricken:
Reihe 1: 15 re.
Reihe 2: 1 re – 1 neue re – 13 re – 1 neue re – 1 re.
Reihe 3: 17 re.
Reihe 4: 1 re – 1 neue re – 15 re – 1 neue re – 1 re.
Weiter kraus rechts und Zunahmen in den RückR stricken, bis insg 12 R mit A gestrickt sind = 27 M.
A NICHT abschneiden.

Mit B Hebemaschenreihen 1 + 2 stricken.
B abschneiden.

Zu A wechseln und den zweiten breiten Streifen mit A str:
In der HinR alle M re stricken.
In der RückR an den Seiten zunehmen.
Nach 12 R = 39 M.

Mit B Hebemaschenreihen stricken.
B abschneiden.

Weiter breite Streifen mit A und mit Zunahmen an den Seiten stricken. Nach jeder 12. R mit A 2 Hebemaschenreihen mit B stricken, bis 5(6)7(8) breite Streifen mit A gestrickt sind = 75(87)99(111) M.
A abschneiden.

Mit B Hebemaschenreihen stricken.
B abschneiden.
Die M auf einer Nadel stilllegen.

LINKE SCHULTER (2)

3 M mit C anschlagen.
Reihe 1(HinR): 3 re.
Reihe 2: 1 re – 1 neue re – 1 re – 1 neue re – 1 re.
Reihe 3: 5 re.
Reihe 4: 1 re – *1 neue re – 1 re – 1 neue re – 1 re*. Eine Markierung setzen. Wieder von * bis * stricken. Die Markierung während der Arbeit mit nach oben nehmen.
Reihe 5: 9 re.
Reihe 6: 1 re – *1 neue re – 3 re – 1 neue re – 1 re*.
Wieder von * bis * stricken.
Reihe 7: 13 re.
Reihe 8: 1 re – *1 neue re – 5 re – 1 neue re – 1 re*.
Wieder von * bis * stricken.
Reihe 9: 17 re.
Reihe 10: 1 re – *1 neue re – 7 re – 1 neue re – 1 re*. Wieder von * bis * stricken.
Weiter mit Zunahmen stricken, bis es 29 M sind.
Nach einer RückR mit Zunahme enden.
C abschneiden.

Mit B Hebemaschenreihen stricken.
Kontrolle: In den Hebemaschenreihen die Mittelmasche zw den Zunahmen mit B re stricken. Dies gilt nur in den Hebemaschenreihen, in denen beidseitig der Mittelmasche zugenommen wird.
B abschneiden.

Zu A wechseln und den 1. breiten Streifen mit A stricken:
12 R mit Zunahmen an den Seiten + an beiden Seiten der Mittelmasche stricken = 53 M.

Mit B Hebemaschenreihen stricken.
B abschneiden.

Weiter breite Streifen mit A + Zunahmen und den Hebemaschenreihen mit B stricken, bis es 2(2)2(3) breite Streifen mit A sind = 77(77)77 (101) M.
Enden mit Hebemaschenreihen mit B.
Die Fäden abschneiden.

Die ersten 38(38)38(50) M (= Schulter) stilllegen. Sie werden später mit dem RÜCKEN zus gestrickt..
Über die letzten 39(39)39(51) M weiterstricken.

LINKS OBEN (3)

In der Mitte der LINKEN SCHULTER beg und mit C stricken.
Reihe 1 (HinR): Die ersten 2 M re stricken. Wenden.
Reihe 2: 2 re
Reihe 3: 1 re – die letzte M mit der nächsten M re zus stricken. Wenden.
Reihe 4: 1 re – 1 neue re – 1 re.
Reihe 5: 2 re – die letzte M mit der nächsten M re zus stricken. Wenden.
Reihe 6: 2 re – 1 neue re – 1 re.
Reihe 7: 3 re – die letzte M mit der nächsten M re zus stricken. Wenden.
Reihe 8: 3 re – 1 neue re – 1 re.
Reihe 9: 4 re – die letzte M mit der nächsten M re zus stricken. Wenden
Reihe 10: 4 re – 1 neue re – 1 re.
Reihe 11: 5 re – die letzte M mit der nächsten M re zus stricken. Wenden
Reihe 12: 5 re – 1 neue re – 1 re.
Reihe 13: 6 re – die letzte M mit der nächsten M re zus stricken. Wenden
Reihe 14: 6 re – 1 neue re – 1 re.
Reihe 15: 7 re - die letzte M mit der nächsten M re zus stricken. Wenden
Reihe 16: 7 re – 1 neue re – 1 re.
C abschneiden.
Mit B Hebemaschenreihen über die 9 M stricken. Die letzte M nicht mit der nächsten M zus stricken.
B abschneiden.

Zu A wechseln.
Reihe 1: 8 re – die letzte M auf die rechte Nd heben, ohne sie zu stricken – einen Faden in

Farbe A aus einer vorherigen R auf die linke Nd heben – die letzte M wieder auf die linke Nd heben und 3 M re zus stricken (auf diese Weise werden Löcher nach den Hebemaschenreihen vermieden). Wenden.
Reihe 2: 8 re – 1 neue re – 1 re.
Reihe 3: 9 re – die letzte M mit der nächsten M re zus stricken. Wenden.
Reihe 4: 9 re – 1 neue re – 1 re.
Mit Zusammenstricken + Zunahmen weiterstricken, bis 12 R mit A gestrickt sind = 15 M.

Mit B Hebemaschenreihen stricken.
Wenn nicht anders beschrieben, wird am Ende der Hebemaschenreihen NICHT zusammengestrickt und in den RückR werden KEINE Abnahmen oder Zunahmen gestrickt.
B abschneiden.

Zu A wechseln.
Einen breiten Streifen mit Zusammenstricken + Zunahmen stricken = 21 M.
A abschneiden.

Mit B Hebemaschenreihen stricken.
B abschneiden.

Zu A wechseln.
Reihe 1: 24(24)36(36) M mit einer neuen Nd anschlagen – in Verlängerung der angeschlagenen M weiter über die M auf der Nd stricken: 20 re – die letzte M mit der nächsten M re zus stricken = 45(45)57(57) M. Wenden.
Reihe 2: 44(44)56(56) re – 1 neue re – 1 re.
Reihe 3: 45(45)57(57) re – die letzte M mit der nächsten M re zus stricken. Wenden.
Reihe 4: 45(45)57(57) re – 1 neue re – 1 re.
Mit Zusammenstricken + Zunahmen weiterstricken, bis es insg = 51(51)63(63) M sind.

Mit B Hebemaschenreihen stricken.
B abschneiden.
Das Muster mit breiten Streifen in A + Hebemaschenreihen mit B weiterstricken.
Mit Zusammenstricken + Zunahmen weiterstricken, bis es insg 63(63)75(75) M sind.
Nach dem kleinen Dreieck in C sind nun 5 breite Streifen mit A gestrickt.
Enden mit Hebemaschenreihen mit B.

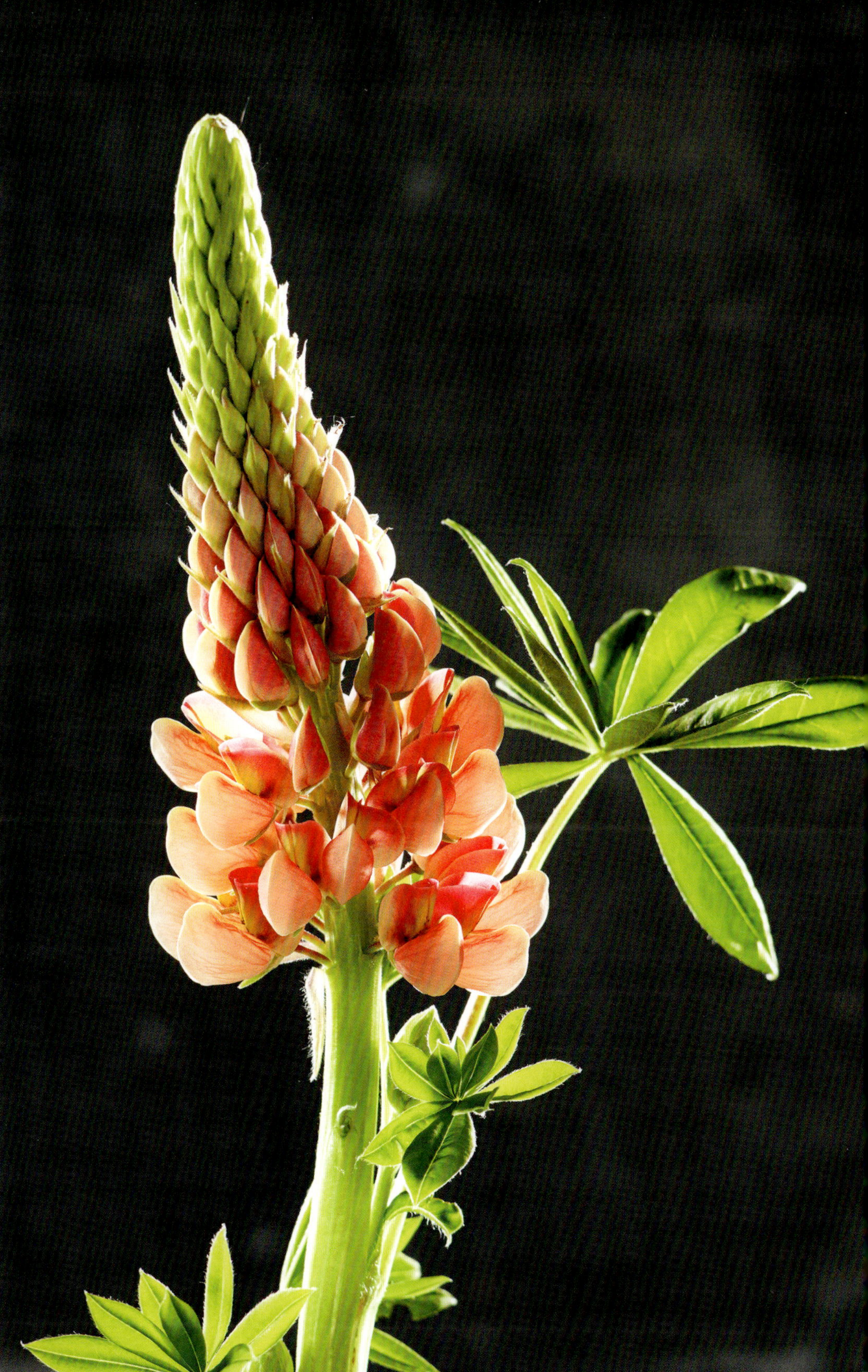

Gr. S:
Es sind alle M von der LINKEN SCHULTER mit dem LINKEN OBEREN VORDERTEIL zusammengestrickt.
Zu A wechseln.
Am Ende der HinR 2 M re zus stricken.
Am Ende der RückR Zunahmen stricken.
Dies wdh, bis 1 breiter Streifen mit A gestrickt ist.
Nach dem kleinen Dreieck in C sind insg 6 breite Streifen mit A gestrickt.
Hebemaschenreihen mit B stricken.
Zu A wechseln.
Am Ende der HinR keine Abnahmen mehr stricken. Jedoch weiterhin am Ende der RückR Zunahmen stricken.
Wdh, bis nach dem kleinen Dreieck in C insg 8 breite Streifen mit A gestrickt sind = 75 M.
Enden mit Hebemaschenreihen mit B.
Die Fäden abschneiden.
Die M von LINKS UNTEN wieder auf die Nd heben.
Weiterlesen bei LINKES VORDERTEIL SEITENVIERECK.

Gr. (M):
Es sind alle M von der LINKEN SCHULTER mit dem LINKEN OBEREN VORDERTEIL zusammengestrickt.
Zu A wechseln.
In der HinR alle M auf der Nd re stricken.
Am Ende der RückR eine Zunahme stricken.
Wdh, bis nach dem kleinen Dreieck in C insg 7 breite Streifen mit A gestrickt sind = 75 M.
Enden mit Hebemaschenreihen mit B.
Die M von LINKS UNTEN wieder auf die Nd heben.

Gr. L:
Es sind alle M von der LINKEN SCHULTER mit dem LINKEN OBEREN VORDERTEIL zusammengestrickt.
Zu A wechseln.
Am Ende der HinR 2 M re zus stricken.
Am Ende der RückR eine Zunahme stricken.
Wdh, bis insg 12 R mit A gestrickt sind.
Nach dem kleinen Dreieck in C sind nun 6 breite Streifen mit A gestrickt.
Enden mit Hebemaschenreihen mit B.
Die M von LINKS UNTEN wieder auf die Nd heben.

Gr. (XL):
Die M von LINKS UNTEN wieder auf die Nd heben.
Zu A wechseln.
In den HinR zus stricken wie bisher.
Am Ende der RückR die letzte M mit der letzten M von LINKS UNTEN li zus stricken.
Die erste M der HinR mit dem Faden vor den M (=1 FV) abheben.
Dies wdh, bis 2 breite Streifen mit A gestrickt sind.
Nach dem kleinen Dreieck in C sind nun insg 7 breite Streifen mit A gestrickt.
Enden mit Hebemaschenreihen in B.

Gr. (M)L(XL):
LINKES OBERES VORDERTEIL mit LINKS UNTEN zus stricken.
In den HinR alle M re stricken.
In den RückR die letzte M mit der letzten M von LINKS UNTEN li zus stricken.
1 breiten Streifen mit A stricken.
Hebemaschenreihen mit B stricken.
Dies wdh, bis insg (2)4(4) breite Streifen mit A gestrickt sind = (9)10(11) breite Streifen mit A nach dem Dreieck in C.
Enden mit Hebemaschenreihen in B. Die Fäden abschneiden.
Es sind noch 75 M von LINKS UNTEN übrig.

LINKES VORDERTEIL SEITENVIERECK (4)

Die M auf der Nd so verschieben (ohne sie zu stricken), dass über die letzten 7 M von LINKS UNTEN eine HinR gestrickt werden kann.
Mit C stricken:
Reihe 1: 6 der 7 letzten M von LINKS UNTEN re stricken.
Die letzte M mit der ersten M vom LINKEN OBEREN VORDERTEIL re zus stricken.
Wenden.
Reihe 2: 7 re. Wenden.
Reihe 1 – 2 wdh, bis 14 R gestrickt sind.
C abschneiden.

Zu A wechseln:
Reihe 1: Aus der Seite des Vierecks in C 8 M herausstricken – über die bereits auf der Nd liegenden M weiterstricken: 6 re – die letzte M mit der ersten M vom LINKEN OBEREN VORDERTEIL re zus stricken. Wenden.
Reihe 2: 14 re – die letzte M mit LINKS UNTEN li zus stricken.
Reihe 3: 1 FV – 13 re – die letzte M mit LINKEM OBEREN VORDERTEIL re zus stricken.
Reihe 4: 7 re – 1 neue re – 1 re – 1 neue re – 6 re – die letzte M mit LINKS UNTEN li zus stricken.
Reihe 5: 1 FV – 15 re – die letzte M mit LINKEM OBEREN VORDERTEIL re zus stricken.
Mit Zusammenstricken + Zunahmen in den RückR weiterstricken, bis 1 breiter Streifen mit A gestrickt ist = 25 M.

Hebemaschenreihen mit B stricken.
Kontrolle: Die Mittelmasche muss re mit B gestrickt sein.

Auf diese Weise insg 5 breite Streifen mit A + Hebemaschenreihen mit B stricken = 73 M.
A abschneiden.
Enden mit Hebemaschenreihen mit B.
Es sind noch 38 M vom LINKEN OBEREN VORDERTEIL und 38 M von LINKS UNTEN übrig.

Alle M stilllegen.
Das linke Vorderteil zur Seite legen.

RECHTS UNTEN (5)

Wie LINKS UNTEN str.

RECHTE SCHULTER (6)

Wie LINKE SCHULTER str.
Die letzten 38(38)38(50) M stilllegen, sie werden später mit dem RÜCKEN zus gestrickt.
Mit den ersten 39(39)39(51) M weiterstricken.

RECHTES OBERES VORDERTEIL (7)

Mit C in der Mitte der RECHTEN SCHULTER beginnen: Reihe 1 (HinR): In der Mitte der R die 2 letzten M auf die linke Nd heben und in einer HinR re stricken. Wenden.
Reihe 2: 1 re – 1 neue re – die letzte M mit der nächsten M li zus stricken = 3 M. Wenden.
Reihe 3: 1 FV – 2 re.
Reihe 4: 1 re – 1 neue re – 1re – die letzte M mit der nächsten M li zus stricken. Wenden.
Reihe 5: 1 FV – 3 re.
Reihe 6: 1 re – 1 neue re – 2 re – die letzte M mit der nächsten M li zus stricken. Wenden.
Reihe 7: 1 FV – 4 re.
Reihe 8: 1re – 1 neue re – 3 re – die letzte M mit der nächsten M li zus stricken. Wenden.
Reihe 9: 1 FV – 5 re.
Reihe 10: 1 re – 1 neue re – 4 re – die letzte M mit der nächsten M li zus stricken. Wenden.
Reihe 11: 1 FV – 6 re.
Reihe 12: 1 re – 1 neue re – 5 re – die letzte M mit der nächsten M li zus stricken. Wenden.
Reihe 13: 1 FV – 7 re.
Reihe 14: 1 re – 1 neue re – 6 re – die letzte M mit der nächsten M li zus stricken. Wenden.
C abschneiden.

Hebemaschenreihen mit B stricken.
Zu A wechseln.
Mit Zusammenstricken + Zunahmen weiterstricken, bis nach dem Dreieck in C 2 breite Streifen mit A gestrickt sind = 21 M.
Enden mit Hebemaschenreihen mit B.

Mit A stricken.
Reihe 1: 21 re – 25(25)37(37) M in Verlängerung der R anschlagen = 46(46)58(58) M.
Reihe 2: 45(45)57(57) re – die letzte M mit der nächsten M li zus stricken. Wenden.
Reihe 3: 1 FV – 45(45)57(57) re.
Reihe 4: 1 re – 1 neue re – 44(44)56(56) re – die letzte M mit der nächsten M li zus stricken. Wenden.
Reihe 5: 1 FV – 46(46)58(58) re.
Weiterhin am Anfang der RückR zunehmen und am Ende die letzte M mit der nächsten M zus stricken, bis es 63(63)75(75) M sind.
Nach dem Dreieck in C sind nun 5 breite Streifen mit A gestrickt.
Enden mit Hebemaschenreihen mit B.

Gr. S:
Es sind alle M der RECHTEN SCHULTER mit dem RECHTEN OBEREN VORDERTEIL zusammengestrickt.

Zu A wechseln.
Am Anfang der HinR 2 M re zus stricken.
Am Anfang der RückR eine Zunahme stricken.
Dies wdh, bis 1 breiter Streifen gestrickt ist = 63 M.
Insg sind nach dem Dreieck in C 6 breite Streifen mit A gestrickt.
Hebemaschenreihen mit B stricken.

Zu A wechseln.
Keine weiteren Abnahmen am Anfang der HinR stricken, jedoch am Anfang der RückR zunehmen.
Dies wdh, bis nach dem Dreieck in C insg 8 breite Streifen mit A gestrickt sind = 75 M.
Enden mit Hebemaschenreihen mit B. Die Fäden abschneiden.
Die M von RECHTS UNTEN wieder auf die Nd heben.
Weiterlesen bei RECHTES VORDERTEIL SEITENVIERECK.

Gr. (M):
Es sind alle M der RECHTEN SCHULTER mit dem RECHTEN OBEREN VORDERTEIL zusammengestrickt.
Zu A wechseln.
Keine weiteren Abnahmen am Anfang der HinR stricken, alle M re.
Am Anfang der RückR eine Zunahme stricken.
Wdh, bis nach dem kleinen Dreieck in C insg 7 breite Streifen mit A gestrickt sind = 75 M.
Enden mit Hebemaschenreihen mit B.
Die M von RECHTS UNTEN wieder auf die Nd heben.

Gr. L:
Es sind alle M der RECHTEN SCHULTER mit dem RECHTEN OBEREN VORDERTEIL zusammengestrickt.
Zu A wechseln.
Weiterhin am Anfang der RückR eine Zunahme stricken. Sie werden später mit dem RÜCKEN zusammengestrickt. Am Anfang der HinR 2 M re zus stricken.
Wdh, bis 1 breiter Streifen gestrickt ist.
Es sind nach dem Dreieck in C insg 6 breite Streifen mit A gestrickt.
Enden mit Hebemaschenreihen mit B.
Die M von RECHTS UNTEN wieder auf die Nd heben.

Gr. (XL):
Die M von RECHTS UNTEN wieder auf die Nd heben.
Am Ende der HinR die letzte M mit der ersten M von RECHTS UNTEN re zus stricken.
In den RückR wie bisher zus stricken.
Dies wdh, bis 2 breite Streifen mit A gestrickt sind. Es sind nach dem Dreieck in C insg 7 breite Streifen mit A gestrickt
Enden mit Hebemaschenreihen mit B.

Gr. (M)L(XL):
In den RückR alle M re stricken.
In den HinR die letzte M mit der ersten M von RECHTS UNTEN re zus stricken.
Insg 12 R mit A stricken.
Hebemaschenreihen mit B stricken.
Dies wdh, bis insg (2)4(4) breite Streifen mit A gestr sind = (9)10(11) breite Streifen mit A nach dem Dreieck in C.
Enden mit Hebemaschenreihen mit B.
Die Fäden abschneiden.
Es sind noch 75 M von RECHTS UNTEN übrig.

RECHTES VORDERTEIL SEITENVIERECK (8)

Die M auf der Nd so verschieben (ohne sie zu stricken), dass über die letzten 7 M vom RECHTEN OBEREN VORDERTEIL eine HinR gestrickt werden kann.
Mit C stricken:
Reihe 1: 6 der 7 letzten M vom RECHTEN OBEREN VORDERTEIL re stricken.
Die letzte M mit der ersten M von RECHTS UNTEN re zus stricken. Wenden.
Reihe 2: 7 re. Wenden.
Reihe 1 – 2 wdh, bis 14 R gestrickt sind.
C abschneiden.

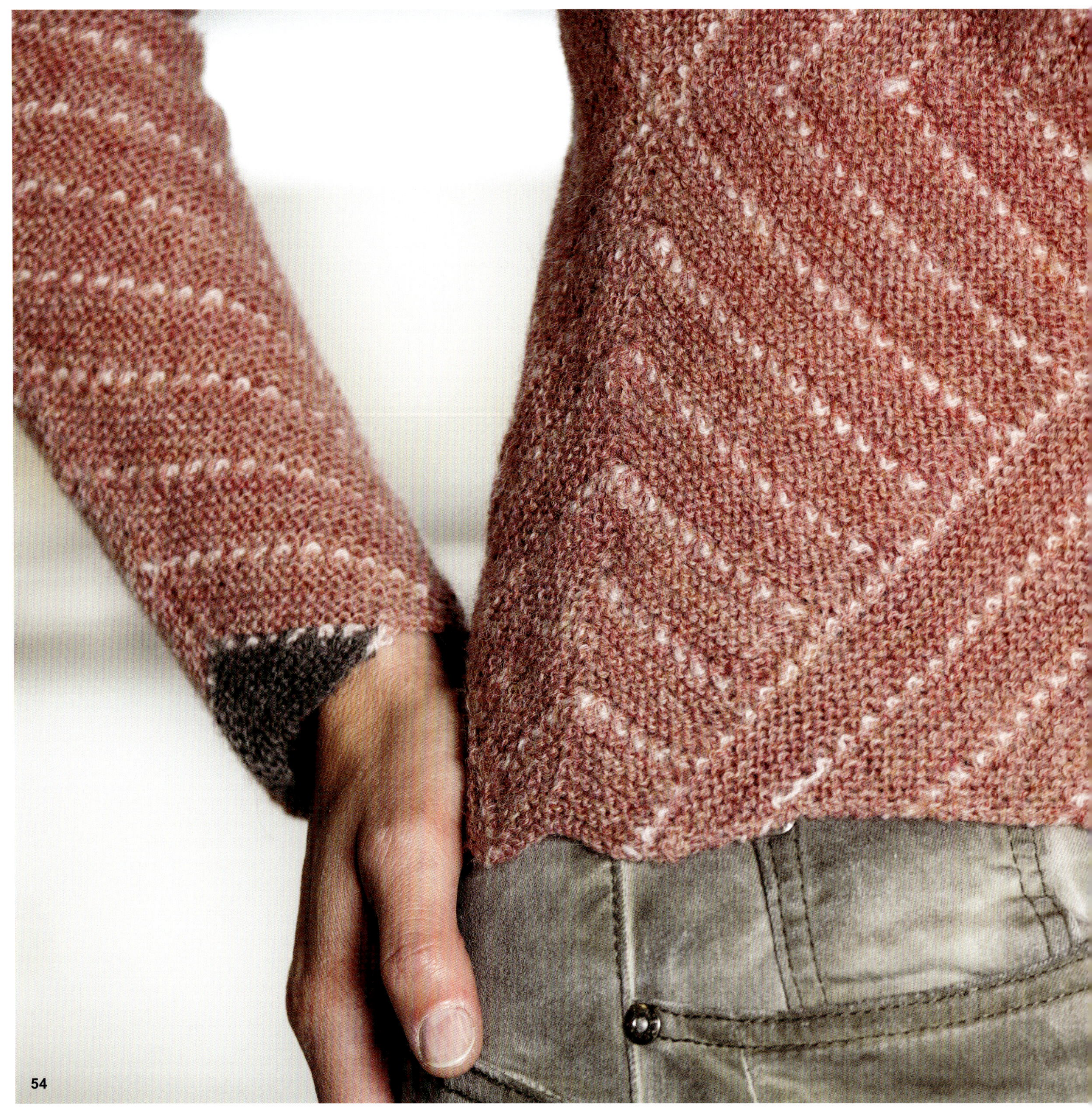

Zu A wechseln:
Reihe 1: Aus der Seite des Vierecks in C 8 M herausstricken – über die bereits auf der Nd liegenden M weiterstricken: 6 re – die letzte M mit der ersten M von RECHTS UNTEN re zus stricken. Wenden.
Reihe 2: 14 re – die letzte M mit RECHTEM OBEREN VORDERTEIL li zus stricken.
Reihe 3: 1 FV – 13 re – die letzte M mit RECHTS UNTEN re zus stricken.
Reihe 4: 7 re – 1 neue re – 1 re – 1 neue re – 6 re – die letzte M mit RECHTEM OBEREN VORDERTEIL li zus stricken.
Reihe 5: 1 FV – 15 re – die letzte M mit RECHTS UNTEN re zus stricken.
Weiter zusammenstricken und Zunahmen in den RückR str, bis 1 breiter Streifen A mit gestrickt ist = 25 M.
Insg 5 breite Streifen mit A + Hebemaschenreihen mit B stricken = 73 M.
A abschneiden. Enden mit Hebemaschenreihen mit B.
Alle M stilllegen.
Das rechte Vorderteil zur Seite legen.

UNTERER RÜCKEN (9)

Wie bei LINKER SCHULTER str, bis 5(6)7(8) breite Streifen mit A gestrickt sind = 149(173)197(221) M.
A abschneiden.
Hebemaschenreihen mit B stricken.
Die M stilllegen. UNTEREN RÜCKEN zur Seite legen.

NACKEN (10)

Wie bei LINKER SCHULTER stricken, bis 17 M mit C gestrickt sind.
C abschneiden.

Hebemaschenreihen mit B stricken.
Zu A wechseln und 1(1)2(2) breiten Streifen mit A stricken = 41(41)65(65) M.
Hebemaschenreihen mit B stricken.

OBERER RÜCKEN (11)

RECHTE und LINKE SCHULTER wieder auf die Nadel heben.
Der Nacken wird gleichzeitig mit beiden Schultern zusammengestrickt.
Mit A stricken.
Reihe 1: die 41(41)65(65) M vom OBEREN RÜCKEN stricken – 5 neue M in Verlängerung der R anschlagen – die ersten 2 M der RECHTEN SCHULTER re zus stricken. Das sind die 2 M, die direkt hinter dem Dreieck in C (vom RECHTEN OBEREN VORDERTEIL) liegen. Wenden.
Reihe 2: 26(26)38(38) re – 1 neue re – 1 re – 1 neue re – 20(20)32(32) re – 5 neue M in Verlängerung der R anschlagen – die ersten 2 M der LINKEN SCHULTER li zus stricken. Das sind wieder die 2 M, die direkt hinter dem Dreieck in C liegen. Es sind nun 55(55)79(79) M. Wenden.
Reihe 3: 1 FV – 53(53)77(77) re – die letzte M mit der nächsten Schultermasche re zus stricken. Wenden.
Reihe 4: 27(27)39(39) re – 1 neue re – 1 re – 1 neue re – 26(26)38(38) re – die letzte M mit der nächsten Schultermasche li zus stricken.
Die HinR mit 1 FV beginnen und am Ende der R die letzte M mit der nächsten Schultermasche re zus stricken.
In der Mitte der RückR Zunahmen stricken und die letzte M mit der nächsten Schultermasche li zus stricken.

Auf diese Weise 6 breite Streifen mit A + Hebemaschenreihen mit B stricken = 125(125)149(149) M.
Insg sind es nach dem Nackendreieck in C nun 7(7)8(8) breite Streifen mit A.

Gr. S:
Enden mit Hebemaschenreihen mit B, in denen in jeder R die letzte M mit der letzten M von RECHTER bzw. LINKER SCHULTER zusammengestrickt wird.
Zu A wechseln.
In den HinR am Anfang und Ende 2 M re zus stricken.
In der Mitte der RückR Zunahmen stricken.
Den breiten Streifen mit A zu Ende stricken = 125 M.
Enden mit Hebemaschenreihen mit B.
Zu A wechseln.
2 weitere breite Streifen mit A stricken, jedoch ohne Abnahmen in den HinR. Aber Zunahmen in den RückR stricken = 149 M.
Enden mit Hebemaschenreihen mit B.
Insg sind es nach dem Dreieck in C nun 10 breite Streifen mit A. A abschneiden.

Gr. (M):
Enden mit Hebemaschenreihen mit B, in denen in jeder R die letzte M mit der letzten M von RECHTER bzw. LINKER SCHULTER zusammengestrickt wird.
2 breite Streifen mit A wie bisher mit Zunahmen in der Mitte der RückR stricken = 149 M.
Insg sind es nach dem Dreieck in C nun 9 breite Streifen mit A.
Enden mit Hebemaschenreihen mit B.

Gr. L:
Enden mit Hebemaschenreihen mit B, in denen in jeder R die letzte M mit der letzten M von RECHTER bzw. LINKER SCHULTER zusammengestrickt wird.
Zu A wechseln.
In den HinR am Anfang und Ende 2 M re zus stricken.
In der Mitte der RückR Zunahmen stricken.
1 breiten Streifen mit A zu Ende stricken = 149 M.
Insg sind es nach dem Dreieck in C nun 9 breite Streifen mit A.
Enden mit Hebemaschenreihen mit B.

Gr. (XL):
Hebemaschenreihen mit B str.

Alle Gr.:
Den OBEREN RÜCKEN auf den „Kopf stellen“, so dass die Spitze nach unten zeigt.
Die zuletzt gestrickte Hälfte der Maschen + Mittelmasche stilllegen.
Diese Seite wird von nun an als RÜCKEN RECHTE SEITE bezeichnet.

Die andere Hälfte der M verbleibt auf der Nd und wird von nun an als RÜCKEN LINKE SEITE bezeichnet.

Die letzten 74(86)98(110) M vom UNTERERN RÜCKEN, von der Außenseite betrachtet, zurück

auf die Nd heben.
Die ersten 74(86)98(110) M + Mittelmasche werden weiterhin nicht mitgestrickt.
Die Spitzen von OBEREM RÜCKEN und UNTEREM RÜCKEN stoßen aneinander.

Gr. S:
Weiterlesen bei LINKER RÜCKEN SEITENVIERECK.

RÜCKEN LINKE SEITE (12)

Gr. (M)L(XL):
Reihe 1: Re über die restlichen 74 M vom OBEREN RÜCKEN stricken.
Die 2 stillgelegten Mittelmaschen vom OBEREN RÜCKEN und UNTEREN RÜCKEN zus stricken, ohne sie dabei von der Nd zu heben. So entsteht eine neue M für die LINKE SEITE = 75 M und es wird ein Loch in der Rückenmitte vermieden. Die Mittelmaschen werden erst wieder bei der RECHTEN SEITE verwendet. Wenden.

Gr. (M)L:
Reihe 2 (RückR): 75 re.
Reihe 3 (HinR): 74 re – die letzte M mit der 1. M vom UNTEREN RÜCKEN re zus stricken.
Reihe 2-3 wdh, bis (2)4 breite Streifen mit A gestrickt sind.
Enden mit Hebemaschenreihen mit B.
Auf der linken Seite vom UNTEREN RÜCKEN sind noch 75 M übrig.

Gr. (XL):
Reihe 2 (RückR): 74 re – die letzte M wie bisher mit der LINKEN SCHULTER zus stricken.
Reihe 3 (HinR): 74 re – die letzte M mit der 1. M vom UNTEREN RÜCKEN re zus stricken.
Reihe 2-3 wdh, bis 2 breite Streifen mit A gestrickt sind.
Enden mit Hebemaschenreihen mit B, wobei die letzte M mit der letzten M vom OBEREN RÜCKEN re zus gestrickt wird.
Weitere 4 breite Streifen mit A stricken und dabei mit dem UNTEREN RÜCKEN zus stricken.
Enden mit Hebemaschenreihen mit B.
Auf der linken Seite vom UNTEREN RÜCKEN sind noch 75 M übrig.

LINKER RÜCKEN SEITENVIERECK (13)

Die Maschen vom RÜCKEN LINKE SEITE so verschieben, dass über die letzten 7 M eine HinR in Richtung UNTERER RÜCKEN gestrickt werden kann.
Mit C stricken.

Gr. S:
Reihe 1 (HinR): 6 re. Die 2 Mittelmaschen vom OBEREN RÜCKEN und vom UNTEREN RÜCKEN auf die linke Nd heben, ohne sie vom Faden zu heben. Ebenfalls die entsprechende M vom RÜCKEN LINKE SEITE auf die linke Nd heben – diese 3 M re zus stricken.
Auf diese Weise wird ein Loch in der Rückenmitte vermieden. Die Mittelmaschen werden aber erst wieder bei der RECHTEN SEITE verwendet. Wenden.

Gr. (M)L(XL):
Reihe 1 (HinR): 6 re – die letzte M mit der ersten M vom UNTEREN RÜCKEN re zus stricken.

Alle Gr.:
Reihe 2: 7 re. Wenden.
Reihe 3: 6 re – die letzte M mit der ersten M vom UNTEREN RÜCKEN re zus stricken. Wenden.
Reihe 2-3 wdh, bis 14 R gestrickt sind.
Weiterstricken wie bei LINKES VORDERTEIL SEITENVIERECK.
A NICHT abschneiden.
Die letzte Hälfte der Maschen + Mittelmasche stilllegen.

LINKES OBERES SEITENVIERECK (14)

Die M vom LINKEN OBEREN VORDERTEIL + 36 M von der linken Hälfte des LINKEN VORDEREN SEITENVIERECKS wieder auf die Nd heben.
Mit A stricken.
Reihe 1: 36 re über LINKER RÜCKEN SEITENVIERECK (13) – durch die Mittelmasche stricken, ohne sie von der linken Nd zu heben – und in einem Gang ebenfalls durch die Mittelmasche vom LINKEN VORDEREN SEITENVIERECK stricken, ohne sie vom Faden zu heben (= 1 neue M) – 35 re über das LINKE VORDERE SEITENVIERECK stricken – die letzte M mit der ersten M von LINKS OBEN re zus stricken.
Wenden.
Reihe 2: 35 re – 3 re zus – 34 re – die letzte M mit der ersten M vom RÜCKEN LINKE SEITE li zus stricken. Wenden.
Reihe 3: 1 FV – bis zur letzten M re stricken – die letzte M mit LINKS OBEN re zus stricken.
Wenden.

Weiterhin an beiden Seiten zus stricken und in der Mitte der RückR 3 M re zus stricken.
Nach einem breiten Streifen mit A Hebemaschenreihen mit B stricken.
Nach 5 breiten Streifen mit A = 13 M.
Enden mit Hebemaschenreihen mit B.
A abschneiden.

Zu C wechseln.
Weiterhin an den Seiten zus stricken und in der Mitte 3 M re zus stricken, bis noch 3 M in C übrig sind.
Abschluss:
Reihe 1: 1 FV – 1 re – die letzte M mit der nächsten M von LINKS OBEN re zus stricken.
Wenden.
Reihe 2: 2 re – die letzte M mit der nächsten M von RÜCKEN LINKE SEITE li zus stricken.
Reihe 3: 1 FV – 1 re – die letzte M mit den 2 letzten M von LINKS OBEN re zus stricken.
Wenden.
Reihe 4: Abketten – die letzten 3 M vor dem Abketten re zus stricken.
C abschneiden.

LINKES UNTERES SEITENVIERECK (15)

Die restlichen M von LINKS UNTEN so wieder auf die Nd heben, dass die Nadelspitzen zwischen LINKS UNTEN und den M vom LINKEN VORDEREN SEITENVIERECK liegen.
Ebenfalls die letzten M vom LINKEN RÜCKEN SEITENVIERECK und vom LINKEN VORDERTEIL SEITENVIERECK auf die Nd heben.
Mit A stricken.
Reihe 1: 36 re über das LINKE VORDERTEIL

SEITENVIERECK stricken – die 2 Mittelmaschen wie bisher re zus stricken – 35 re über LINKEN RÜCKEN SEITENVIERECK – die letzte M mit der ersten M vom UNTEREN RÜCKEN re zus stricken. Wenden.
Reihe 2: 35 re – 3 re zus – 34 re – die letzte M mit der ersten M von LINKS UNTEN li zus stricken. Wenden.

Weiterhin zus stricken und in der Mitte der RückR 3 re zus stricken, bis insg 11 R mit A gestrickt sind.
In der 12. R die Abnahmen in der Mitte auslassen.

Hebemaschenreihen mit B stricken.

Die Abnahmen in jeder 12. R mit A auslassen.
Insgesamt 6 breite Streifen mit A stricken = 13 M + 2 M an jeder Seite.
KEINE Hebemaschenreihen mit B stricken.
Mit A weiterstricken: 12 re – 3 re zus. Wenden.
Abketten – die letzten 3 M vor dem Abketten re zus stricken.
A abschneiden.

Gr. S:
Weiterlesen bei RÜCKEN RECHTES SEITENVIERECK.

RÜCKEN RECHTE SEITE (16)

Gr. (M)L(XL):
RÜCKEN RECHTE SEITE und RÜCKEN UNTEN + Mittelmaschen wieder auf die Nd heben.

Gr. (M)L:
Reihe 1 (HinR): Mit A die Mittelmasche vom OBEREN RÜCKEN stricken – 74 re.
Reihe 2: 74 re – die letzte M mit der Mittelmasche vom RÜCKEN UNTEN li zus stricken.

Weiterhin mit dem UNTEREN RÜCKEN zus stricken, bis (2)4 Streifen gestr sind = insg (11)13 breite Streifen mit A am OBEREN RÜCKEN.
A abschneiden.
Enden mit Hebemaschenreihen mit B.

Gr. (XL):
Reihe 1 (HinR): Mit A die Mittelmasche vom OBEREN RÜCKEN stricken – 73 re – die letzte M mit der nächsten M der RECHTEN SCHULTER re zus stricken.
Reihe 2: 74 re - die letzte M mit der Mittelmasche vom RÜCKEN UNTEN li zus stricken. Wenden.
Weiterhin an beiden Seiten zus stricken, bis 2 Streifen gestrickt sind = insg 10 breite Streifen mit A.
Enden mit Hebemaschenreihen mit B, in denen am Ende der HinR, aber nicht in der RückR, zus gestrickt wird.
Weiterhin mit dem RÜCKEN UNTEN zus stricken, bis 4 breite Streifen gestr sind = insg 14 breite Streifen mit A am OBEREN RÜCKEN.
A abschneiden.
Enden mit Hebemaschenreihen mit B.

RECHTER RÜCKEN SEITENVIERECK (17)

Die Maschen so verschieben, dass über die letzten 7 M vom RÜCKEN UNTEN in Richtung RÜCKEN RECHTE SEITE gestrickt werden kann.

Gr. S:
Die M vom RÜCKEN RECHTE SEITE und RÜCKEN UNTEN + Mittelmaschen wieder auf die Nd heben.
Reihe 1 (HinR): Mit C am RÜCKEN UNTEN über die letzten 7 M vor der Mittelmasche stricken:
6 re – die letzte M mit den 2 Mittelmaschen re verschr zus stricken. Wenden.

Gr. (M)L(XL):
Reihe 1 (HinR): Mit C am RÜCKEN UNTEN über die letzten 7 M vor der Mittelmasche stricken:
6 re – die letzte M mit der ersten M vom RÜCKEN RECHTE SEITE re zus stricken.

Alle Gr.:
Reihe 2: 7 re. Wenden.
Reihe 3: 6 re – die letzte M mit der ersten M vom Rücken re zus stricken. Wenden.
Reihe 2-3 wdh, bis 14 R gestrickt sind.
Wie beim LINKEN VORDERTEIL SEITENVIERECK weiterstricken. A abschneiden.
Die erste Hälfte der Maschen + Mittelmasche stilllegen.

RECHTES OBERES SEITENVIERECK (18)

Die letzten M vom RECHTEN OBEREN VORDERTEIL + die erste Hälfte vom RECHTEN VORDERTEIL SEITENVIERECK (ohne die Mittelmasche) wieder auf die Nd heben.
Mit A stricken.
36 re über das RECHTE VORDERTEIL SEITENVIERECK stricken – die 2 Mittelmaschen re zus stricken, ohne sie vom Faden zu heben – 35 re über das RECHTER RÜCKEN SEITENVIERECK stricken – die letzte M mit der ersten M vom RÜCKEN RECHTE SEITE re zus stricken. Wenden.
Re stricken und die letzte M mit RECHTES OBERES VORDERTEIL li zus stricken.
Wie bei LINKES OBERES SEITENVIERECK fertig stricken.

RECHTES UNTERES SEITENVIERECK (19)

Die letzten M wieder auf die Nd heben.
Mit A stricken.
Reihe 1: 36 re vom RECHTEN RÜCKEN SEITENVIERECK stricken – die 2 Mittelmaschen re zus stricken – 35 re von der letzten Hälfte des RECHTEN VORDERTEIL SEITENVIERECKS stricken – die letzte M mit der ersten M von RECHTS UNTEN re zus stricken. Wenden.
Reihe 2: 35 re – 3 re zus – 34 re – die letzte M mit der ersten M vom RÜCKEN UNTEN li zus stricken. Wenden.

Weiterstricken wie LINKES UNTERES SEITENVIERECK.

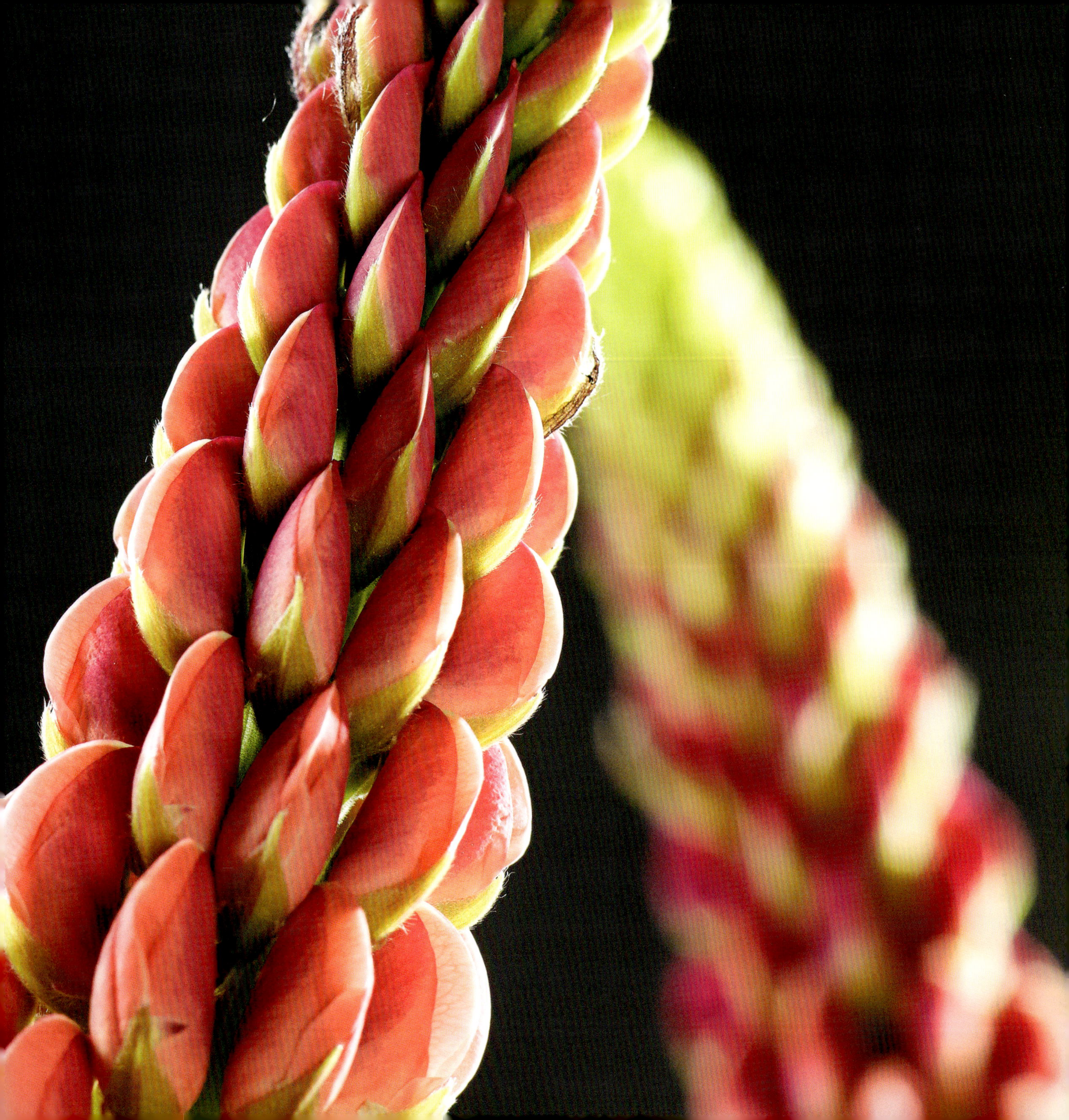

ÄRMEL

Wie die LINKE SCHULTER stricken, bis 2 Streifen mit A gestrickt sind = 77 M.
Hebemaschenreihen mit B stricken.
Weitere 6(12)12(12) R wie bisher mit Zunahmen in jeder 2. Reihe stricken = 89(101)101(101) M.

Gr. (M)L(XL): Hebemaschenreihen mit B stricken.

Nun ist die untere Ärmelbreite erreicht. An jeder Seite eine Markierung setzen.
Ab hier wird der Ärmel in die Länge gestrickt:
Reihe 1 mit A: 89(101)101(101) re.
Reihe 2: 2 re zus – 42(48)48(48) re – 1 neue re – 1 re – 1 neue re – 42(42)48(48) re – 2 re zus = 89(101)101(101) M.
Reihe 1-2 insg 3(6)6(6) mal stricken.

Hebemaschenreihen mit B stricken.
3 R wie bisher stricken.

Mit ZUNAHME stricken: 44(50)50(50) re – 1 neue re – 1 re – 1 neue re – 44(50)50(50) re = 91(103)103(103) M.

Weiter im Muster wie bisher stricken.

Die Zunahme in jeder 8.(8.)6.(6.) Reihe mit A stricken.

Die Hebemaschenreihen zählen nicht mit.
Die Zunahmen insg 19(19)24(24) mal stricken = 127(139)149(149) M. Nach dem Dreieck in C insg 16 breite Streifen mit A stricken. Der Ärmel misst an den Seiten nun ca. 42 cm. In einer HinR abketten. Den zweiten Ärmel auf die gleiche Weise stricken.

VORDERER RAND

Mit C an den vorderen Rändern und dem Halsausschnitt von außen Maschen herausstricken. 96 M aus dem rechten vorderen Rand herausstricken. Eine Markierung setzen. 24(24)36(36) M aus den angeschlagenen M am Halsausschnitt, 24 M aus dem geraden Stück bis zum Nacken und 43(43)55(55) M im Nacken herausstricken.

24 M aus dem geraden Stück am Halsausschnitt bis zu den angeschlagenen M, 24(24)36(36) M aus den angeschlagenen M am Halsausschnitt herausstricken. Eine Markierung setzen. 96 M am linken vorderen Rand herausstricken. Insg sind es 331(331)367(367) M.
1 Reihe rechts stricken. C abschneiden.

Hebemaschenreihen mit B stricken.
Zu A wechseln:
Reihe 1 (HinR): 331(331)367(367) re.
Reihe 2 mit 1. ZUNAHME: 96 re – 1 neue re – 139(139)175(175) re – 1 neue re – 96 re.
Reihe 3: 333(333)369(369) re.
Reihe 4 mit 2. ZUNAHME: 96 re – 1 neue re – 141(141)177(177) re – 1 neue re – 96 re.
Reihe 5: 335(335)371(371) re.
Reihe 6 mit 3. ZUNAHME: 96 re – 1 neue re – 143(143)179(179) re – 1 neue re – 96 re.
Reihe 7 mit KNOPFLOCH: *12 re – 2 re zus – 2 neue M anschlagen – 2 re verschr zus*. Von * bis * wdh, bis 6 Knopflöcher gestrickt sind – 241(241)277(277) re.

Die Zunahmen in den RückR wdh, bis insg 12 R mit A gestrickt sind = 343(343)379(379) M.

In einer HinR abketten.

FERTIGSTELLUNG

Die Fäden vernähen. Vor dem Einnähen die Ärmel mit Nadeln im Armausschnitt feststecken. Von außen einnähen. Die Knöpfe annähen.

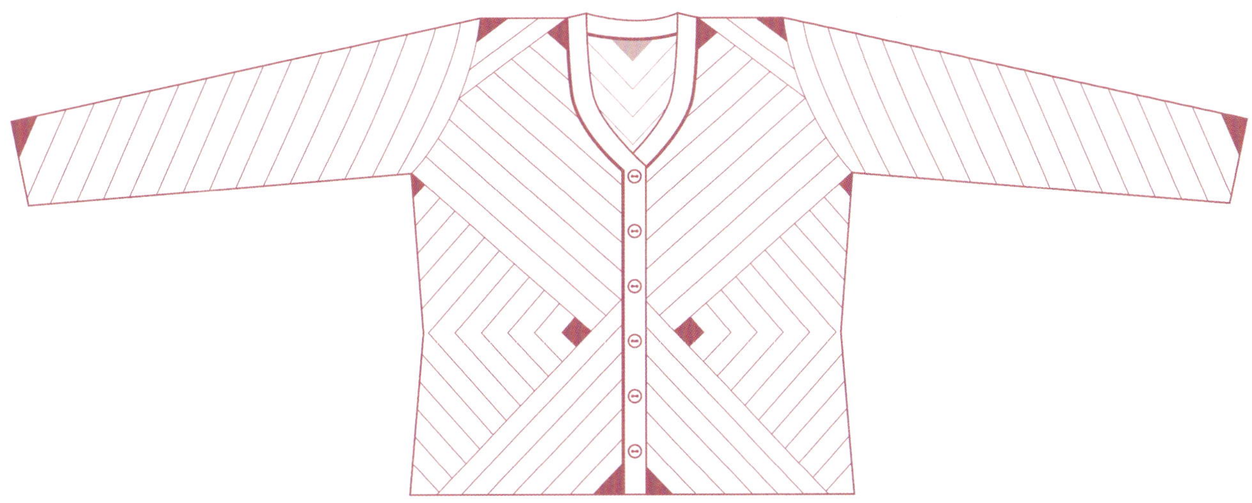

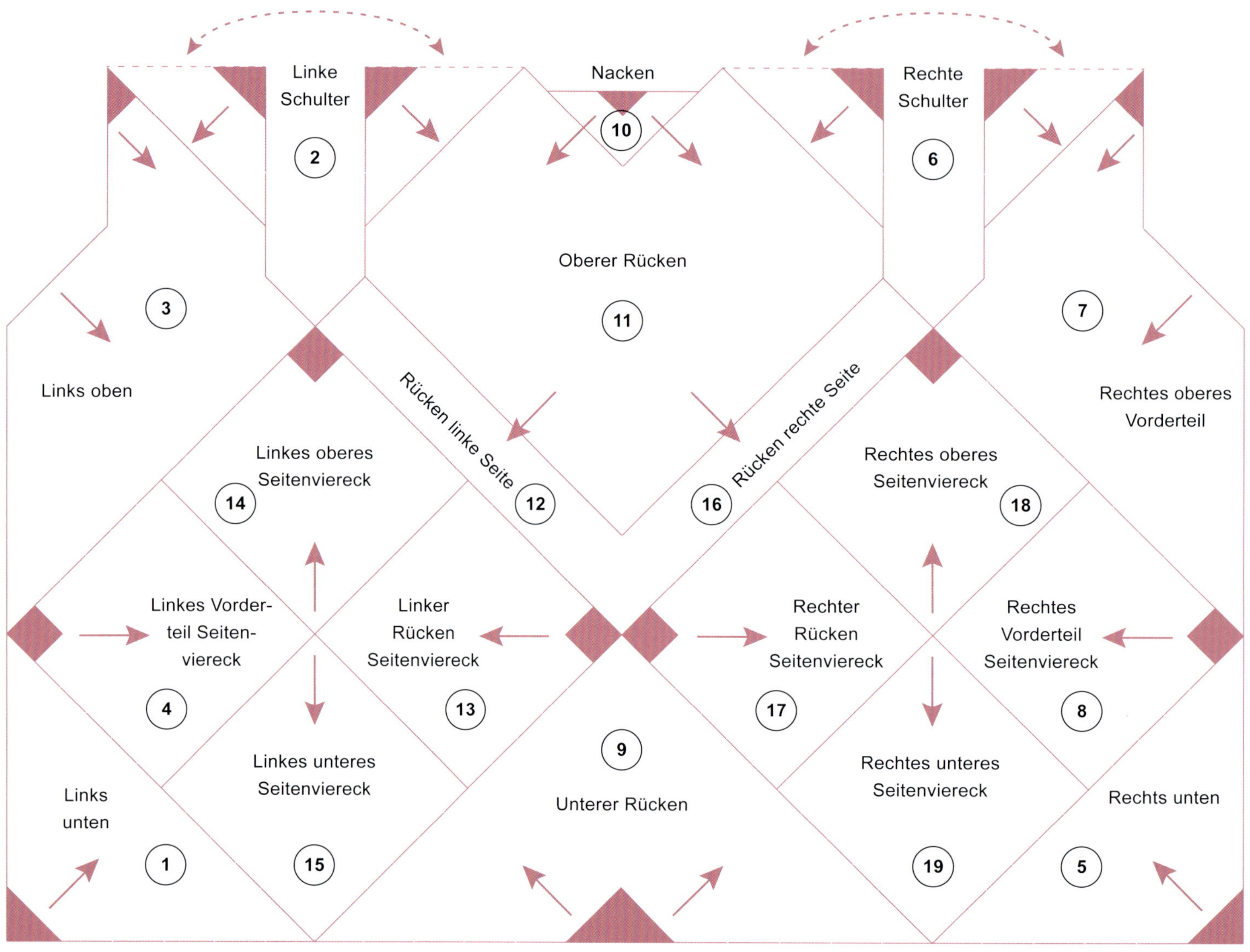
Linke Schulter
Nacken
Rechte Schulter
10
2
6
Oberer Rücken
3
11
7
Links oben
Rücken linke Seite
Rücken rechte Seite
Rechtes oberes Vorderteil
Linkes oberes Seitenviereck
Rechtes oberes Seitenviereck
14
12
16
18
Linkes Vorderteil Seitenviereck
Linker Rücken Seitenviereck
Rechter Rücken Seitenviereck
Rechtes Vorderteil Seitenviereck
4
13
17
8
9
Linkes unteres Seitenviereck
Rechtes unteres Seitenviereck
Links unten
Unterer Rücken
Rechts unten
1
15
19
5

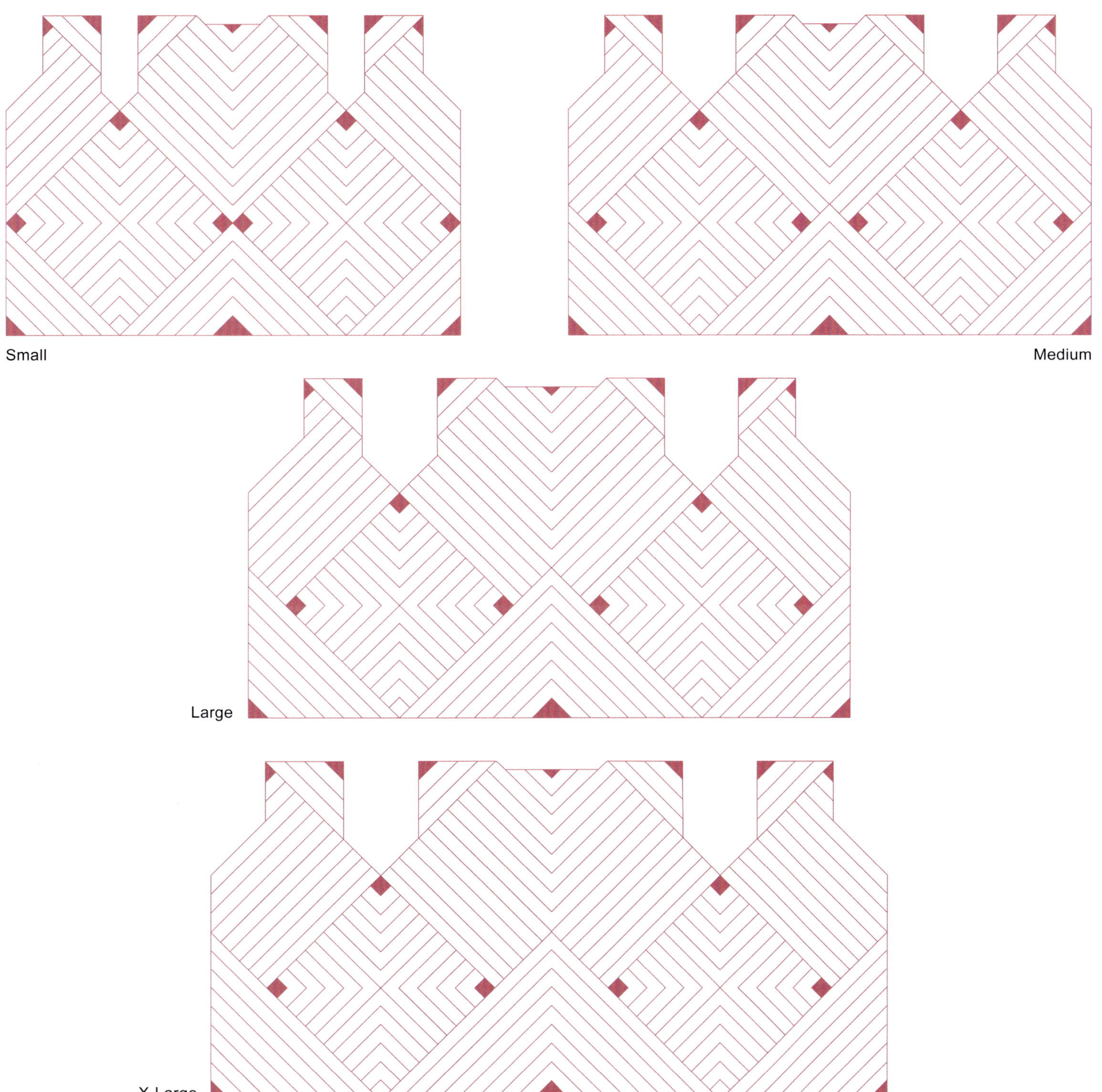
Small
Medium
Large
X-Large

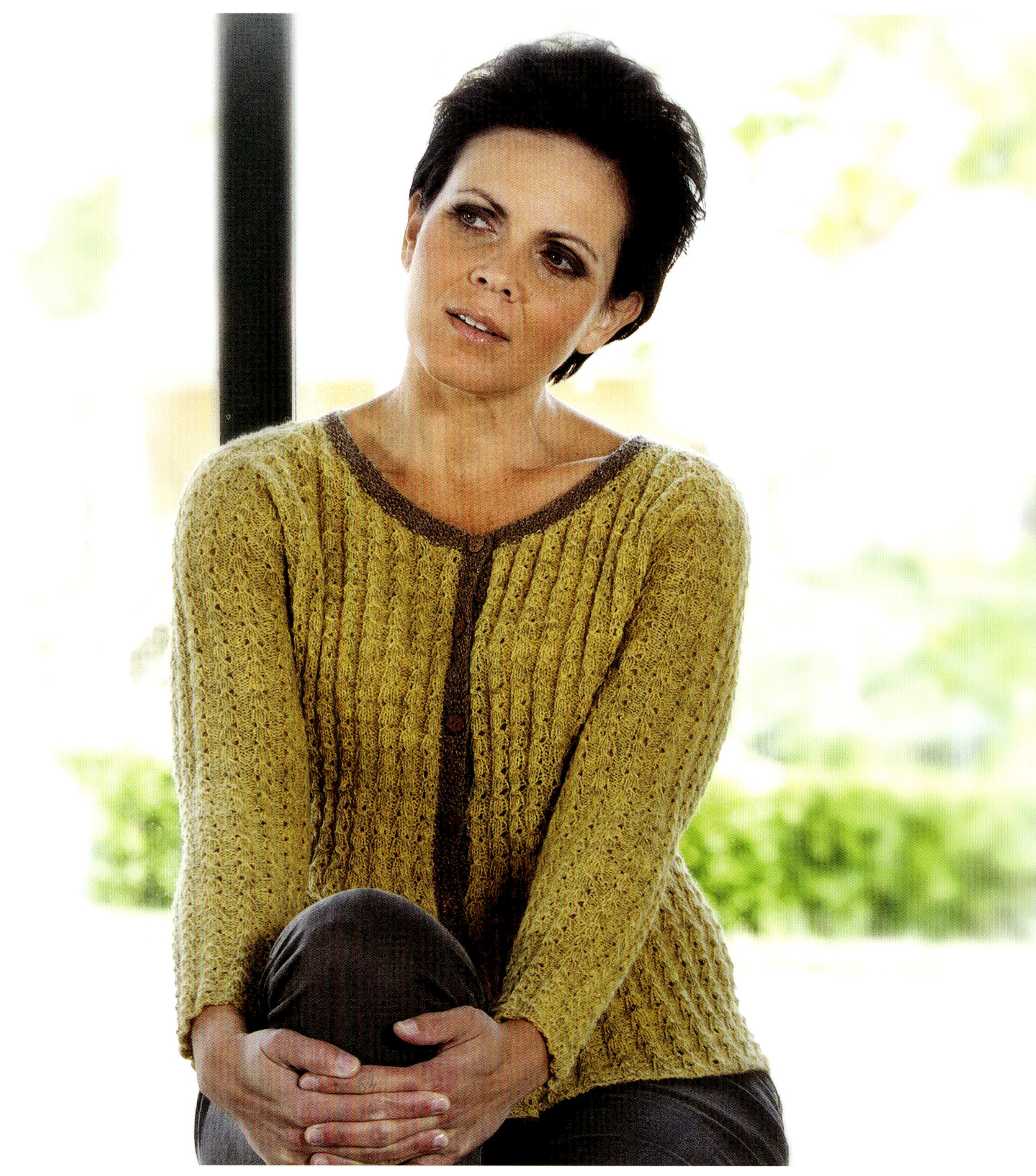

KROKUS

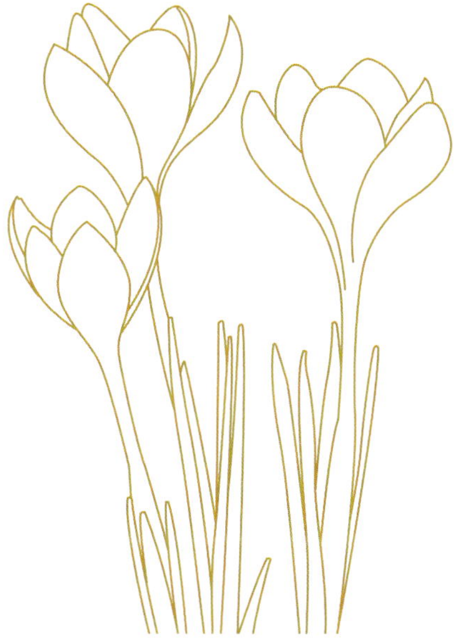

Größe: S(M)L(XL)

Halbe Oberweite: 47(50)54(58) cm
Länge: 55(56)58(59) cm
Ärmellänge: 44 cm

Material:
A: 250(300)300(350)g Tvinni Farbe 35s
B: 25g Tvinni Farbe 8s

7 Knöpfe

Nadeln: Strumpfnadeln Nr. 3 und Rundnadeln Nr. 2½ und 3

Maschenprobe glatt gestrickt mit Nd Nr. 3: 10 cm = 28 M und 36 R
Maschenprobe im Muster mit Nd Nr. 3: 10 cm = 31 M und 38 R

ÄRMEL

60(66)72(78) M mit Farbe A und Strumpfnadeln Nr. 3 anschlagen.
In Runden stricken.

Runde 1: 2 li – *3 re – 3 li*. Von * bis * wdh. Enden mit 3 re – 1 li.
Runde 2: Wie Runde 1.
Runde 3: Wie Runde 1.
Runde 4: 2 li – *U – 1 M abh, 2 re zus und die erste M über die 2 zusammengestrickten M heben = 3 re verschr zus – U – 3 li*. Von * bis * wdh. Enden mit U – 3 re verschr zus – U – 1 li.
Runde 5: Wie Runde 1.
Runde 6: Wie Runde 1.

Noch einmal Runde 1 – 6 stricken.
Noch einmal Runde 1 - 3 stricken.

In jeder 12. Runde Zunahmen stricken – immer in einer Runde 4.

1. ZUNAHME: 1 li – 1 neue li, dafür den Querfaden zw den M verschr auf die linke Nd heben und li stricken – im Muster die Reihe zu Ende stricken – 1 neue li = 62(68)74(80) M.
11 Rd stricken.

2. ZUNAHME: 1 re – U – 1 li – 1 neue li – im Muster bis vor die letzte M stricken – 1 neue li – 1 li – U = 66(72)78(84) M.

11 Rd stricken.
Nun die 2 ersten M und den letzten U re stricken. Die letzte M auf die erste Strumpfnd heben, sodass die Rd nun vor den 3 rechten M beginnt. In der nächsten Runde 4 über diese 3 M im Muster stricken.

3. ZUNAHME: 3 M im Muster – 1 li – 1 neue li – im Muster bis vor die letzte M stricken – 1 neue li – 1 li = 68(74)80(86) M.
11 Rd stricken.

4. ZUNAHME: 1 neue li – 3 li zus – 1 neue li – U – 1 re – U – im Muster bis vor die letzte M stricken – U – 1 re – U – die erste M der nächsten Rd li auf die rechte Nd stricken, sodass der Rundenbeginn wie zu Anfang des Ärmels ist = 72(78)84(90) M.
11 Rd wie am Anfang des Ärmels stricken.

Das Muster mit Zunahmen wie bisher stricken, bis es 96(102)108(114) M sind.

Weiterstricken, bis der Ärmel ca. 44 cm misst. Enden mit einer Runde 4.

Für den Armausschnitt abketten: Die ersten 9 M abketten – 79(85)91(97) M stricken (die erste M ist bereits auf der Nadel) – die letzten 8 M abketten.
Den Faden abschneiden.
Den zweiten Ärmel auf die gleiche Weise stricken.

KÖRPER

336(364)392(420) M mit A und Nd Nr. 3 anschlagen.
In Reihen hin und her stricken.
Reihe 1 (RückR): 2 re – *3 li – 4 re*. Von * bis * wdh. Enden mit 3 li – 2 re.
Reihe 2: 1 re – 1 li – *3 re – 4 li*. Von * bis * wdh. Enden mit 3 re – 1 li – 1 re.
Reihe 3: Wie Reihe 1.
Reihe 4: 1 re – 1 li – *U – 3 re verschr zus – U – 4 li*. Von * bis * wdh.
Enden mit 3 re verschr zus – U – 1 li – 1 re.
Reihe 5: Wie Reihe 1.
Reihe 6: Wie Reihe 2.

Reihe 1 - 6 wdh, bis die Arbeit 10 cm misst. Enden nach einer Reihe 5.

Reihe 6 mit 1. ABNAHME: 1 re – 1 li – *3 re – 2 li – 2 li zus – 3 re – 4 li*. Von * bis * wdh. Enden mit 3 re – 2 li – 2 li zus – 3 re – 1 li – 1 re = 312(338)364(390) M.

11 R im Rippenmuster stricken.

Reihe 6 mit 2. ABNAHME: 1 re – 1 li – *3 re – 3 li – 3 re – 2 li – 2 li zus*. Von * bis * wdh. Enden mit 3 re – 3 li – 3 re – 1 li – 1 re = 289(313)337(361) M.

11 R im Rippenmuster stricken.

Reihe 6 mit 3. ABNAHME: 1 re – 1 li – *3 re – 1 li – 2 li zus – 3 re – 3 li*. Von * bis * wdh. Enden mit 3 re – 1 li – 2 li zus – 3 re – 1 li – 1 re = 265(287)309(331) M.

11 R im Rippenmuster stricken.

Reihe 6 mit 4. ABNAHME: 1 re – 1 li – *3 re – 2 li – 3 re – 1 li – 2 li zus*. Von * bis * wdh. Enden mit 3 re – 2 li – 3 re – 1 li – 1 re = 242(262)282(302) M.

Die Arbeit misst 19 cm.

23 R im Rippenmuster stricken.

Reihe 6 mit 1. ZUNAHME: 1 re – 1 li – *3 re – 2 li – 1 neue li – 3 re – 2 li*. Von * bis * wdh. Enden mit 3 re – 2 li – 1 neue li – 3 re – 1 li – 1 re = 265(287)309(331) M.

23 R im Rippenmuster stricken.

Reihe 6 mit 2. ZUNAHME: 1 re – 1 li – *3 re – 3 li – 3 re – 2 li – 1 neue li*. Von * bis * wdh. Enden mit 3 re – 3 li – 3 re – 1 li – 1 re = 289(313)337(361) M.

Im Muster weiterstricken, bis die Arbeit ca. 37 cm misst. Enden nach einer Reihe 4.

In der RückR die Arbeit in Vorderteile und Rücken trennen: 69(75)81(87) M stricken – 19 M abketten – 113(125)137(149) M stricken (die erste M ist bereits auf der Nd) – 19 M abketten – 69(75)81(87) M stricken (die erste M ist bereits auf der Nd).

PASSE

Die Ärmel in die Armausschnitte einsetzen: Im Muster über das rechte Vorderteil stricken – den Ärmel einstricken – den Rücken stricken – den Ärmel einstricken – das linke Vorderteil stricken = 409(445)481(517) M.

3 R im Muster stricken.
Gleichzeitig mit Reihe 4 die 1. ABNAHME stricken: 65(71)77(83) M – 3 li zus – 3 li zus – 3 li zus

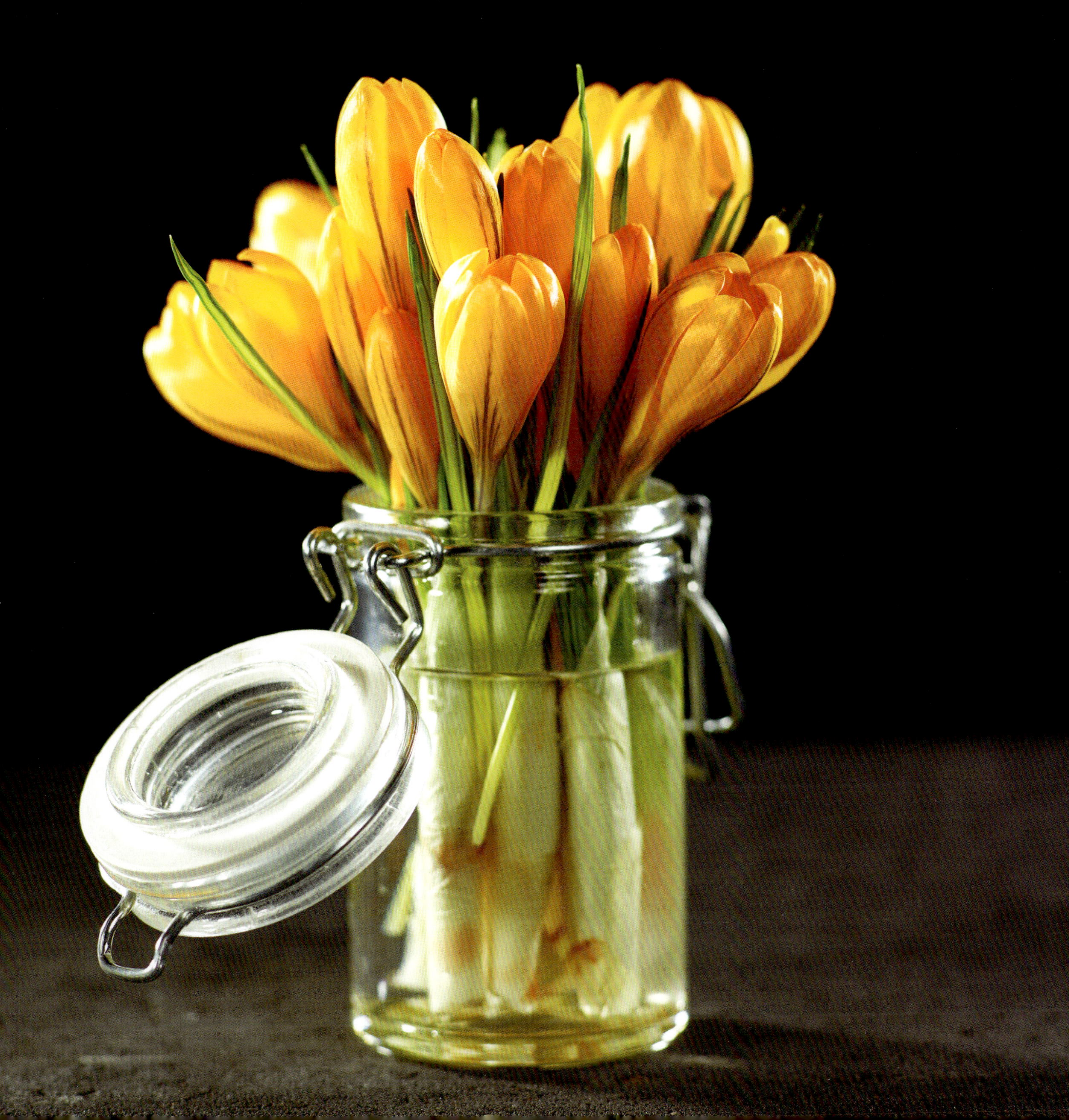

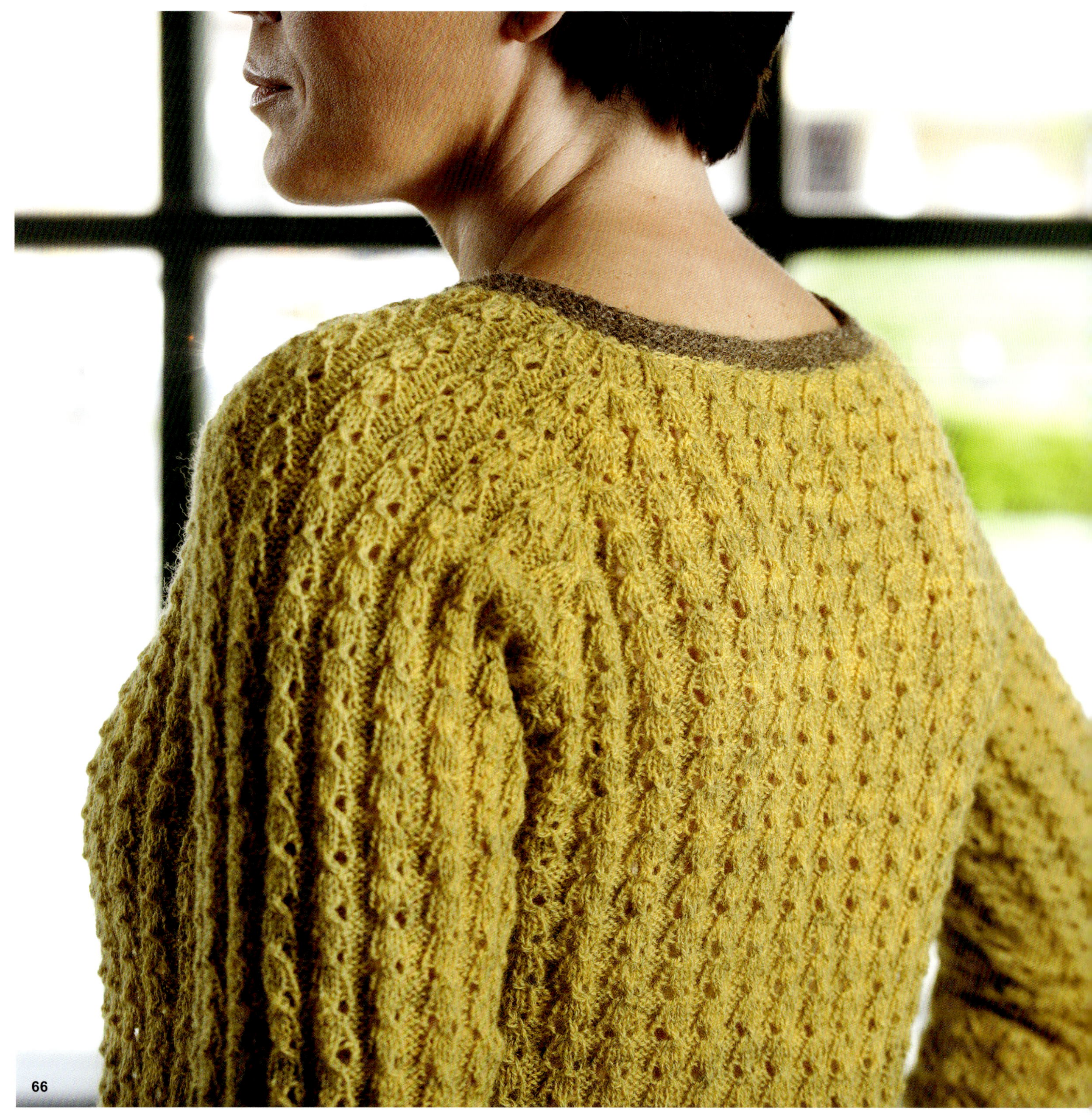

– 69(75)81(87) M – 3 li zus – 3 li zus – 3 li zus – 105(117)129(141) M – 3 li zus – 3 li zus – 3 li zus – 69(75)81(87) M – 3 li zus – 3 li zus – 3 li zus – 65(71)77(83) M = 385(421)457(493) M.

5 R im Muster stricken.
2. ABNAHME: 62(68)74(80) M – U – 9 re zus, dafür 4 re verschr zus, 5 re verschr zus, die 4 zus gestrickten M über die 5 zus gestrickten M heben – U – 63(69)75(81) M – U – 9 re zus – U – 99(111)123(135) M – U – 9 re zus – U – 63(69)75(81) M – U – 9 re zus – U – 62(68)74(80) M stricken = 361(397)433(469) M.

Die 1. und 2. Abnahme mit jeweils 5 Musterreihen dazwischen wdh, bis insg 5(6)7(8)mal abgenommen wurde = 289(301)313(325) M.

Eine RückR stricken.

Weitere Abnahmen wie bisher stricken und gleichzeitig am Anfang jeder Reihe für den Halsausschnitt abk:
Beidseitig 2(3)4(4)mal 4 M abk = 273(253)257(269) M.
Beidseitig 4(3)3(5)mal 3 M abk = 201(211)215(191) M.
Beidseitig 3(5)5(4)mal 2 M abk = 165(167)147(151) M.
Beidseitig 8(6)5(4)mal 1 M abk = 101(107)113(119) M.

Letzte Reihe: ABNAHMEN wie bisher stricken. Im Muster stricken, aber dabei die U weglassen = 51(55)59(63) M. Den Faden abschneiden.

HALSAUSSCHNITT

Eine HinR mit A und Rundnd Nr. 2½ stricken. 35(38)41(44) M aus dem rechten Halsausschnitt herausstricken. In Rippen weiter über die 51(55)59(63) Nackenmaschen stricken. 35(38)41(44) M aus dem linken Halsausschnitt herausstricken = 121(131)141(151) M.

Zu B wechseln.
9 R im Perlmuster stricken: *1 re – 1 li*. Von * bis * wdh. Enden mit 1 re.
Locker im Perlmuster abketten.

RECHTER VORDERER RAND

Eine HinR mit B und Rundnadel Nr. 2½ am rechten Vorderteil stricken.
129(133)137(141) M am vorderen Rand herausstricken.

4 R Perlmuster stricken: *1 re – 1 li*. Von * bis * wdh. Enden mit 1 re.

In der RückR Knopflöcher stricken: 2 M im Perlmuster – *2 re zus – 2 neue M anschlagen – 2 li zus – 16(16)16(18) M im Perlmuster*. Von * bis * wdh. Enden mit 2 re zus – 2 neue M anschlagen – 2 li zus – 3(7)11(3) M im Perlmuster.
3 R im Perlmuster stricken. In der RückR im Perlmuster abketten.

LINKER VORDERER RAND

129(133)137(141) M aus dem linken vorderen Rand herausstricken.
8 R im Perlmuster stricken. In der RückR im Perlmuster abketten.

FERTIGSTELLUNG

Die abgeketteten Maschen unter den Ärmeln mit den abgeketteten Maschen am Körper zusammennähen. Die Fäden vernähen. Die Knöpfe annähen.

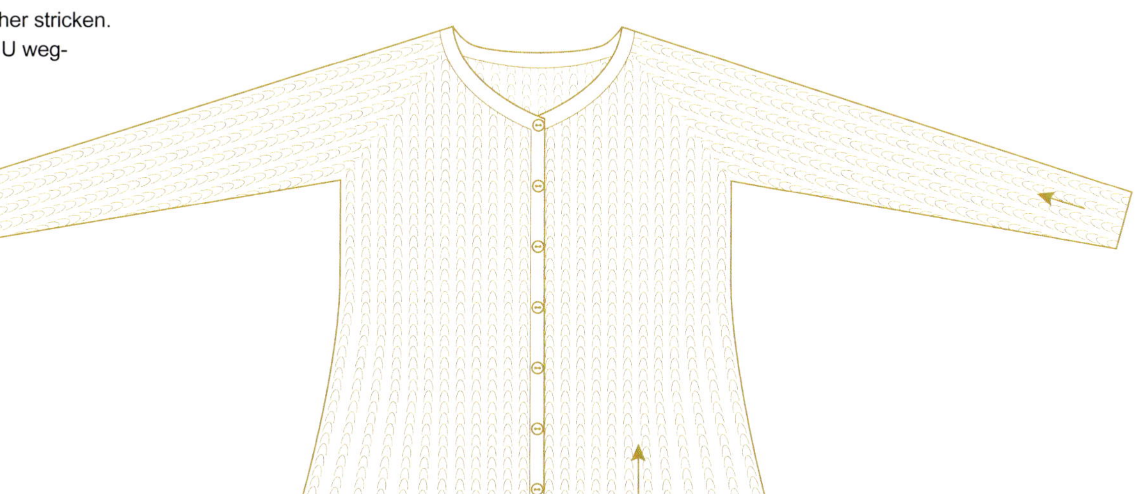

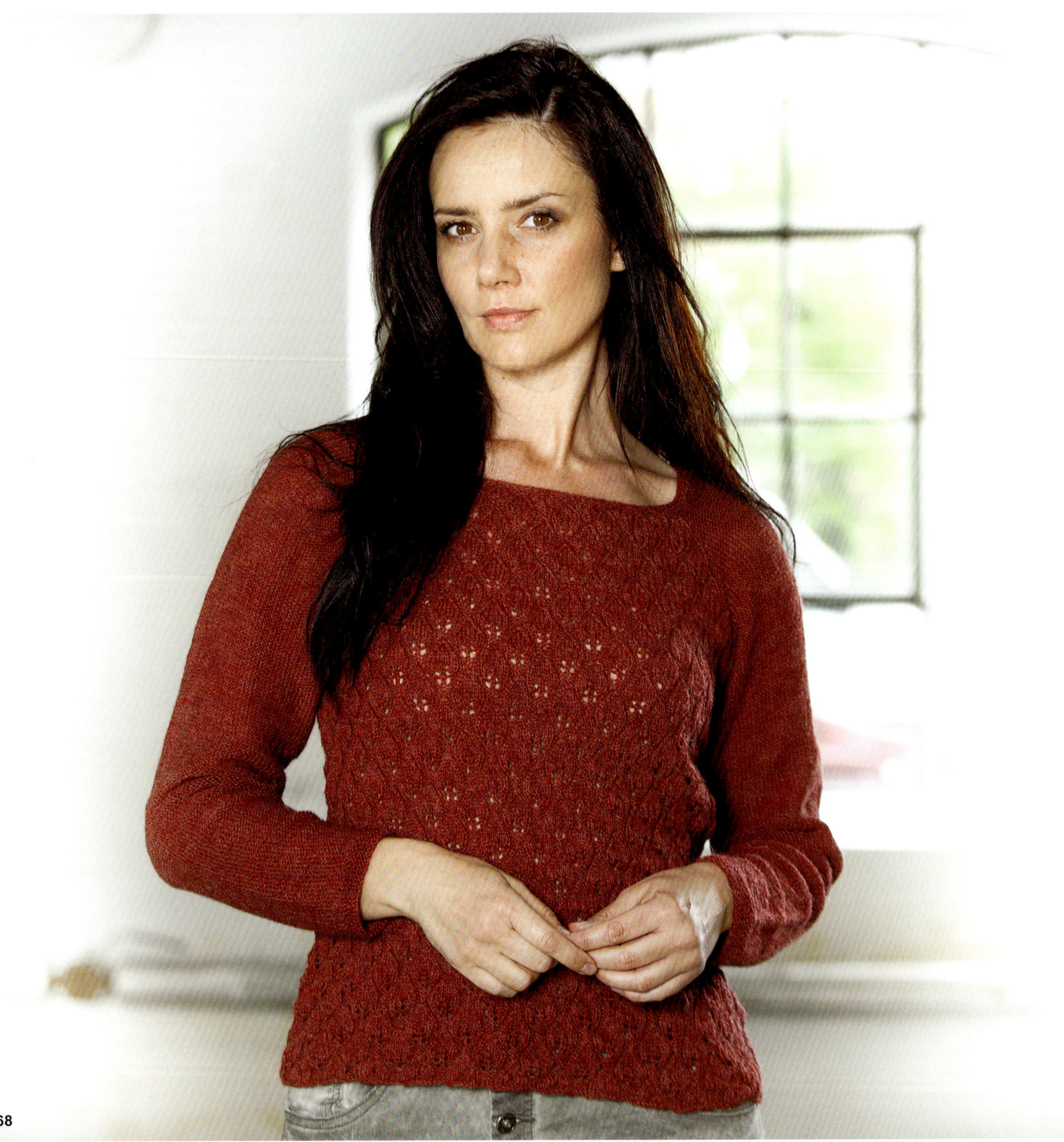

P F I N G S T R O S E

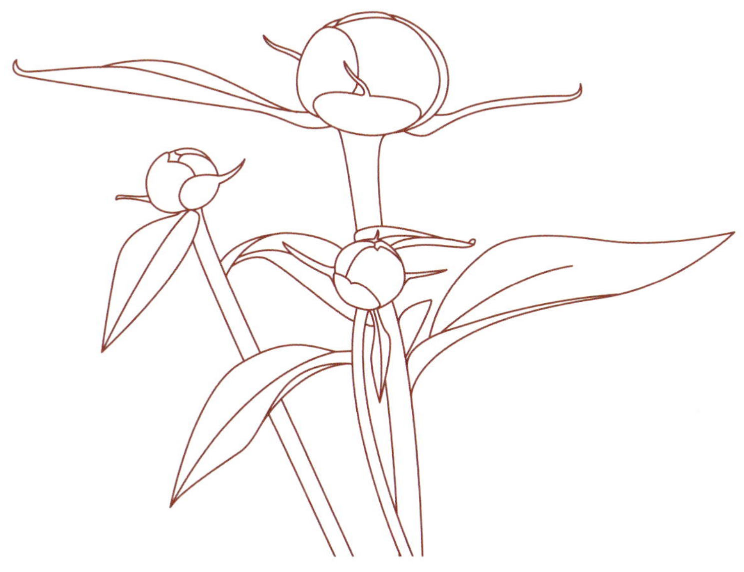

Größe: S(M)L(XL)

Halbe Oberweite: 46(49)53(56) cm
Länge: 54(55)55(56) cm
Innere Ärmellänge: 43 cm

Material:
250(300)300(300)g Isager Highland Farbe Chili

Nadeln: Strumpfnadeln Nr. 3, Rundnadeln Nr. 2½ und 3

Maschenprobe glatt gestrickt mit Nd Nr. 3: 10 cm = 28 M und 36 R
Maschenprobe im Muster mit Nd Nr. 3: 10 cm = 34 M und 40 R

KÖRPER

286(308)330(352) M mit Rundnadel Nr. 3 anschlagen.
Runde 1 - 3: 2 li – *6 re – 5 li*. Von * bis * wdh. Enden mit 6 re – 3 li.
Runde 4 mit ZUNAHME: 2 li – *3 re – 1 neue re, dafür den Faden zw den M re verschr str – 3 re – 5 li*. Von * bis * wdh. Enden mit 3 re – 1 neue re – 3 re – 3 li = 312(336)360(384) M.
Runde 5: 2 li – *7 re – 5 li*. Von * bis * wdh. Enden mit 7 re – 3 li.

Das Diagramm von Runde 1 - 16 insg 8mal stricken.
Danach die Runde 1 - 15 stricken.
Die Arbeit misst ca. 37 cm.

In Runde 16 für den Armausschnitt abketten: 143(155)155(167) M im Muster stricken – 25(25)37(37) M abketten – 131(143)143(155) M im Muster stricken (die erste M ist bereits auf der Nadel) – 25(25)37(37) M abketten (die letzte M gehört mit zum Vorderteil).
Den Faden nicht abschneiden.
Es sind nun 131(143)143(155) M an jeder Seite.

VORDERTEIL

Über das Vorderteil nun in Reihen hin und her stricken. Die erste M ist bereits auf der Nd.

Im Muster weiterstricken.
Die erste und letzte M in allen R re stricken.
In den RückR re über die rechten und li über die linken M stricken, die Umschläge li und die 3 re zus gestrickten M re stricken.

In den ersten 5 R erfolgen die Abnahmen an den Seiten automatisch durch das Muster. Es muss nur nach Diagramm gestrickt werden.
Nach 5 R = 125(137)137(149) M.
In Reihe 6, 7 und 8 am Anfang und Ende der R 2 M re zus stricken = 119(131)131(143) M.
Diese 8 Reihen wdh: 5 R mit automatischen Abnahmen = 6 M weniger. Über 3 R am Anfang und Ende der R 2 re zus stricken = 6 M weniger.
Sind diese 8 Reihen 4mal gestrickt, sind es 83(95)95(107) M.

ABSCHLUSS:
Reihe 1 - 4: Im Muster stricken wie bisher = 79(91)91(103) M.
Reihe 5: 1 re – *1 li – 3 re zus – 2 li – 2 re verschr zus – 1 re – 2 re zus – 1 li*. Von * bis * wdh. Enden mit 1 li – 3 re zus – 1 li – 1 re = 53(61)61(69) M.
Reihe 6: *5 re – 3 li*. Von * bis * wdh. Enden mit 5 re.
Reihe 7: 1 re – 4 li – *3 re zus – 5 li*. Von * bis * wdh. Enden mit 3 re zus – 4 li – 1 re = 41(47)47(53) M. Die Maschen stilllegen.

RÜCKEN

Wie das Vorderteil stricken. Mit einer HinR beginnen.
Die 8 R mit Abnahmen insg 6mal stricken = 59(71)71(83) M.

Den Abschluss wie am Vorderteil stricken = 29(35)35(41) M.

RECHTER ÄRMEL

57(61)62(65) M mit Strumpfnadeln Nr. 3 anschlagen.
6 Reihen re hin und her stricken.

Nun in Runden glatt rechts stricken.
Später wird der Ärmel gewendet, sodass die Linksmaschen auf der Außenseite sind.

6(4)5(2) Rd re stricken.
ZUNAHME stricken: 1 re – 1 neue re – 55(59)60(63) re – 1 neue re – 1 re = 59(63)64(67) M.

Die Zunahme in jeder 6.(6.)5.(5.). Rd wdh, bis es 103(109)116(123) M sind.
Weiterstricken, bis der Ärmel ca. 43 cm misst.

Nun den Ärmel teilen: 2 M abk – 101(107)114(121) re stricken (die erste M ist bereits auf der Nd). Wenden. 2 M abk – 99(105)112(119) li stricken (die erste M ist bereits auf der Nd).

Nun den Ärmel wenden, sodass die Linksmaschen auf der Außenseite sind. Die HinR nun li stricken.

Ab hier in Reihen glatt hin und her stricken. Beidseitig am Anfang der Reihe noch 1(1)2(3) mal 2 M abk = 95(101)104(107) M.

Für die Raglanabnahmen am Anfang und Ende der RückR 26(27)28(28)mal 2 M re zus stricken = 43(47)48(51) M.
Nach der letzten Abnahme mit einer li R enden.
Die Seite, an der die HinR beginnen, wird später an das Vorderteil genäht.
Deshalb beginnt der SCHRÄGE ABSCHLUSS in einer RückR = die Seite mit den rechten M.

SCHRÄGER ABSCHLUSS im Wendestrick
Glatt weiterstricken.
Reihe 1: 2 re zus – 38(42)43(45) re. Wenden.
Reihe 2: 1 verschr U – 38(42)43(45) li – 1 re.
Reihe 3: 2 re zus – 33(36)37(39) re. Wenden.
Reihe 4: 1 verschr U – 33(36)37(39) li – 1 re.

Reihe 5: 2 re zus – 28(30)31(33) re. Wenden.
Reihe 6: 1 verschr U – 28(30)31(33) li – 1 re.
Reihe 7: 2 re zus – 23(25)25(27) re. Wenden.
Reihe 8: 1 verschr U – 23(25)25(27) li – 1 re.

Reihe 9: 2 re zus – 18(20)20(21) re. Wenden.
Reihe 10: 1 verschr U – 18(20)20(21) li – 1 re.
Reihe 11: 2 re zus – 13(15)15(15) re. Wenden.
Reihe 12: 1 verschr U – 13(15)15(15) li – 1 re.

Reihe 13: 2 re zus – 8(10)10(9) re. Wenden.
Reihe 14: 1 verschr U – 8(10)10(9) li – 1 re.
Reihe 15: 2 re zus – 3(5)5(4) re. Wenden.
Reihe 16: 1 verschr U – 3(5)5(4) li – 1 re.

Reihe 17: 4(6)6(5) re – den U mit der nächsten M re verschr zus stricken. Bis zum nächsten U stricken – wieder den U mit der nächsten M re verschr zus stricken. Die Reihe auf diese Weise zu Ende stricken.
Die M stilllegen und den Faden abschneiden.

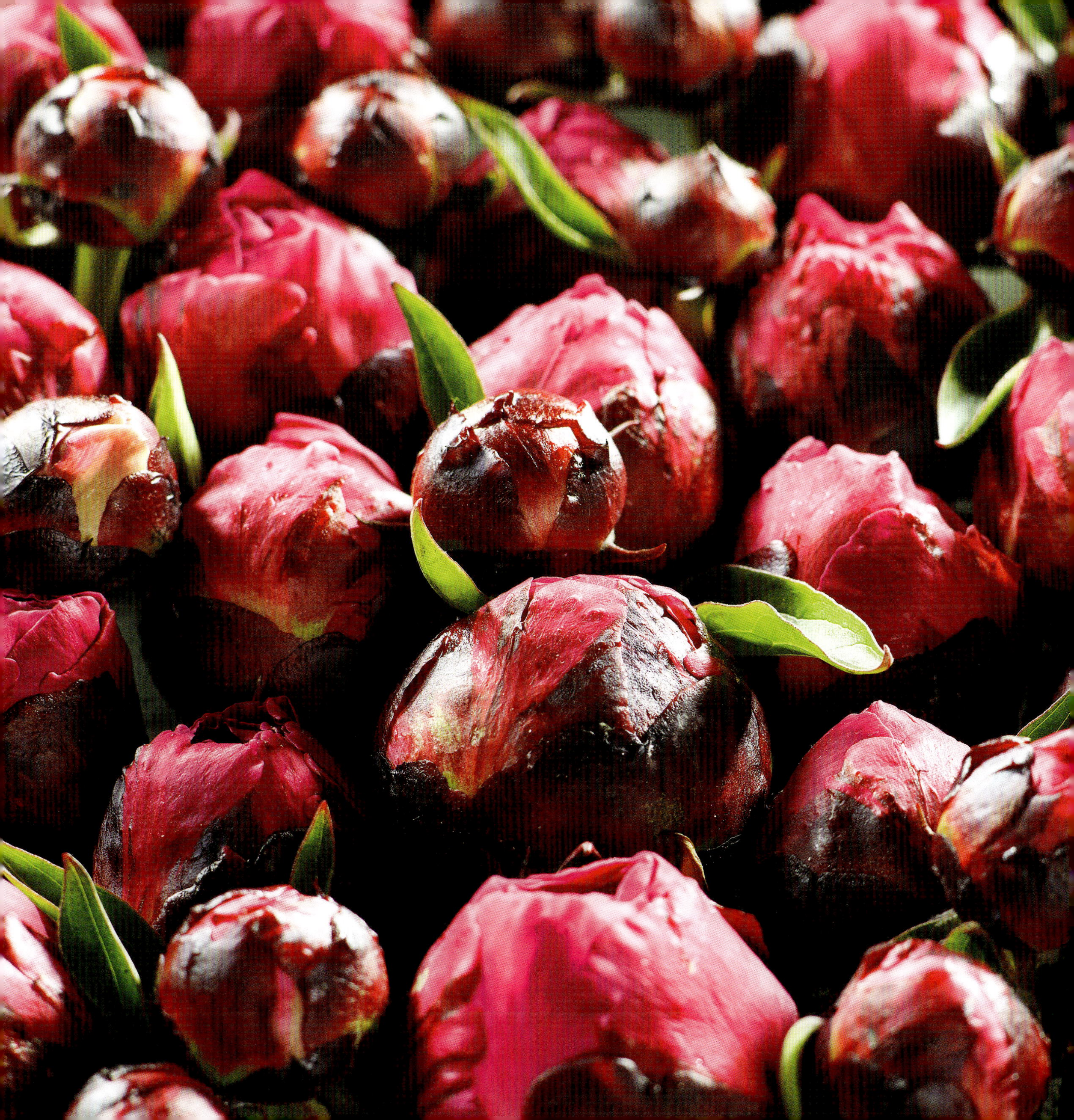

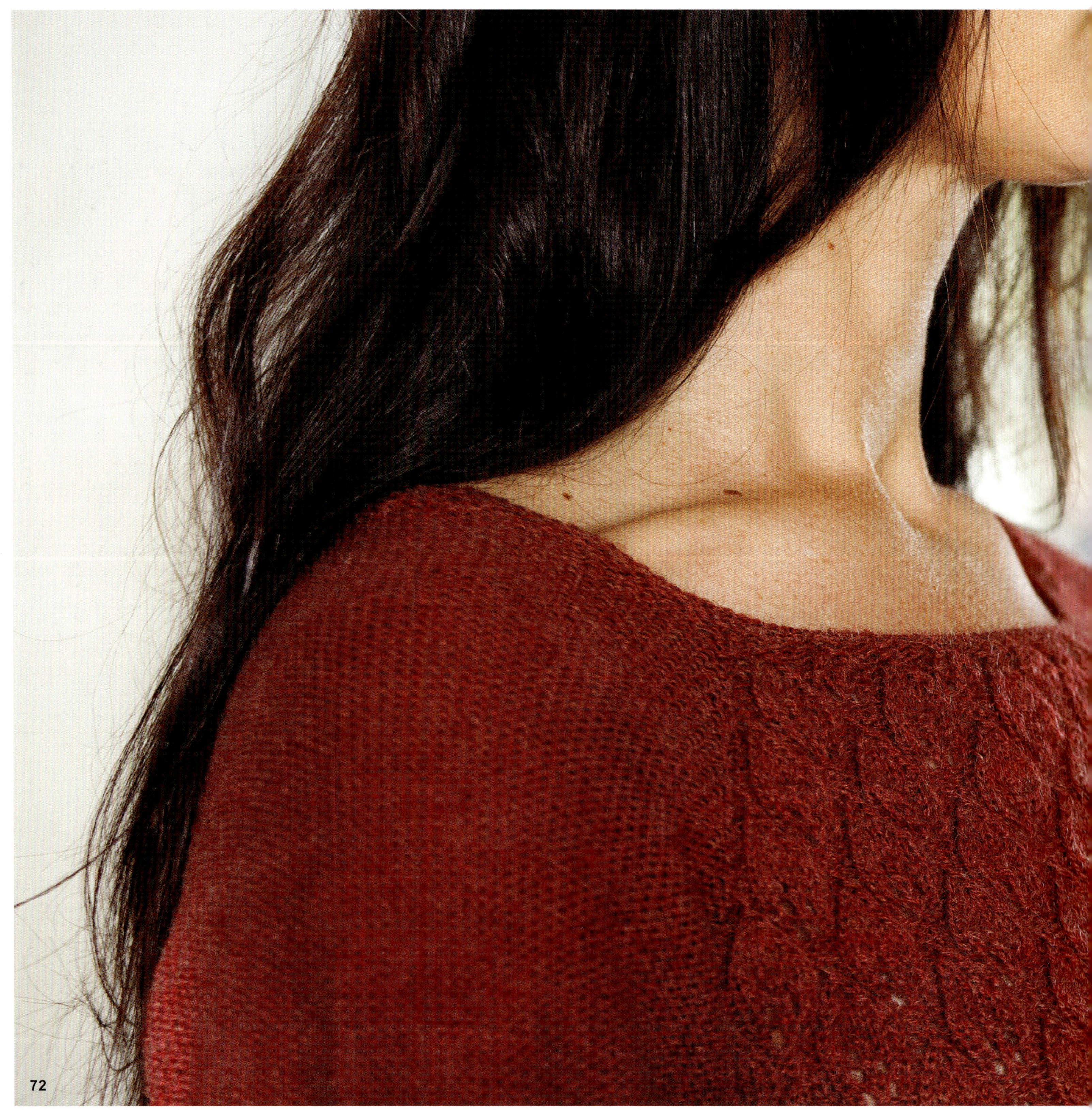

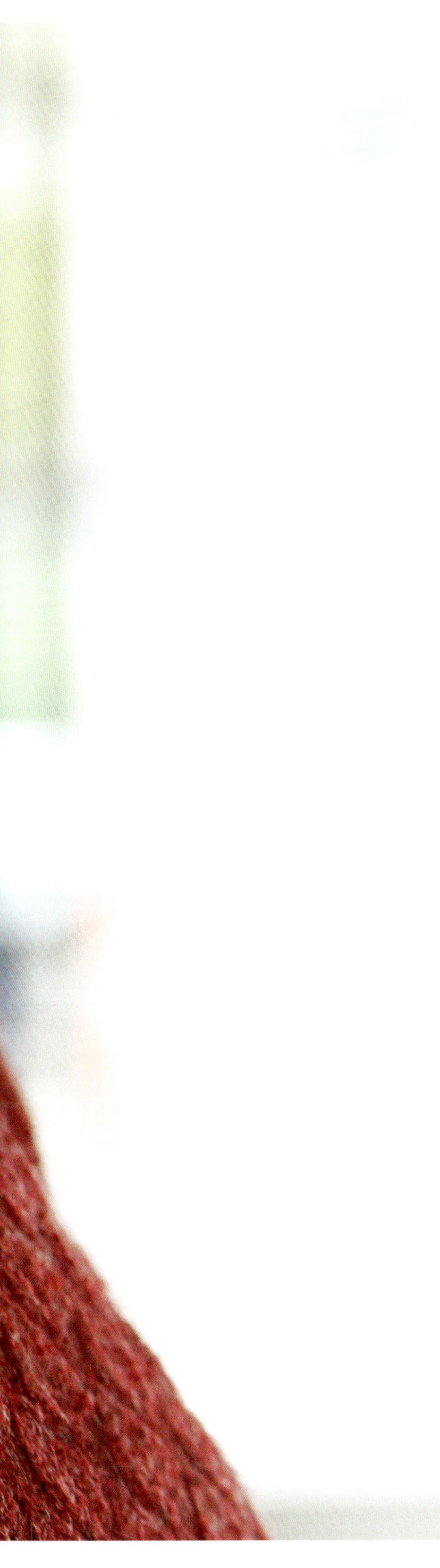

LINKER ÄRMEL

Wie den rechten Ärmel stricken, bis nach den Raglanabnahmen 43(47)48(51) M auf der Nd sind.
KEINE zusätzliche R wie am rechten Ärmel stricken. Die Seite, an der die RückR beginnen, wird später an das Vorderteil genäht.
Den SCHRÄGEN ABSCHLUSS in einer HinR beginnen = die Seite mit den linken M.
Der zweite Ärmel wird spiegelverkehrt gestrickt.

SCHRÄGER ABSCHLUSS im Wendestrick
Glatt weiterstricken.
Reihe 1: 1 re – 39(43)44(46) li. Wenden.
Reihe 2: 1 verschr U – 38(42)43(45) re – 2 re zus.
Reihe 3: 1 re – 34(37)38(40) li. Wenden.
Reihe 4: 1 verschr U – 33(36)37(39) re – 2 re zus.

Reihe 5: 1 re – 29(31)32(34) li. Wenden.
Reihe 6: 1 verschr U – 28(30)31(33) re – 2 re zus.
Reihe 7: 1 re – 24(26)26(28) li. Wenden.
Reihe 8: 1 verschr U – 23(25)25(27) re – 2 re zus.

Reihe 9: 1 re – 19(21)21(22) li. Wenden.
Reihe 10: 1 verschr U – 18(20)20(21) re – 2 re zus.
Reihe 11: 1 re – 14(16)16(16) li. Wenden.
Reihe 12: 1 verschr U – 13(15)15(15) re – 2 re zus.

Reihe 13: 1 re – 9(11)11(10) li. Wenden.
Reihe 14: 1 verschr U – 8(10)10(9) re – 2 re zus.
Reihe 15: 1 re – 4(6)6(5) li. Wenden.
Reihe 16: 1 verschr U – 3(5)5(4) re – 2 re zus.

Reihe 17: 1 re – 3(5)5(4) li stricken – den U mit der nächsten M li zus stricken. Bis zum nächsten U stricken – wieder den U mit der nächsten M li zus stricken. Auf diese Weise die R zu Ende stricken.

Den Faden NICHT abschneiden, sondern für den HALSRAND weiterverwenden.

HALSRAND

Alle Strickteile wieder auf die Nd heben.
Zu Nd Nr. 2½ wechseln.
In einer RückR alle M zur Runde schließen: 35(39)40(43) re über den linken Ärmel – 29(35)35(41) re über den Rücken – 35(39)40(43) re über den rechten Ärmel – 41(47)47(53) re über das Vorderteil stricken = 140(160)162(180) M.
Wieder über den linken Ärmel stricken: 35(39)40(43) re. Nur über dem linken Ärmel ist nun eine zusätzliche R gestrickt. Wenden.
Hier ist nun der Reihenanfang. Noch 3 R kraus rechts hin und her stricken. Dann alle M in einer RückR re abk.

FERTIGSTELLUNG

Die Fäden vernähen.
Die Ärmel vor dem Einnähen mit Nadeln am Armausschnitt feststecken. Der Ärmel ist größer als der Armausschnitt. Von außen einnähen.
Den kleinen Schlitz des Halsrandes zusammennähen.

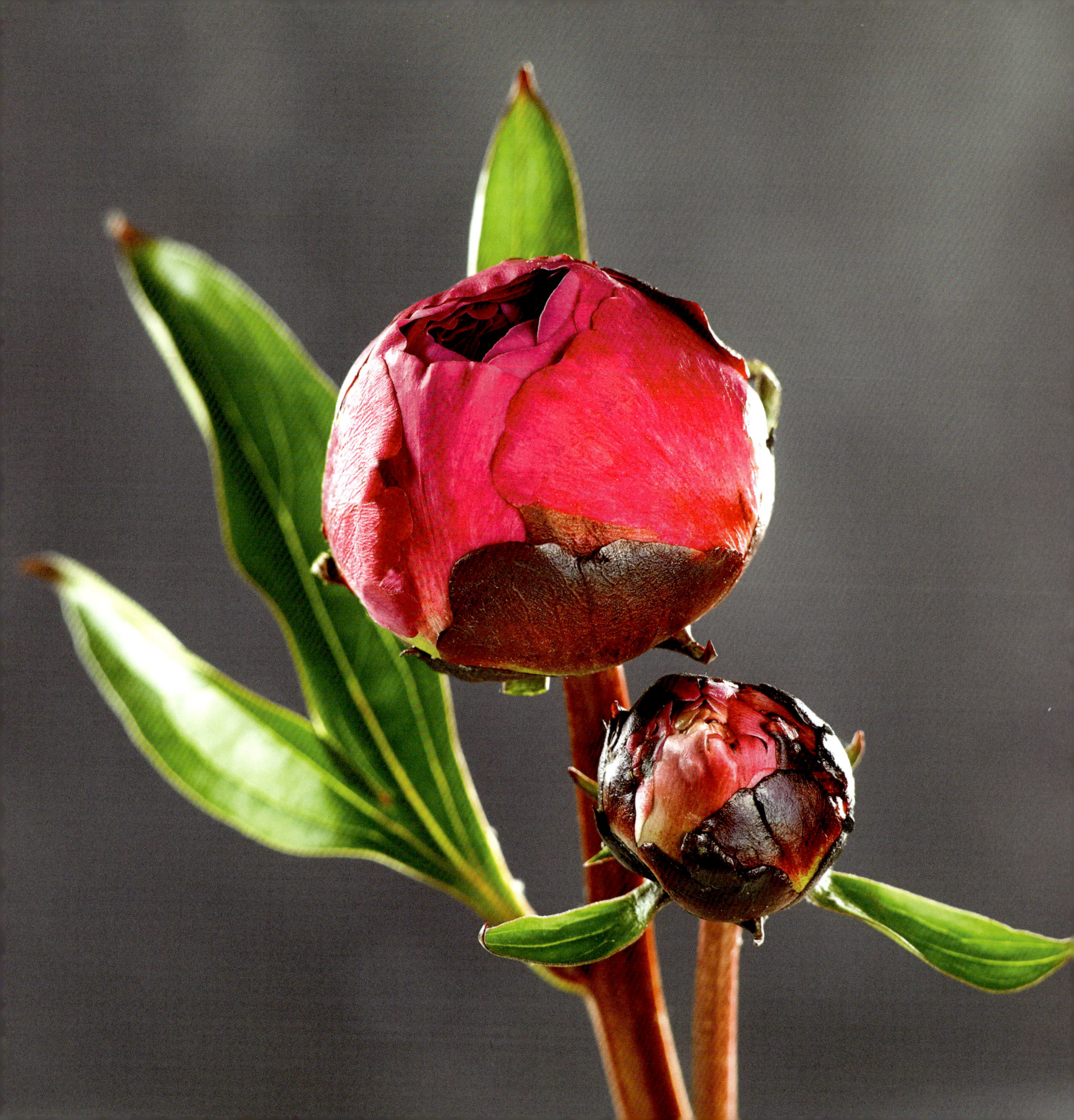

DIAGRAMM

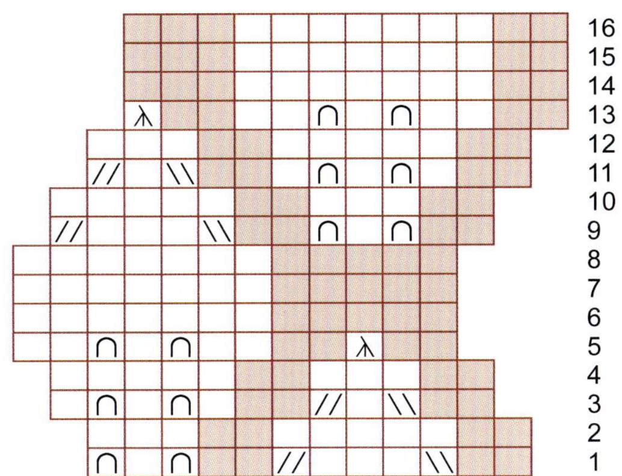

□	= re
■	= li
//	= 2 re zusammen
\\	= 2 re verschränkt zusammen
⋏	= 3 re zusammen, dafür 1 M abheben – 2 re zusammen – die eine M über die 2 zusammengestrickten M heben
∩	= U

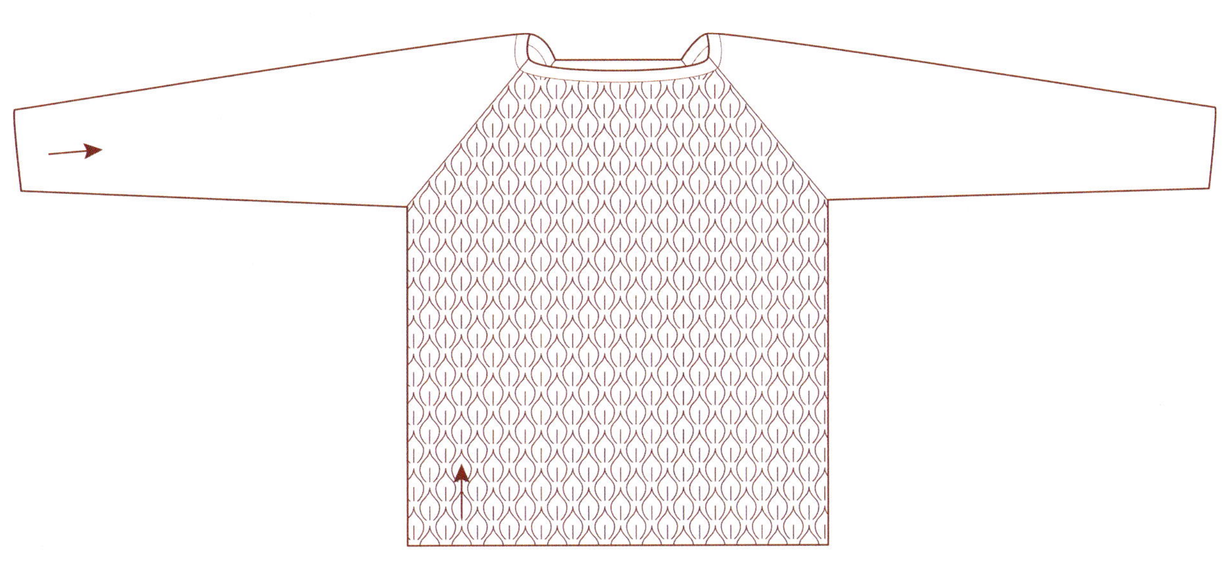

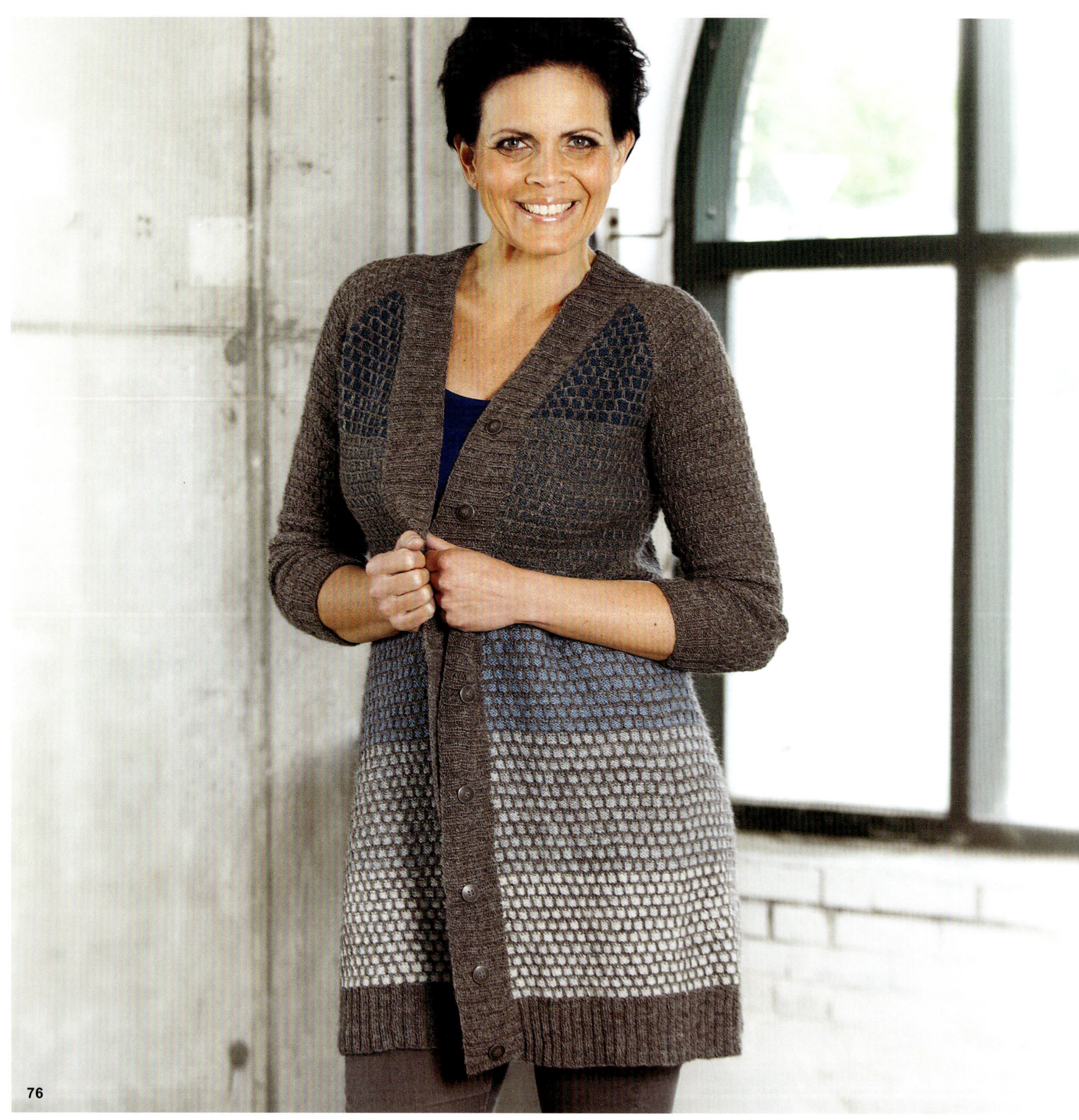

TRAUBENHYAZINTHE

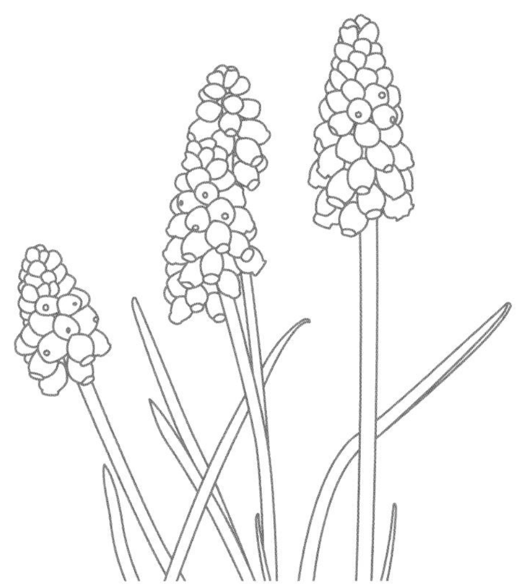

Größe: S(M)L(XL)

Halbe Oberweite: 46(50)54(58) cm
Länge: 79(80)82(83) cm
Innere Ärmellänge: 42 cm

Material:
Farbe A = 300(300)350(350)g Isager Alpaca 2 Farbe 4s
Farbe B = 50g Isager Highland Farbe Greece
Farbe C = 50g Isager Highland Farbe Ocean
Farbe D = 50g Tvinni Farbe 11s
Farbe E = 50g Tvinni Farbe 10s
Farbe F = 50g Isager Highland Farbe Ice Blue

8 Knöpfe

Nadel: Rundnadel Nr. 3 – für den vorderen Rand wird eine extra lange Rundnadel benötigt

Maschenprobe glatt gestrickt mit Nd Nr. 3: 10 cm = 28 M und 36 R
Maschenprobe im Muster mit Nd Nr. 3: 10 cm = 30 M und 54 R

Die Jacke wird von oben nach unten gestrickt.

RÜCKEN

65(73)73(77) M mit A und Nd Nr. 3 anschlagen.
65(73)73(77) re stricken.

Zu B wechseln.
Reihe 1: Aus der ersten Masche 2 M stricken, dafür die M re stricken, aber nicht von der linken Nd heben. Mit der rechten Nd unter dem hinteren Maschenschenkel der selben M noch einmal einstechen, den Faden durchziehen und die M von der linken Nd heben – 1 li – *1 M abh, mit dem Faden hinter der M = 1 FH – 3 li*. Von * bis * wdh. Enden mit 1 FH – 1 li – 2 M aus letzter M stricken.
Reihe 2: *3 re – 1 M abh, mit dem Faden vor der M = 1 FV*. Von * bis * wdh. Enden mit 3 re.
Reihe 3: 2 M aus erster M – 2 li – *1 FH – 3 li*. Von * bis * wdh. Enden mit 1 FH – 2 li – 2 M aus letzter M stricken.
Reihe 4: 4 re – *1 FV – 3 re*. Von * bis * wdh. Enden mit 1 re.

Zu A wechseln.
Reihe 5 - 6: 2 R re stricken.

Reihe1 - 6 genau wie angegeben wdh, sodass sich das Muster bei jeder Wiederholung verschiebt.
Weiterstricken, bis es 113(125)133(141) M sind.
Vor den letzten 2 rechten R mit A enden.
Es sind 12(13)15(16) Streifen mit B gestrickt.
Die Fäden abschneiden.

RECHTES VORDERTEIL

5 M mit A und Nd Nr. 3 anschlagen.
5 re stricken.
Zu B wechseln.
Reihe 1 (HinR): 2 M aus erster M – 1 li – 1 FH – 1 li – 2 M aus letzter M stricken.
Reihe 2: 3 re – 1 FV – 3 re stricken.
Reihe 3: 2 M aus erster M – 2 li – 1 FH – 2 li – 2 M aus letzter M stricken.
Reihe 4: 4 re – 1 FV – 4 re stricken.
Zu A wechseln.
Reihe 5 - 6: 2 R re stricken.

Zu B wechseln.
Reihe 7: 2 M aus erster M – 1 li – 1 FH – 3 li – 1 FH – 1 li – 2 M aus letzter M stricken.
Reihe 8: 3 re – 1 FV – 3 re – 1 FV – 3 re stricken.
Reihe 9: 2 M aus erster M – 2 li – 1 FH – 3 li – 1 FH – 2 li – 2 M aus letzter M stricken = 13 M.
Reihe 10: 4 re – 1 FV – 3 re – 1 FV – 4 re stricken.

Zu A wechseln.
Reihe 11 - 12: 2 R re stricken.

Nun ab Reihe 1, wie beim RÜCKEN beschrieben, weiterstricken, bis es 53(57)65(69) M sind.
Vor den letzten 2 rechten R mit A enden.
Es sind insg 12(13)15(16) Streifen mit B gestrickt.
Die Fäden abschneiden.

LINKES VORDERTEIL

Wie das RECHTE VORDERTEIL stricken.
B abschneiden, A NICHT abschneiden.

KÖRPER

Mit A stricken.
Über das linke Vorderteil 53(57)65(69) re – 23(23)27(31) M in Verlängerung des Vorderteils anschlagen – 113(125)133(141) Rückenmaschen re – 23(23)27(31) M in Verlängerung des Rückens anschlagen – über das rechte Vorderteil 53(57)65(67) re = 265(285)317(341) M.
1 R re stricken.

Gr. (M):
Zu C wechseln.
In der ersten Musterwiederholung mit C in allen HinR aus erster und letzter Masche 2 M stricken = 289 M.

Zu A wechseln. 2 R re stricken.

Alle Gr.:
Zu C wechseln. Im Muster ohne Zunahmen weiterstricken.
Reihe 1 (HinR): 1 re – 1 li – *1 FH – 3 li*. Von * bis * wdh. Enden mit 1 FH – 1 li – 1 re.
Reihe 2: 2 re – *1 FV – 3 re*. Von * bis * wdh. Enden mit 1 FV – 2 re.
Reihe 3 – 4: Wie Reihe 1 - 2.

Zu A wechseln.
Reihe 5 - 6: 2 R re stricken.

Zu C wechseln.
Reihe 7: 1 re – *3 li – 1 FH*. Von * bis * wdh. Enden mit 3 li – 1 re.
Reihe 8: 4 re – *1 FV – 3 re*. Von * bis * wdh. Enden mit 1 re.
Reihe 9 - 10: Wie Reihe 7 - 8.

Zu A wechseln.
Reihe 11 - 12: 2 R re stricken.

Weiterstricken, bis insg 12 Streifen mit C gestrickt sind.
Die Arbeit misst ab Armausschnitt ca. 13 cm.

Mit A in der HinR Zunahmen stricken.
1. ZUNAHME: 45(51)59(65) re – *2 M aus 1 M – 1 re – 2 M aus 1 M – 1 re – 2 M aus 1 M – 1 re – 2 M aus 1 M* – 25 re – von * bis * – 97(109)121(133) re – von * bis * – 25 re – von * bis * – 45(51)59(65) re = 281(305)333(357) M.
1 R re stricken.

Im Muster weiterstricken, bis es insg 14 Streifen mit C sind. Die Arbeit misst ab Armausschnitt ca. 16 cm.
C abschneiden und mit D stricken.

Im Muster weiterstricken, bis 2 Streifen mit D gestrickt sind.

Mit A in der HinR Zunahmen stricken.
2. ZUNAHME: 49(55)63(69) re – *2 M aus 1 M – 1 re – 2 M aus 1 M – 1re – 2 M aus 1 M – 1 re – 2 M aus 1 M * – 25 re – von * bis * – 105(117)129(141) re – von * bis * – 25 re – von *

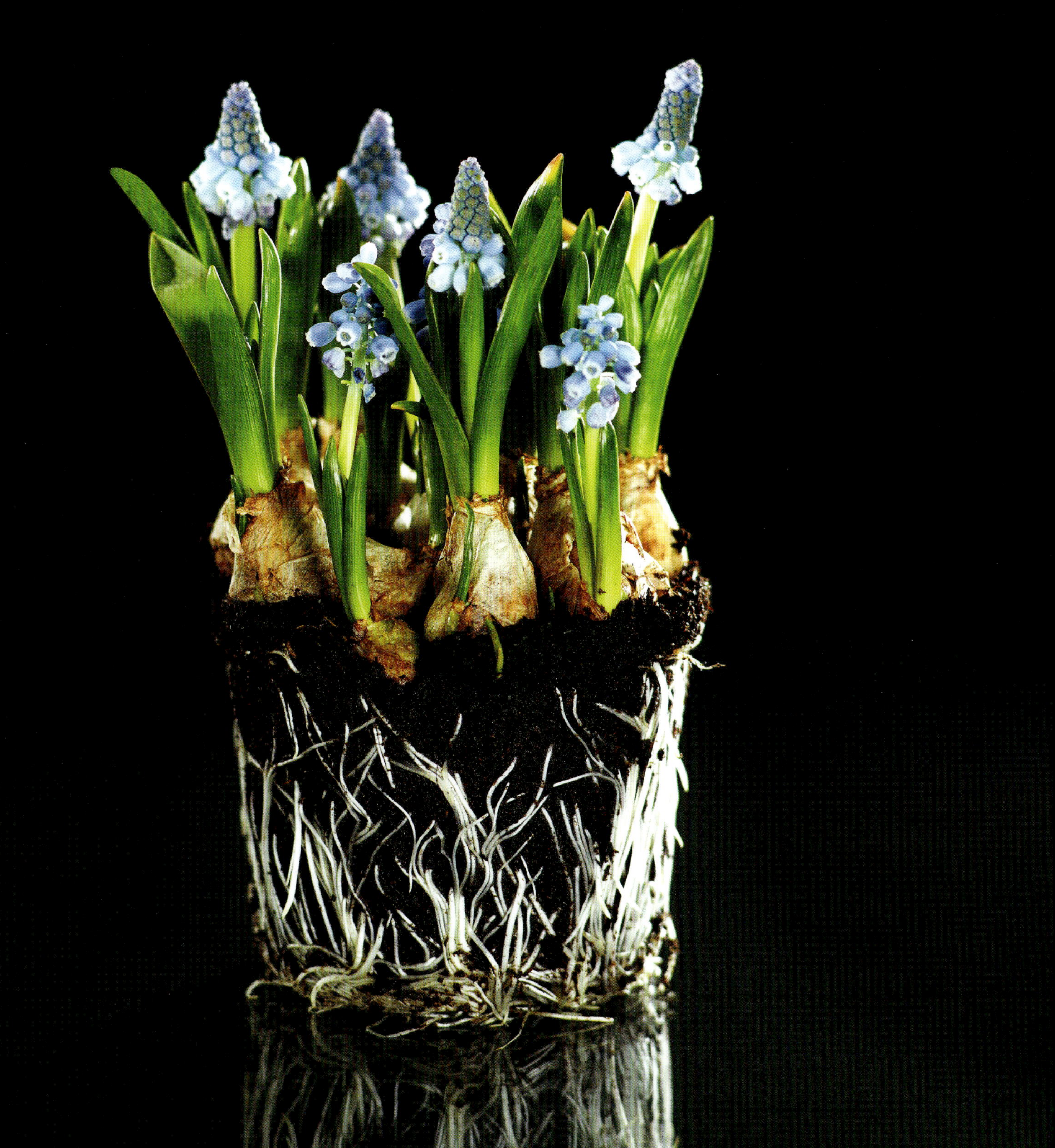

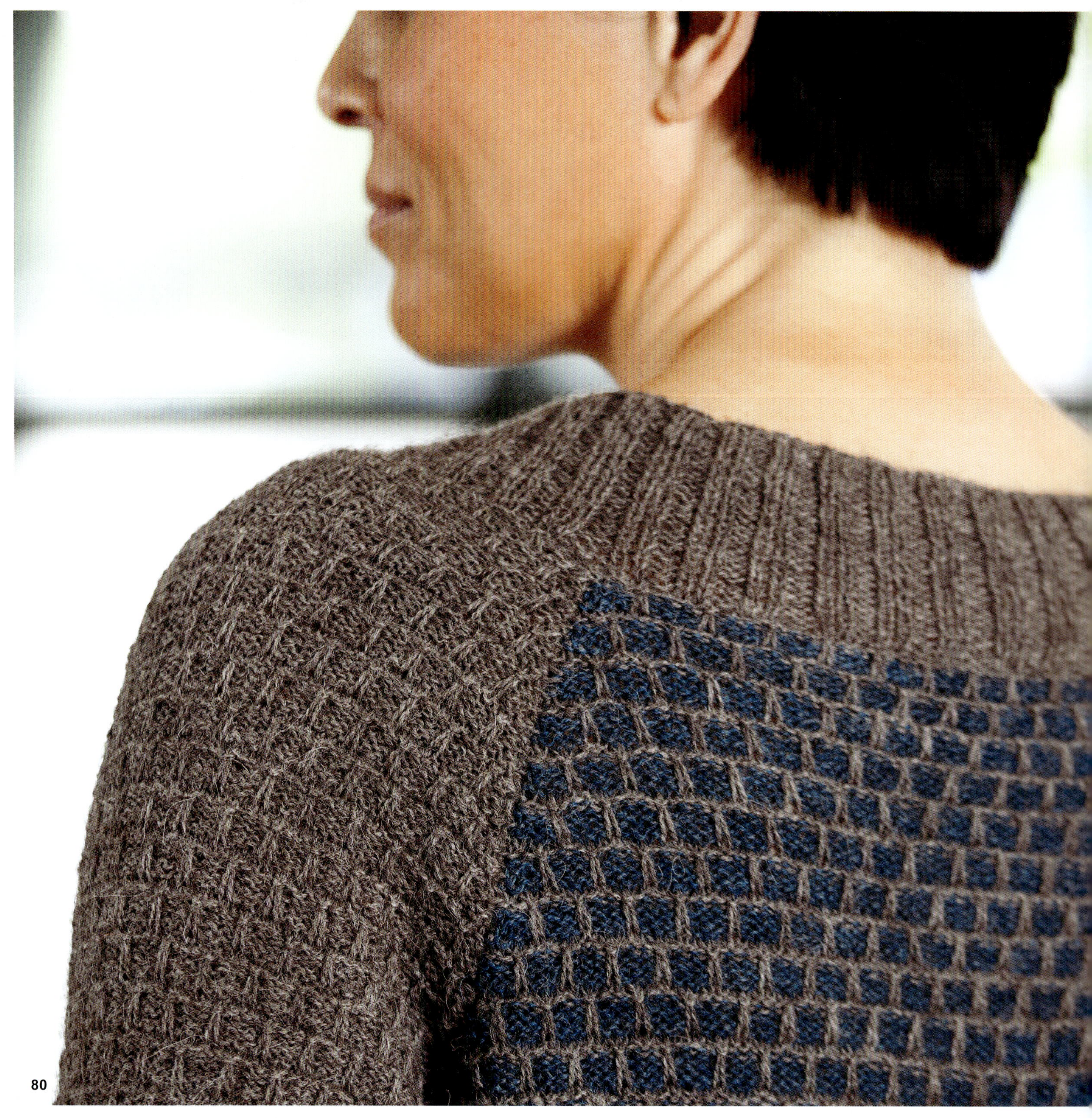

bis * – 49(55)63(69) re = 297(321)349(373) M.
1 R re stricken.
Im Muster weiterstricken, bis 6 Streifen mit D gestrickt sind.

Mit A in der HinR Zunahmen stricken.
3. ZUNAHME: 53(59)67(73) re – *2 M aus 1 M – 1 re – 2 M aus 1 M – 1 re – 2 M aus 1 M – 1 re – 2 M aus 1 M* – 25 re – von * bis * – 113(125)137(149) re – von * bis * – 25 re – von * bis * – 53(59)67(73) re = 313(337)365(389) M.
1 R re stricken.

Im Muster weiterstricken, bis 11 Streifen mit D gestrickt sind.

Mit A in der HinR Zunahmen stricken.
4. ZUNAHME: 57(63)71(77) re – *2 M aus 1 M – 1 re – 2 M aus 1 M – 1 re – 2 M aus 1 M – 1 re – 2 M aus 1 M * – 25 re – von * bis * – 121(133)145(157) re – von * bis * – 25 re – von * bis * – 57(63)71(77) re = 329(353)381(405) M.
1 R re stricken.

Im Muster weiterstricken, bis insg 12 Streifen mit D gestrickt sind.
D abschneiden und mit E stricken.

Im Muster weiterstricken, bis 4 Streifen mit E gestrickt sind.

Mit A in der HinR Zunahmen stricken.
5. ZUNAHME: 61(67)75(81) re – *2 M aus 1 M – 1 re – 2 M aus 1 M – 1 re – 2 M aus 1 M – 1 re – 2 M aus 1 M* – 25 re – von * bis * – 129(141)153(165) re – von * bis * – 25 re – von * bis * – 61(67)75(81) re = 345(369)397(421) M.
1 R re stricken.

Im Muster weiterstricken, bis insg 11 Streifen mit E gestrickt sind.

Mit A in der HinR Zunahmen stricken.
6. ZUNAHME: 63(69)77(83) re – *2 M aus 1 M – 1 re – 2 M aus 1 M – 1 re – 2 M aus 1 M – 1 re – 2 M aus 1 M* – 29 re – von * bis * – 133(145)157(169) re – von * bis * – 29 re – von * bis * – 63(69)77(83) re = 361(385)413(437) M.
1 R re stricken.

E abschneiden und mit F stricken.
Im Muster weiterstricken, bis 7 Streifen mit F gestrickt sind.

Mit A in der HinR Zunahmen stricken.
7. ZUNAHME: 67(73)81(87) re – *2 M aus 1 M – 1 re – 2 M aus 1 M – 1 re – 2 M aus 1 M – 1 re – 2 M aus 1 M* – 29 re – von * bis * – 141(153)165(177) re – von * bis * – 29 re – von * bis * – 67(73)81(87) re = 377(401)429(453) M.
1 R re stricken.

Im Muster weiterstricken, bis insg 11 Streifen mit F gestrickt sind.
F abschneiden.

Mit A stricken.
1 R re stricken.
ABNAHME in der RückR stricken:
188(200)214(226) re – 2 re zus – 187(199)213(225) re stricken.

RAND:
Mit A weiterstricken.
Reihe 1 (HinR): 1 re – *2 li – 2 re*. Von * bis * wdh. Enden mit 2 li – 1 re.
Reihe 2: 3 re – *2 li – 2 re*. Von * bis * wdh. Enden mit 1 re.
Reihe 1 – 2 wdh, bis der Rand 7 cm misst.
In Rippen abketten.

ÄRMEL

Der Ärmel ist einfarbig.
29 M mit A und Nd Nr. 3 anschlagen.
29 re stricken.
Reihe 1: 2 M aus erster M – 1 li – *1 FH – 3 li*. Von * bis * wdh. Enden mit 1 FH – 1 li – 2 M aus letzter M.
Reihe 2: *3 re – 1 FV*. Von * bis * wdh. Enden mit 3 re.
Reihe 3: 2 M aus erster M – 2 li – *1 FH – 3 li*. Von * bis * wdh. Enden mit 1 FH – 2 li – 2 M aus letzter M.
Reihe 4: 4 re – *1 FV – 3 re*. Von * bis * wdh. Enden mit 1 re.
Reihe 5 - 6: 2 R re stricken.
Reihe 1 - 6 wdh, bis es 81(89)97(101) M sind. Enden nach einer Reihe 3.

Der Ärmel ist 5(11)11(11) R länger als der Raglan des Körpers.

Reihe 4 stricken und in Verlängerung der R 12(12)14(16) M anschlagen. Wenden.
Reihe 5: 93(101)111(117) re stricken und in Verlängerung der R 12(12)14(16) M anschlagen. Wenden.
Reihe 6: 105(113)125(133) re stricken.

Reihe 1: 1 re – 1(1)3(1) li – *1 FH – 3 li*. Von * bis * wdh. Enden mit 1 FH – 1(1)3(1) li – 1 re.
Reihe 2: 2(2)4(2) re – *1 FV – 3 re*. Von * bis * wdh. Enden mit 1 FV – 2(2)4(2) re.
Reihe 3 - 4: Wie Reihe 1 - 2.
Reihe 5 - 6: 2 R re stricken.

Reihe 7: 1 re – 3(3)1(3) li – *1 FH – 3 li*. Von * bis * wdh. Enden mit 1 FH – 3(3)1(3) li – 1 re.
Reihe 8: 4(4)2(4) re – *1 FV – 3 re*. Von * bis * wdh. Enden mit 1 FV – 4(4)2(4) re.
Reihe 9 - 10: Wie Reihe 7 - 8.
Reihe 11 - 12: 2 R re stricken.

Wieder Reihe 1 - 10 stricken.
Reihe 11 mit 1. ABNAHME: 2 re zus – 101(109)121(129) re – 2 re zus.
Reihe 12: 103(111)123(131) re.

Reihe 13: 1 re – 0(0)2(0) li – *1 FH – 3 li*. Von * bis * wdh. Enden mit 1 FH – 0(0)2(0) li – 1 re.
Reihe 14: 1(1)3(1) re – *1 FV – 3 re*. Von * bis * wdh. Enden mit 1 FV – 1(1)3(1) re.
Reihe 15 - 16: Wie Reihe 13 - 14.

Gr. S(M):
Reihe 17 - 18: 2 R re stricken.
Reihe 19: 1 re – 2 li – *1 FH – 3 li*. Von * bis * wdh. Enden mit 1 FH – 2 li – 1 re.
Reihe 20: 3 re – *1 FV – 3 re*. Von * bis * wdh. Enden mit 1 FV – 3 re.

Reihe 21 - 22: Wie Reihe 19 - 20.
Reihe 23 mit 2. ABNAHME: 2 re zus – 99(107) re – 2 re zus.
Reihe 24: 101(109) re.
Reihe 25: 1 re – 3 li – *1 FH – 3 li*. Von * bis * wdh. Enden mit 1 FH – 3 li – 1 re.
Reihe 26: 4 re – *1 FV – 3 re*. Von * bis * wdh. Enden mit 1 FV – 4 re.

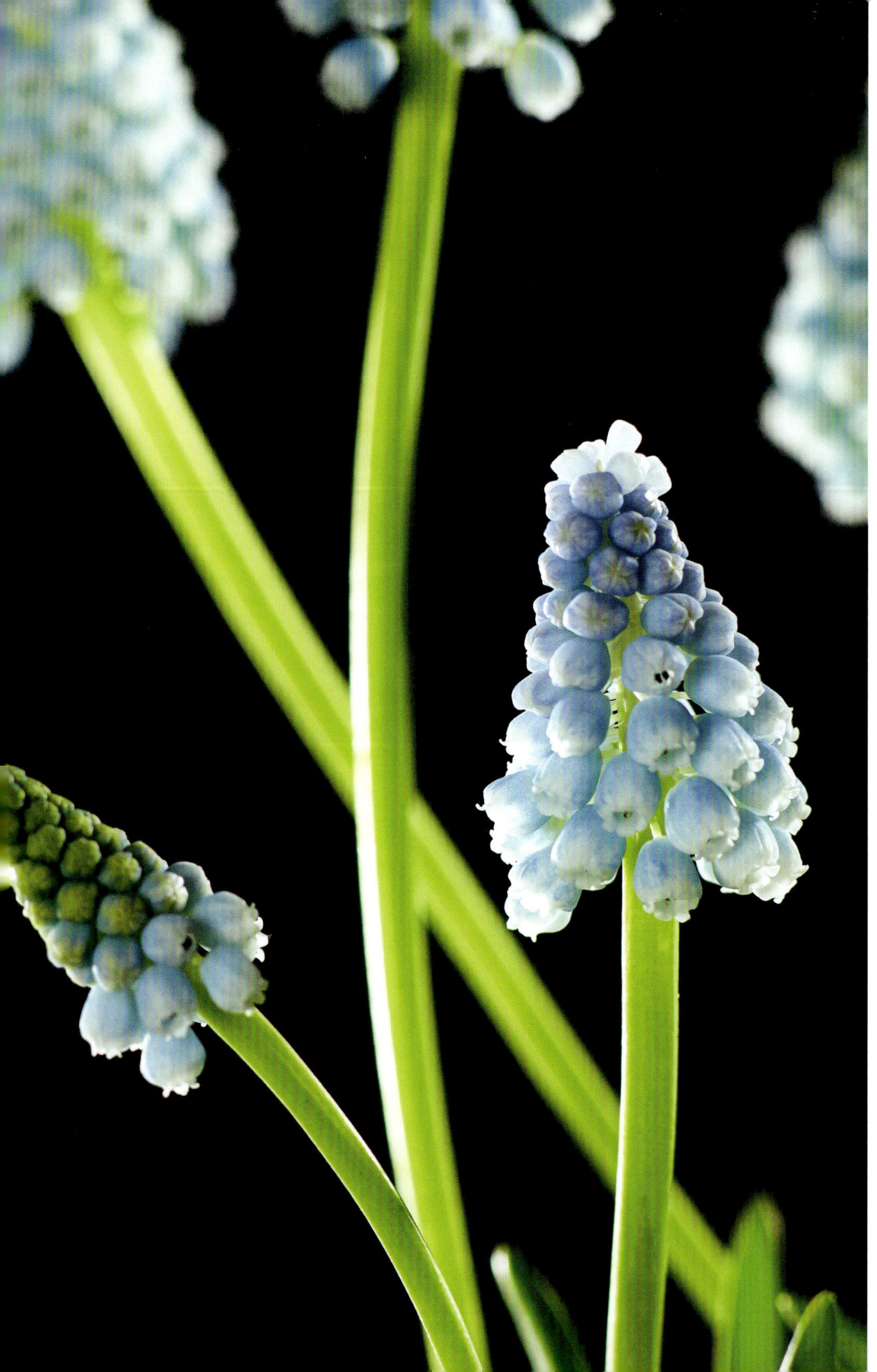

Reihe 27 - 28: Wie Reihe 25 - 26.
Reihe 29 - 30: 2 R re stricken.
Reihe 31 - 34: Wie Reihe 1 - 4.
Reihe 35 mit 3. ABNAHME: 2 re zus – 97(105) re – 2 re zus.
Reihe 36: 99(107) re.
Reihe 37 - 40: Wie Reihe 19 - 22.
Reihe 41 - 42: 2 R re stricken.
Reihe 43 - 46: Wie Reihe 13 - 16.
Reihe 47 mit 4. ABNAHME: 2 re zus – 95(103) re – 2 re zus.
Reihe 48: 97(105) re.
Im Muster weiterstricken.
Die Abnahmen in jeder 12. Reihe wdh, bis es 75(83) M sind.

Gr. L(XL):
Reihe 17 mit 2. ABNAHME: 2 re zus – 119(127) re – 2 re zus.
Reihe 18: 121(129) re.
Reihe 19: 1 re – 3(1) li – *1 FH – 3 li*. Von * bis * wdh. Enden mit 1 FH – 3(1) li – 1 re.
Reihe 20: 4(2) re – *1 FV – 3 re*. Von * bis * wdh. Enden mit 1 FV – 4(2) re.
Reihe 21 - 22: Wie Reihe 19 - 20.
Reihe 23 mit 3. ABNAHME: 2 re zus – 117(125) re – 2 re zus.
Reihe 24: 119(127) re.
Reihe 25: 1 re – 0(2) li – *1 FH – 3 li*. Von * bis * wdh. Enden mit 1 FH – 0(2) li – 1 re.
Reihe 26: 1(3) re – *1 FV – 3 re*. Von * bis * wdh. Enden mit 1 FV – 1(3) re.
Reihe 27 - 28: Wie Reihe 25 - 26.
Reihe 29 mit 4. ABNAHME: 2 re zus – 115(123) re – 2 re zus.
Reihe 30: 117(125) re.
Reihe 31 - 34: Wie Reihe 7 - 10.
Reihe 35 mit 5. ABNAHME: 2 re zus – 113(121) re – 2 re zus.
Reihe 36: 115(123) re.
Reihe 37 - 40: Wie Reihe 13 - 16.
Reihe 41 mit 6. ABNAHME: 2 re zus – 111(119) re – 2 re zus.
Reihe 42: 113(121) re.
Reihe 43 - 46: Wie Reihe 1 - 4.
Reihe 47 mit 7. ABNAHME: 2 re zus – 109(117) re – 2 re zus.
Reihe 48: 111(119) re.
Im Muster weiterstricken.

Die Abnahmen in jeder 6. Reihe wdh, bis es 95(99) M sind.
Die Abnahmen dann in jeder 12. Reihe wdh, bis es 83(87) M sind.

Alle Gr.:
Ohne Abnahmen stricken, bis der Ärmel, ab den 12(12)14(16) neuen M an jeder Seite, ca. 37 cm misst.
Direkt vor den 2 rechten R enden.

1 R re stricken.
Mit ABNAHMEN stricken: 5(1)1(3) re – *2 re zus – 2 re*. Von * bis * wdh. Enden mit 2 re zus – 4(0)0(2) re = 58(62)62(66) M.

RAND:
Reihe 1: 1 re – 1 li – *2 re – 2 li*. Von * bis * wdh. Enden mit 2 re – 1 li – 1 re.
Reihe 2: *2 re – 2 li*. Von * bis * wdh. Enden mit 2 re.
Reihe 1 - 2 wdh, bis der Rand 5 cm misst.
In Rippen abketten.

Den zweiten Ärmel auf die gleiche Weise stricken.

VORDERER RAND

Vor dem Einnähen die Ärmel mit Nadeln im Armausschnitt feststecken. Von außen einnähen.

Eine HinR mit Farbe A und Nd Nr. 3 stricken:
21 M aus dem unteren Rippenrand des rechten Vorderteils herausstricken.
Am gesamten Vorderteil aus jeweils 3 Streifen 10 M herausstricken = 200(204)210(214) M.
24 M am Ärmel herausstricken.
46(50)54(58) M am Nacken herausstricken.
24 M am Ärmel herausstricken.
221(225)231(235) M am linken Vorderteil herausstricken, genauso verteilt wie am rechten Vorderteil.
Insg sind es 536(548)564(576) M re.

Reihe 1 (RückR): 1 FV – *2 li – 2 re*. Von * bis * wdh. Enden mit 2 li – 1 re.
Reihe 2: 1 FV – *2 re – 2 li*. Von * bis * wdh. Enden mit 3 re.

Reihe 1 - 2 wdh, bis der Rand 4 cm misst.
Enden mit einer Reihe 1.

In die nächste HinR Knopflöcher stricken:
7 M stricken – *2 M abk – 22 M stricken (die erste M ist bereits auf der Nd)*. Von * bis * wdh, bis 8 Knopflöcher gestrickt sind. Die R in Rippen zu Ende stricken.
In der nächsten R über jedem Knopfloch neue M stricken:
Aus der letzten M vor dem Knopfloch 2 M stricken – 1 neue M anschlagen – weiter bis zur letzten M vor dem nächsten Knopfloch stricken. Wiederholen.

Wie bisher in Rippen weiterstricken, bis der Rand 7 cm misst.
Alle Maschen abketten.

FERTIGSTELLUNG

Die Fäden vernähen.
Die Knöpfe annähen.

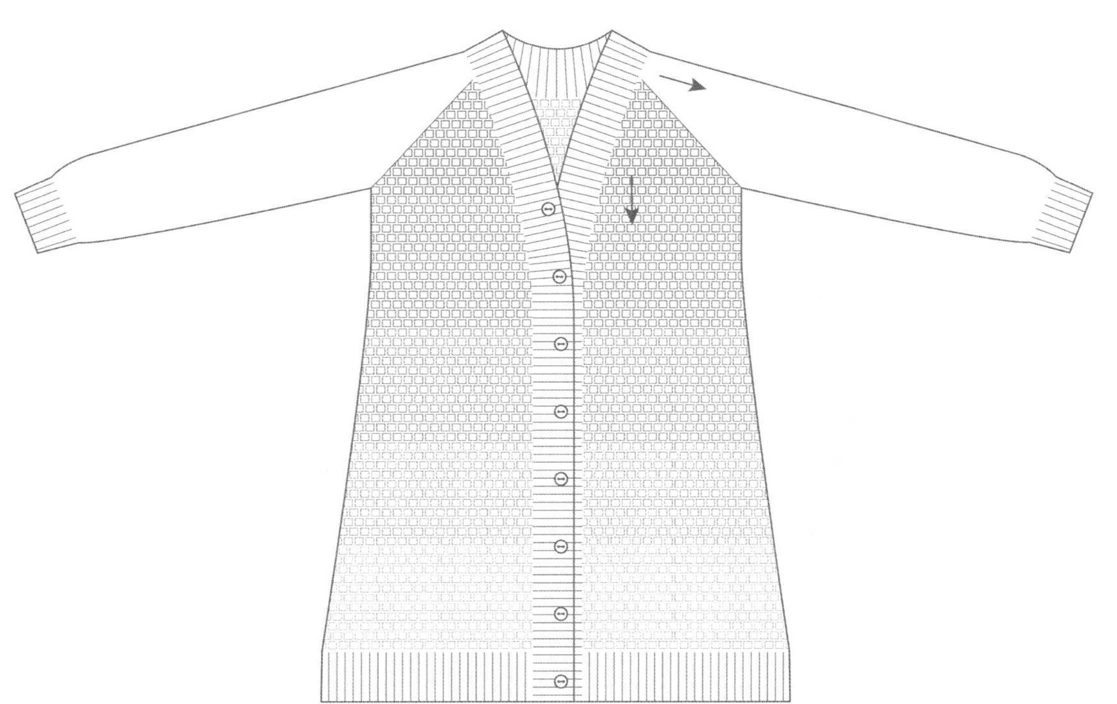

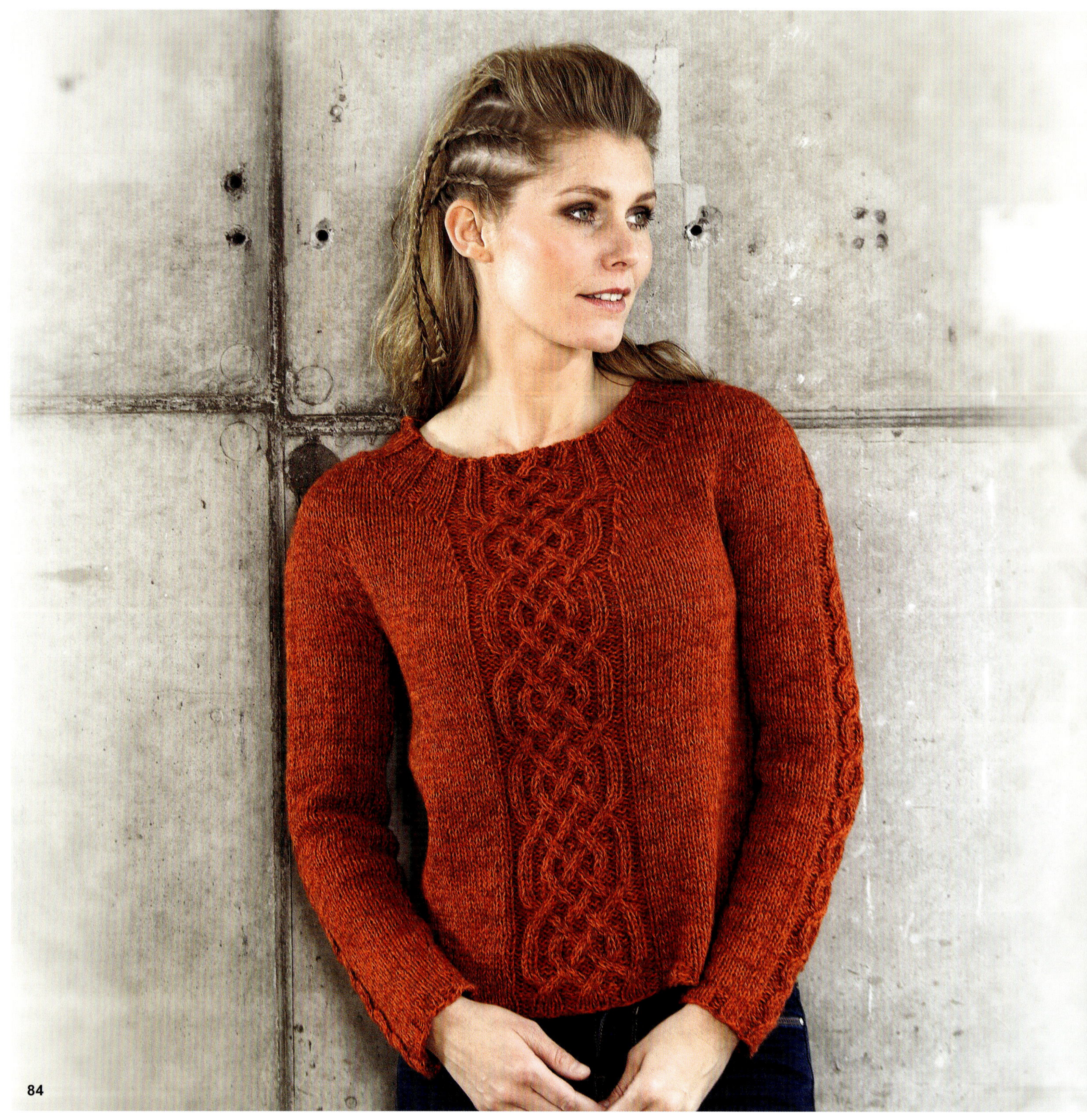

RANUNKEL

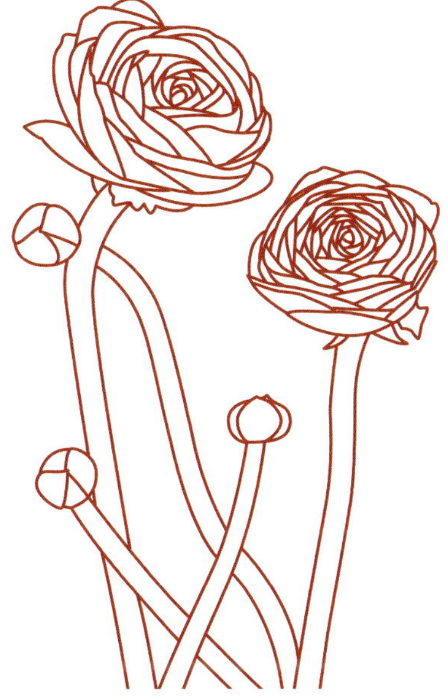

Größe: S(M)L(XL)

Halbe Oberweite: 48(52)56(60) cm
Länge: 50(52)52(54) cm
Innere Ärmellänge: 43 cm

Material:
300(350)350(400)g Isager Jensen Yarn Farbe 1
200(200)250(250)g Isager Bomulin Farbe 1
Beide Qualitäten zusammen verstricken

Nadeln: Rund- und Strumpfnadeln Nr. 5, Ärmelnadel Nr. 4 für den Halsrand

Maschenprobe glatt gestrickt: 10 cm = 16 M und 22 R

ÄRMEL

36(36)42(42) M mit Strumpfnd anschlagen, zur Runde schließen und insg 4 Rd in Rippen stricken:

Gr. S(M):
2 re – *2 li – 4 re*. Von * bis * wdh. Enden mit 2 li – 2 re.

Gr. L(XL):
1 li – *4 re – 2 li*. Von * bis * wdh. Enden mit 4 re – 1 li.

In der Ärmelmitte ZUNAHMEN stricken:
14(14)17(17) re – 1 neue li, dafür den Faden zw den M li verschr str – 2 li – 1 neue li – 4 re – 1 neue li – 2 li – 1 neue li – 14(14)17(17) re = 40(40)46(46) M.

Nach Diagramm stricken:
Runde 1: 14(14)17(17) re – 12 M nach Diagramm A, 1. Rd – 14(14)17(17) re.
Runde 2: 14(14)17(17) re – 12 M nach Diagramm A, 2. Rd – 14(14)17(17) re.
Runde 3 mit ZUNAHME: 1 re – 1 neue re, dafür den Faden zw den M re verschr stricken – 13(13)16(16) re – 12 M nach Diagramm A, 3. Rd – 13(13)16(16) re – 1 neue re – 1 re.

In Runden weiterstricken, dabei die mittleren 12 M nach Diagramm stricken.
Die Zunahmen am Anfang und Ende der Rd in jeder 12.(10.)12.(10.) Rd wdh, bis es 54(56)60(64) M sind.

Weiterstricken, bis der Ärmel 43 cm misst.
Mit einer geraden Diagrammrunde enden.

Für den Armausschnitt abk.
Ungerade Runde: 4(5)5(6) M abk – 46(46)50(52) M im Muster – die letzten 4(5)5(6) M abk.
Die Fäden abschneiden.
Den zweiten Ärmel auf die gleiche Weise stricken.

KÖRPER

156(168)180(192) M mit der Rundnadel anschlagen, zur Runde schließen und insg 4 Rd in Rippen stricken:

Gr. S, L:
1 li – *4 re – 2 li*. Von * bis * wdh.
Enden mit 4 re – 1 li.

Gr. (M), (XL):
2 re – *2 li – 4 re*. Von * bis * wdh. Enden mit 2 li – 2 re.

ZUNAHMEN in der Mitte des Vorderteils und des Rückens stricken:
29(32)35(38) re.
1 neue li – 2 li – 1 neue li – 4 re. Von * bis * insg 3mal stricken.
Enden mit 1 neue li – 2 li – 1 neue li = 28 M.
58(64)70(76) re.
1 neue li – 2 li – 1 neue li – 4 re. Von * bis * insg 3mal stricken.
Enden mit 1 neue li – 2 li – 1 neue li = 28 M.
29(32)35(38) re = 172(184)196(208) M.

Nach Diagramm stricken:
Runde 1: 29(32)35(38) re – 28 M nach Diagramm B, 1. Rd – 58(64)70(76) re – 28 M nach Diagramm B, 1. Rd – 29(32)35(38) re.
Runde 2: 29(32)35(38) re – 28 M nach Diagramm B, 2. Rd – 58(64)70(76) re – 28 M nach Diagramm B, 2. Rd – 29(32)35(38) re.

In Rd weiterstricken, dabei die mittleren 28 M des Vorderteils und des Rückens nach Diagramm stricken.
Das gesamte Diagramm 4mal stricken.
Weitere 13 Runden nach Diagramm stricken.
Die Arbeit misst ca. 37 cm.

Runde 14: Bis zu den letzten 4(5)5(6) M im Muster stricken. Die letzten 4(5)5(6) M abk.
Runde 15: Die ersten 4(5)5(6) M abk = insg sind 8(10)10(12) M für den Armausschnitt abgekettet – 78(82)88(92) M im Muster stricken – 8(10)10(12) M für den zweiten Armausschnitt abk – 78(82)88(92) M im Muster stricken.
Mit Raglan weiterstricken.

RAGLAN

Im Muster weiterstricken und dabei Ärmel und Körper zusammenfügen:
46(46)50(52) M des ersten Ärmels – 78(82)88(92) Rückenmaschen – 46(46)50(52) M des zweiten Ärmels – 78(82)88(92) Vorderteilmaschen stricken = 248(256)276(288) M.
2 Rd im Muster stricken.

2 re verschr zus = 1 M abh, 1 re stricken, die abgehobene M über die gestrickte M heben.

In der Mitte des Vorderteils und des Rückens ABNAHMEN stricken.
1. ABNAHME: *17(17)19(20) re – 12 M nach Diagrammm – 40(42)47(50) re – 2 re verschr zus – 28 M nach Diagramm – 2 re zus – 23(25)28(30) re*.
Von * bis * wdh = 244(252)272(284) M.

2 Rd im Muster stricken.
Zusätzliche Abnahmen am Übergang zwischen Körper und Ärmel stricken.
2. ABNAHME: *1 re – 2 re zus – 14(14)16(17) re – 12 M nach Diagramm – 14(14)16(17) re – 2 re verschr zus – 2 re – 2 re zus – 19(21)24(26) re – 2 re verschr zus – 28 M nach Diagramm – 2 re zus –
19(21)24(26) re – 2 re verschr zus – 1 re*.
Von * bis * wdh = 232(240)260(272) M.

2 Rd im Muster stricken.
3. ABNAHME: *1 re – 2 re zus – 13(13)15(16) re – 12 M nach Diagramm – 13(13)15(16) re – 2 re verschr zus – 2 re – 2 re zus – 17(19)22(24) re – 2 re verschr zus – 28 M nach Diagramm – 2 re zus – 17(19)22(24) re – 2 re verschr zus – 1 re*. Von * bis * wdh = 220(228)248(260) M.

2 Rd im Muster stricken.
4. ABNAHME: *1 re – 2 re zus – 12(12)14(15) re – 12 M nach Diagramm – 12(12)14(15) re – 2 re verschr zus – 2 re – 2 re zus – 15(17)20(22) re – 2 re verschr zus – 28 M nach Diagramm – 2 re zus – 15(17)20(22) re – 2 re verschr zus – 1 re*. Von * bis * wdh = 208(216)236(248) M.
2 Rd im Muster stricken.

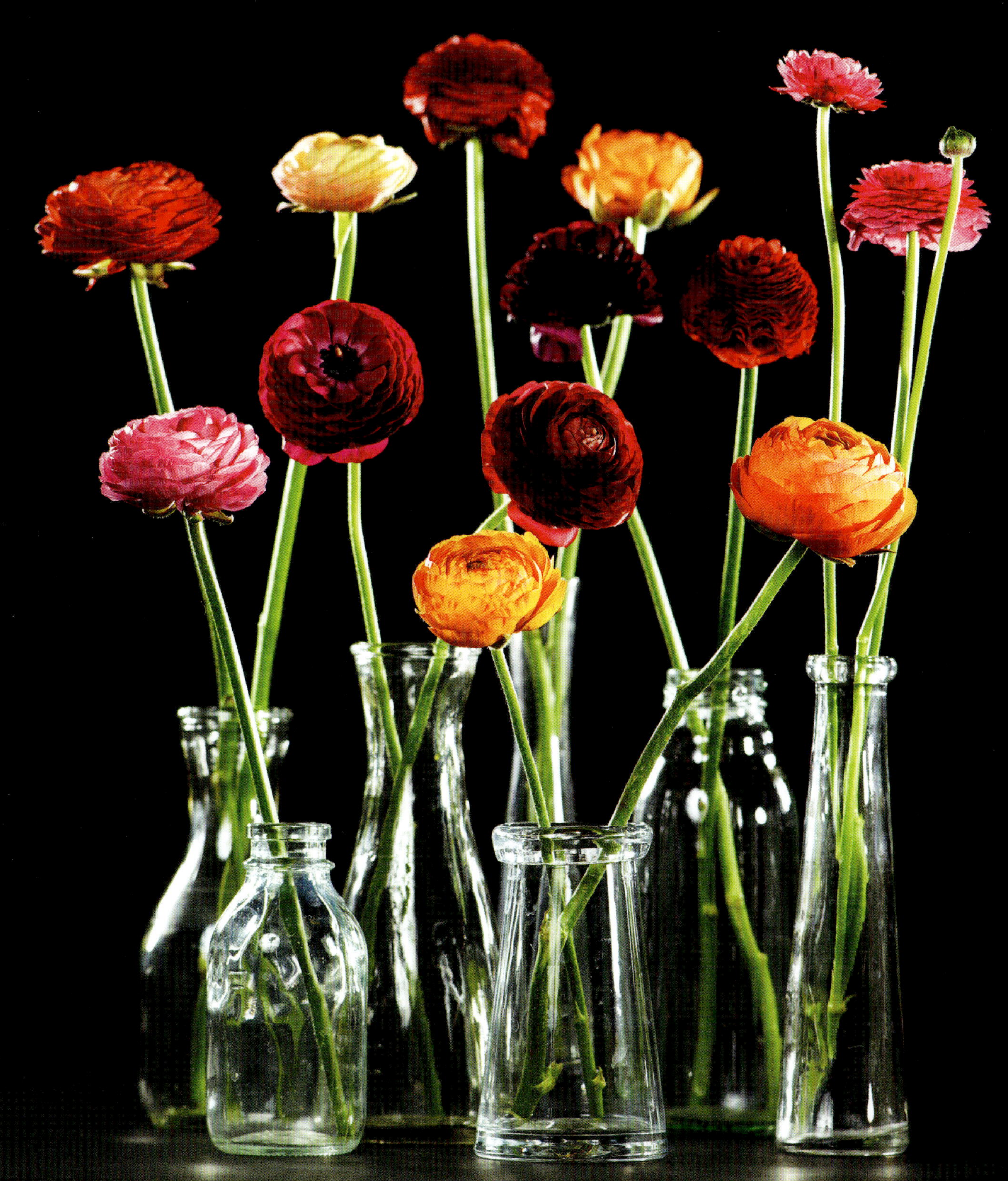

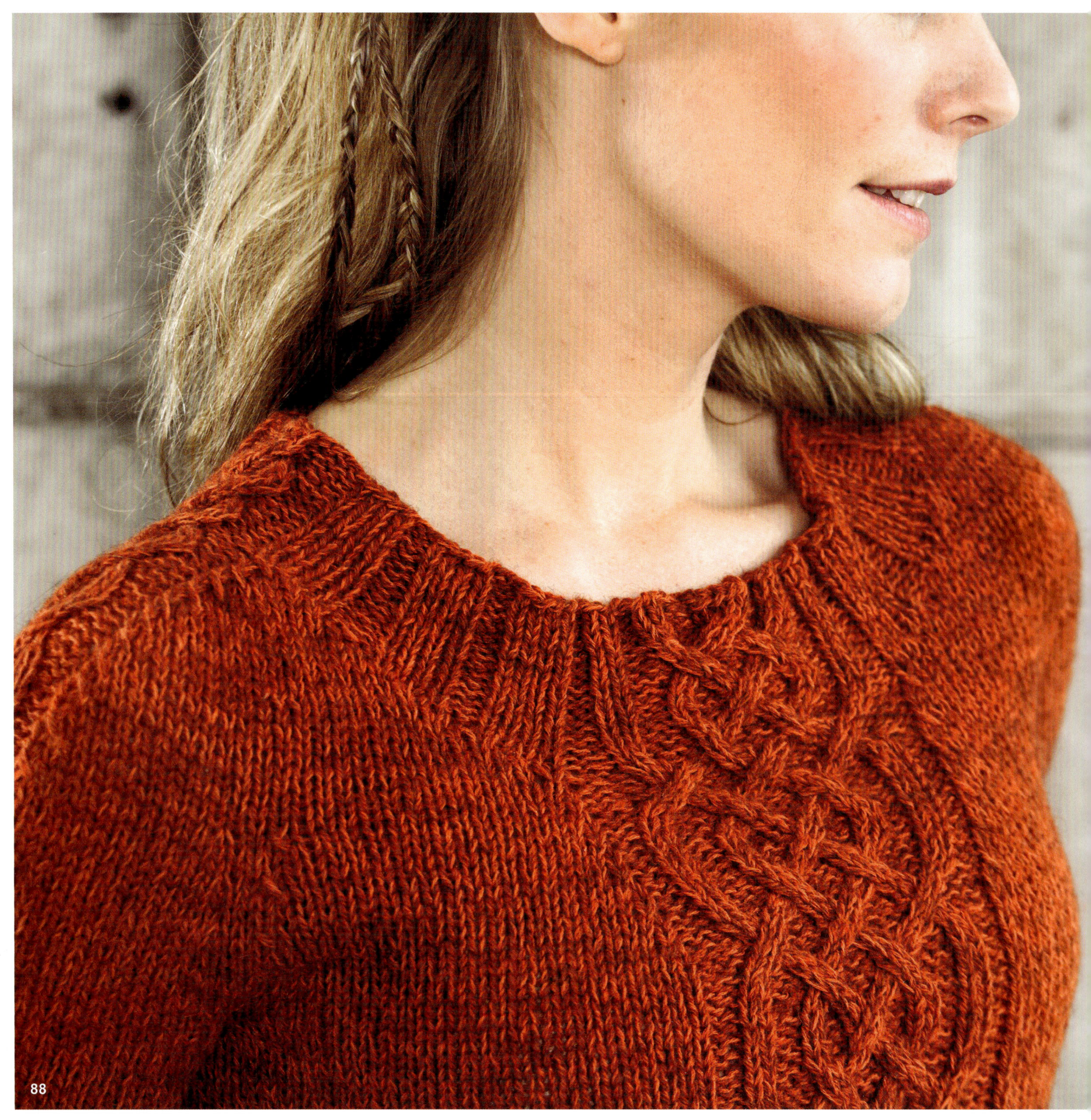

Nun zusätzliche Abnahmen an jeder Seite der 12 mittleren Ärmelmaschen stricken.

5. ABNAHME: *1 re – 2 re zus – 9(9)11(12) re – 2 re verschr zus – 12 M nach Diagramm – 2 re zus – 9(9)11(12) re – 2 re verschr zus – 2 re – 2 re zus – 13(15)18(20) re – 2 re verschr zus – 28 M nach Diagramm – 2 re zus – 13(15)18(20) re – 2 re verschr zus – 1 re*.
Von * bis * wdh = 192(200)220(232) M.

2 Rd im Muster stricken.
Keine weiteren Abnahmen mehr am Übergang zwischen Körper und Ärmel stricken.
6. ABNAHME: *10(10)12(13) re – 2 re verschr zus – 12 M nach Diagramm – 2 re zus – 24(26)31(34) re – 2 re verschr zus – 28 M nach Diagramm – 2 re zus – 14(16)19(21) re*.
Von * bis * wdh = 184(192)212(224) M.

1 Rd im Muster stricken.
Die Fäden abschneiden.
Die Maschen auf der Nd verschieben und mit dem Abketten für die Halsrundung beginnen: 49(51)58(62) M von der linken auf die rechte Nd verschieben, ohne sie zu stricken = direkt vor den 28 mittleren Vorderteilmaschen.

Die Arbeit wenden und mit dem Abketten in der RückR beginnen:
Reihe 1 (RückR): 2 M abk – 24(26)31(34) li (die erste M ist bereits auf der Nd) – 12 M nach Diagramm – 26(28)33(36) li – 28 M nach Diagramm – 26(28)33(36) li – 12 M nach Diagramm – 26(28)33(36) li. Wenden.

In Reihen hin und her stricken.

Reihe 2 (HinR): 2 M abk – 22(24)29(32) re (die erste M ist bereits auf der Nd) – 2 re verschr zus – 12 M nach Diagramm – 2 re zus – 22(24)29(32) re – 2 re verschr zus – 28 M nach Diagramm – 2 re zus – 22(24)29(32) re – 2 re verschr zus – 12 M nach Diagramm – 2 re zus – 22(24)29(32) re.
Reihe 3: 2 M abk – die R im Muster zu Ende stricken.

Reihe 4: 2 M abk – 19(21)26(29) re (die erste M ist bereits auf der Nd) – 2 re verschr zus – 12 M nach Diagramm – 2 re zus – 20(22)27(30) re – 2 re verschr zus – 28 M nach Diagramm – 2 re zus – 20(22)27(30) re – 2 re verschr zus – 12 M nach Diagramm – 2 re zus – 19(21)26(29) re.
Reihe 5: 1(1)2(2) M abk – die R im Muster zu Ende stricken.

Reihe 6: 1(1)2(2) M abk – 17(19)23(26) re (die erste M ist bereits auf der Nd) – 2 re verschr zus – 12 M nach Diagramm – 2 re zus – 18(20)25(28) re – 2 re verschr zus – 28 M nach Diagramm – 2 re zus – 18(20)25(28) re – 2 re verschr zus – 12 M nach Diagramm – 2 re zus – 17(19)23(26) re.
Reihe 7: 1 M abk – die R im Muster zu Ende stricken.

Reihe 8: 1 M abk – 15(17)21(24) re (die erste M ist bereits auf der Nd) – 2 re verschr zus – 12 M nach Diagramm – 2 re zus – 16(18)23(26) re – 2 re verschr zus – 28 M nach Diagramm – 2 re zus – 16(18)23(26) re – 2 re verschr zus – 12 M nach Diagramm – 2 re zus – 15(17)21(24) re.
Reihe 9: 1 M abk – die R im Muster zu Ende stricken.

Reihe 10: 1 M abk – 13(15)19(22) re (die erste M ist bereits auf der Nd) – 2 re verschr zus – 12 M nach Diagramm – 2 re zus – 14(16)21(24) re – 2 re verschr zus – 28 M nach Diagramm – 2 re zus – 14(16)21(24) re – 2 re verschr zus – 12 M nach Diagramm – 2 re zus – 13(15)19(22) re.
Reihe 11: 1 M abk – die R im Muster zu Ende stricken.

Nun an jeder Seite des Ärmeldiagramms 3 re zus stricken.
3 re verschr zus = 1 M abh, 2 re zus stricken, die abgehobene M über die zusammengestrickten M heben.

Reihe 12: 1 M abk – 10(12)16(19) re (die erste M ist bereits auf der Nd) – 3 re verschr zus – 12 M nach Diagramm – 3 re zus – 11(13)18(21) re – 2 re verschr zus – 28 M nach Diagramm – 2 re zus – 11(13)18(21) re – 3 re verschr zus – 12 M nach Diagramm – 3 re zus – 10(12)16(19) re.
Reihe 13: 1 M abk – die R im Muster zu Ende stricken.

Reihe 14: 1 M abk – 7(9)13(16) re (die erste M ist bereits auf der Nd) – 3 re verschr zus – 12 M nach Diagramm – 3 re zus – 8(10)15(18) re – 2 re verschr zus – 28 M nach Diagramm – 2 re zus – 8(10)15(18) re – 3 re verschr zus – 12 M nach Diagramm – 3 re zus – 7(9)13(16) re.
Reihe 15: 1 M abk – die R im Muster zu Ende stricken.

Reihe 16: 1 M abk – 4(6)10(13) re (die erste M ist bereits auf der Nd) – 3 re verschr zus – 12 M nach Diagramm – 3 re zus – 5(7)12(15) re – 2 re verschr zus – 28 M nach Diagramm – 2 re zus – 5(7)12(15) re – 3 re verschr zus – 12 M nach Diagramm – 3 re zus – 4(6)10(13) re.
Reihe 17: 1 M abk – die R im Muster zu Ende stricken.

Reihe 18: 1 M abk – 1(3)7(10) re (die erste M ist bereits auf der Nd) – 3 re verschr zus – 12 M nach Diagramm – 3 re zus – 2(4)9(12) re – 2 re verschr zus – 28 M nach Diagramm – 2 re zus – 2(4)9(12) re – 3 re verschr zus – 12 M nach Diagramm – 3 re zus – 1(3)7(10) re.

Gr. S:
Weiterlesen bei HALSRAND.

Gr. (M)L(XL):
Reihe 19: 1 M abk – die R im Muster zu Ende stricken.
Reihe 20: 1 M abk – (1)4(7) re (die erste M ist bereits auf der Nd) – (2)3(3) re verschr zus – 12 M nach Diagramm – (2)3(3) re zus – (2)6(9) re – 2 re verschr zus – 28 M nach Diagramm – 2 re zus – (2)6(9) re – (2)3(3) re verschr zus – 12 M nach Diagramm – (2)3(3) re zus – (1)4(7) re.

Gr. (M):
Weiterlesen bei HALSRAND.

Gr. L(XL):
Reihe 21: 1 M abk – die R im Muster zu Ende stricken.
Reihe 22: 1 M abk – 1(4) re (die erste M ist bereits auf der Nd) – 3 re verschr zus – 12 M nach Diagramm – 2(3) re zus – 4(6) re – 2 re verschr zus – 28 M nach Diagramm – 2 re zus – 4(6) re – 2(3) re verschr zus – 12 M nach Diagramm – 3 re zus – 1(4) re.

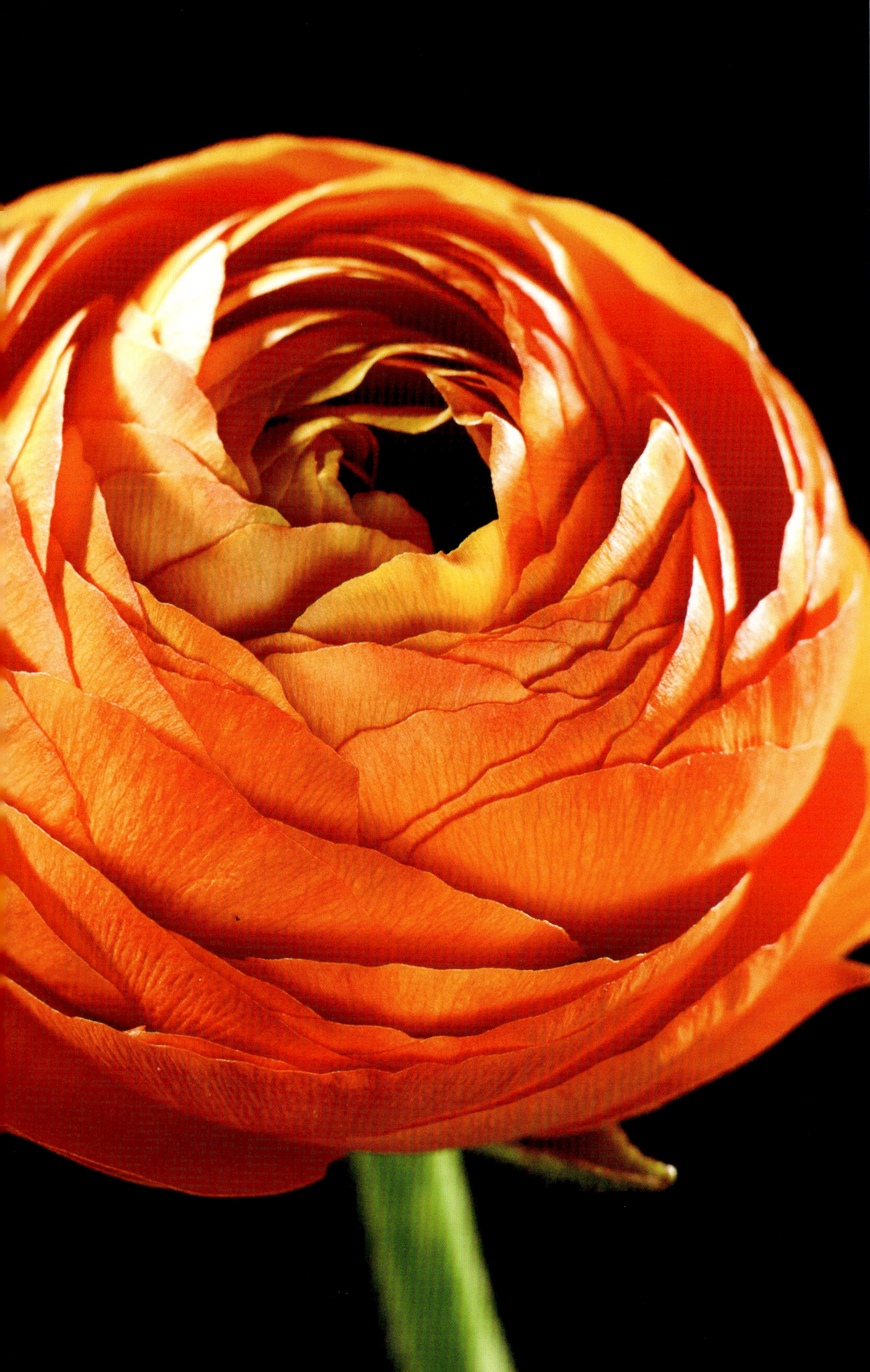

Gr. L:
Weiterlesen bei HALSRAND.

Gr. (XL):
Reihe 23: 1 M abk – die R im Muster zu Ende stricken.
Reihe 24: 1 M abk – 1 re (diese M ist bereits auf der Nd) – 3 re verschr zus – 12 M nach Diagramm – 2 re zus – 4 re – 2 re verschr zus – 28 M nach Diagramm – 2 re zus – 4 re – 2 re verschr zus – 12 M nach Diagramm – 3 re zus – 1 re.

HALSRAND

Wieder in Runden (HinR) stricken.
Zu Nd Nr. 4 wechseln.
14(14)20(20) M aus dem linken Vorderteil herausstricken.
Im Muster über die 28 Vorderteilmaschen stricken.
14(14)20(20) M aus dem rechten Vorderteil heraustricken.
2 re. Im Muster über die 12 Ärmelmaschen stricken. 4(4)6(6) re. Im Muster über die 28 Rückenmaschen stricken.
(Rücken- und Vorderteilmuster befinden sich nicht in der selben Diagrammreihe).
4(4)6(6) re. Im Muster über die 12 Ärmelmaschen stricken. Hier ist der Rundenbeginn (direkt vor den 2 rechten M).
Es sind rund um den Halsausschnitt insg 120(120)136(136) M.

Gr. S(M):
4 re – 2 li. Von * bis * insg 2mal stricken. Enden mit 4 re. Im Muster über die 28 Vorderteilmaschen stricken.
Von * bis * insg 2mal stricken. Enden mit 4 re.
Im Muster über die 12 Ärmelmaschen stricken.
4 re.
Im Muster über die 28 Rückenmaschen stricken.
4 re. Im Muster über die 12 Ärmelmaschen stricken.

Gr. L(XL):
4 re – 2 li. Von * bis * insg 5mal stricken. Enden mit 4 re.
Im Muster über die 28 Vorderteilmaschen stricken. Von * bis * insg 3mal stricken. Enden mit 4 re.
Im Muster über die 12 Ärmelmaschen stricken.
2 re – 2 li – 2 re.
Im Muster über die 28 Rückenmaschen stricken.
2 re – 2 li – 2 re.
Im Muster über die 12 Ärmelmaschen stricken.

Insg 15 Rd im Rippenmuster stricken.
Alle M abketten.

FERTIGSTELLUNG

Die Öffnungen unter den Ärmeln zusammennähen und die Fäden vernähen.

DIAGRAMM A

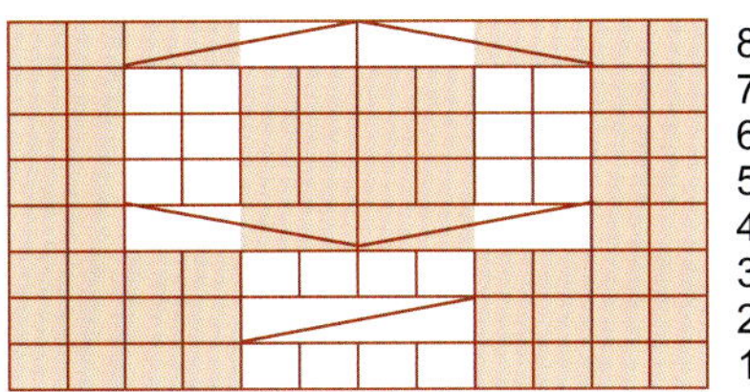

DIAGRAMM B

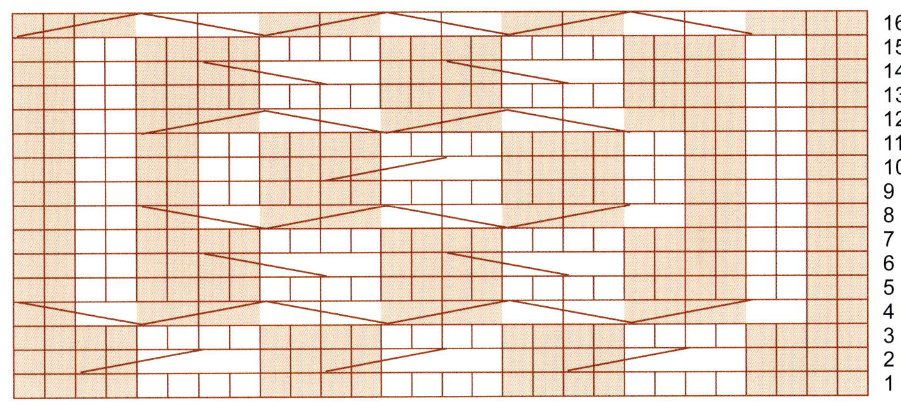

= re in den HinR – li in den RückR

= li in den HinR – re in den RückR

= 2 M auf Hilfsnd hinter die Arbeit legen – 2 re – 2 M von Hilfsnd re stricken

= 2 M auf Hilfsnd hinter die Arbeit legen – 2 re – 2 M von Hilfsnd li stricken

= 2 M auf Hilfsnd vor die Arbeit legen – 2 li – 2 M von Hilfsnd re stricken

= 2 M auf Hilfsnd vor die Arbeit legen – 2 re – 2 M von Hilfsnd re stricken

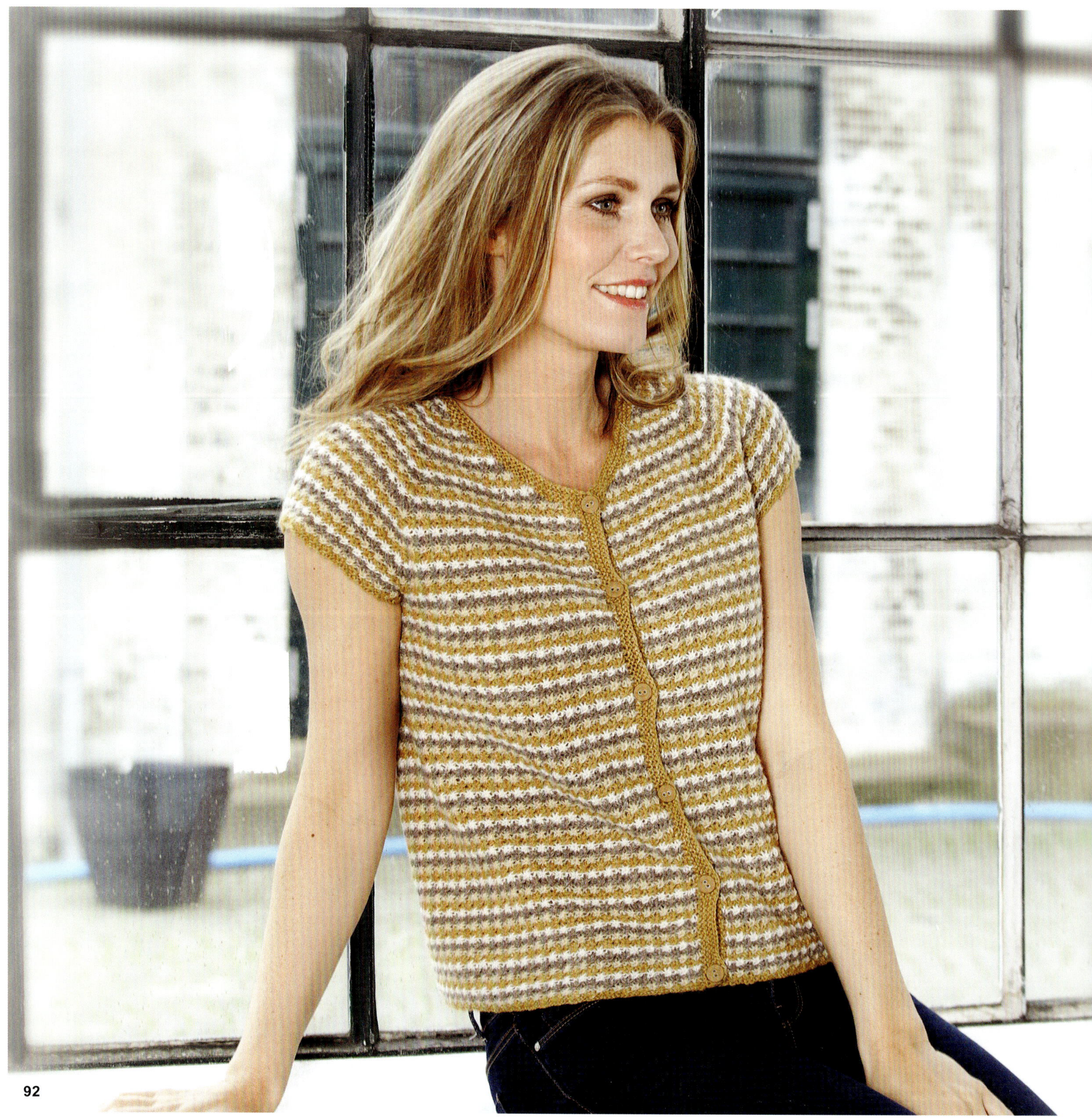

G Ä N S E B L Ü M C H E N

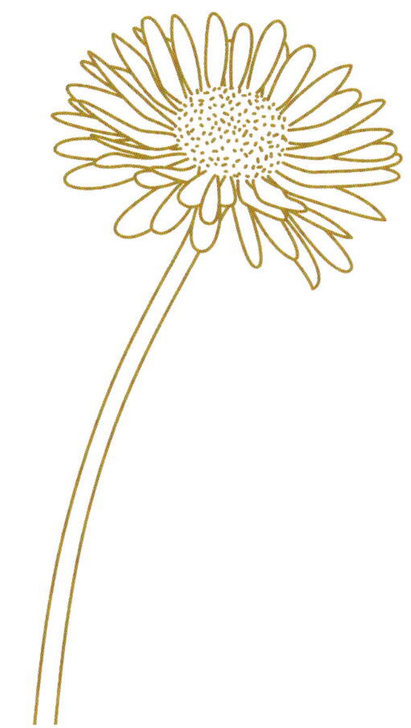

Größe: S(M)L(XL)

Halbe Oberweite: 47(51)55(59)cm
Länge: 51(53)53(56)cm

Material:
A = 100g Isager Merilin Farbe 58 (abgebildet ist Farbe 59, nicht mehr lieferbar)
B = 50(50)100(100)g Isager Highland Farbe Ivory
C = 100g Isager Merilin Farbe 7s
D = 50(50)100(100)g Isager Alpaca 2 Farbe 0

6 Knöpfe, Durchmesser ca 1½ cm

Nadel: Rundnadel Nr. 3

Maschenprobe im Muster: 10 cm = 30 M und 36 R

Blüte = 3 li zus stricken, aber die M nicht von der Nd heben – U – wieder die selben 3 M li zus stricken und nun von der Nd heben.

STRICKPROBE

21 M mit A und Nd Nr. 3 anschlagen.
Reihe 1 (HinR): 21 re.
Reihe 2: 1 re – *Blüte – 1 re*. Von * bis * wdh.
Mit B:
Reihe 3: 21 re.
Reihe 4: 1 re – 1 li – 1 re – *Blüte – 1 re*.
Von * bis * wdh. Enden mit 1 li – 1 re.
Mit C: Reihe 1 - 2 stricken.
Mit D: Reihe 3 - 4 stricken.

Diese 8 R insg 3mal stricken.
Abketten.
Die Probe ist 7 cm breit und 7 cm hoch.

ÄRMELRAND

93(105)109(121) M mit A anschlagen.
In Reihen hin und her stricken.

Im Muster stricken.
Mit A:
Reihe 1: 93(105)109(121) re.
Reihe 2: 1 re – 0(1)0(1) li – 0(1)0(1) re – *Blüte – 1 re*. Von * bis * wdh.
Enden mit 0(1)0(1) li – 0(1)0(1) re.
Mit B:
Reihe 3: 93(105)109(121) re.
Reihe 4: 1 re – 1(0)1(0) li – 1(0)1(0) re – *Blüte – 1 re*. Von * bis * wdh. Enden mit 1(0)1(0) li – 1(0)1(0) re. B abschneiden.
Mit C: Reihe 1 - 2 stricken. C abschneiden.
Mit D: Reihe 3 - 4 stricken. D abschneiden.
Der Ärmelrand soll 31(35)36(40) cm breit sein.
Mit A:
11(13)15(17) M abketten – 71(79)79(87) re stricken – 11(13)15(17) M abketten.
Den Faden abschneiden. Den Ärmelrand zur Seite legen. Den zweiten Ärmelrand auf die gleiche Weise stricken.

KÖRPER

281(305)329(353) M mit A anschlagen.
In Reihen hin und her stricken.
Im Muster stricken, bis die Arbeit ca. 33 cm misst.
Direkt vor einem Streifen mit A enden.

Mit A stricken und für die Armausschnitte abk: 59(63)67(71) re – 23(27)31(35) M abk – 117(125)133(141) re (die erste M ist bereits auf der Nd) – 23(27)31(35) M abk – 59(63)67(71) M re (die erste M ist bereits auf der Nd).

RAGLAN

Die Ärmelränder in einer RückR einsetzen und dabei im Muster weiterstricken.
In den Musterreihen gehen an den Übergängen von Körper und Ärmel die 3 li zus (Blüte) über die „Raglannaht" hinaus.
Das rechte Vorderteil – den Ärmelrand – den Rücken – den Ärmelrand – das linke Vorderteil stricken = 377(409)425(457) M.

1. ABNAHME: 56(60)64(68) re – 5 re verschr zus – 67(75)75(83) re – 5 re verschr zus – 111(119)127(135) re – 5 re verschr zus – 67(75)75(83) re – 5 re verschr zus – 56(60)64(68) re = 361(393)409(441) M.
3 R im Muster stricken.

2. ABNAHME: 54(58)62(66) re – 5 re verschr zus – 63(71)71(79) re – 5 re verschr zus – 107(115)123(131) re – 5 re verschr zus – 63(71)71(79) re – 5 re verschr zus – 54(58)62(66) re = 345(377)393(425) M.
3 R im Muster stricken.

3. ABNAHME: 52(56)60(64) re – 5 re verschr zus – 59(67)67(75) re – 5 re verschr zus – 103(111)119(127) re – 5 re verschr zus – 59(67)67(75) re – 5 re verschr zus – 52(56)60(64) re = 329(361)377(409) M.
3 R im Muster stricken.

4. ABNAHME: 50(54)58(62) re – 5 re verschr zus – 55(63)63(71) re – 5 re verschr zus – 99(107)115(123) re – 5 re verschr zus – 55(63)63(71) re – 5 re verschr zus – 50(54)58(62) re = 313(345)361(393) M.
3 R im Muster stricken.

5. ABNAHME: 48(52)56(60) re – 5 re verschr zus – 51(59)59(67) re – 5 re verschr zus – 95(103)111(119) re – 5 re verschr zus – 51(59)59(67) re – 5 re verschr zus – 48(52)56(60) re = 297(329)345(377) M.
3 R im Muster stricken.

Das Muster mit den Abnahmen in jeder 4. Reihe insg 6(7)7(8)mal stricken = 281(297)313(329) M.

Das Muster mit den Abnahmen weiterstricken und gleichzeitig für den Halsausschnitt abk.
Beidseitig 2mal 4 M abk = 249(265)281(297) M.
Beidseitig 9(7)11(9)mal 2 M abk = 149 (189)157(197) M.
Beidseitig 4(8)4(8)mal 1 M abk = 109(109)117(117) M.

Die letzte Raglanabnahme stricken – mit dem Raglan beginnen und enden = 93(93)101(101) M.
Die Fäden abschneiden.

HALSAUSSCHNITT

Mit A von außen Maschen aus dem Halsausschnitt herausstricken.
30(34)38(42) M aus dem rechten Halsausschnitt herausstricken.
Mit Abnahmen weiter über Ärmel und Rücken stricken: *2 re – 2 re zus*. Von * bis * wdh. Enden mit 1 re = 70(70)76(76) re.
30(34)38(42) M aus dem linken Halsausschnitt herausstricken = 130(138)152(160) M.

5 R re stricken.
Alle M abketten.

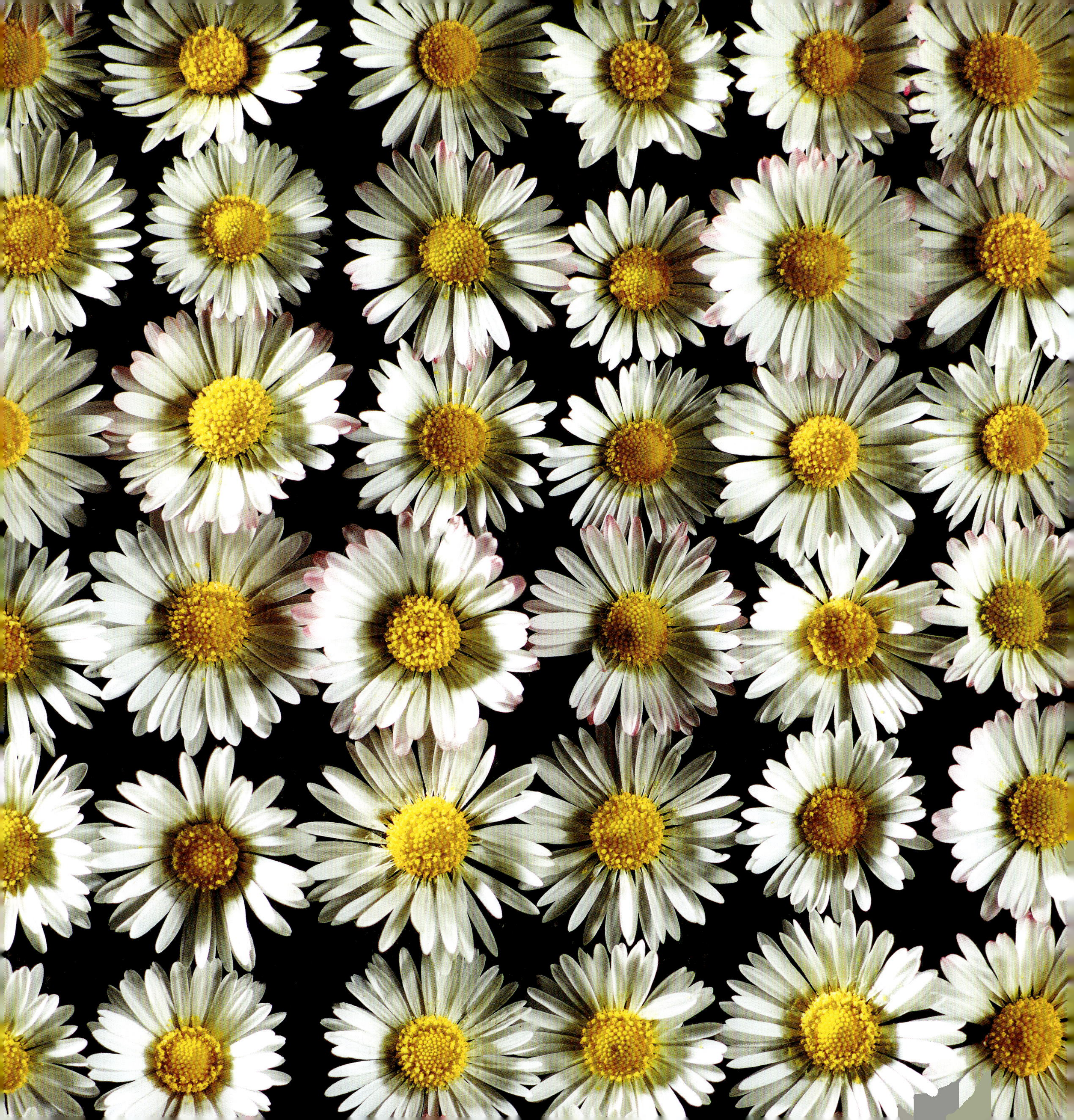

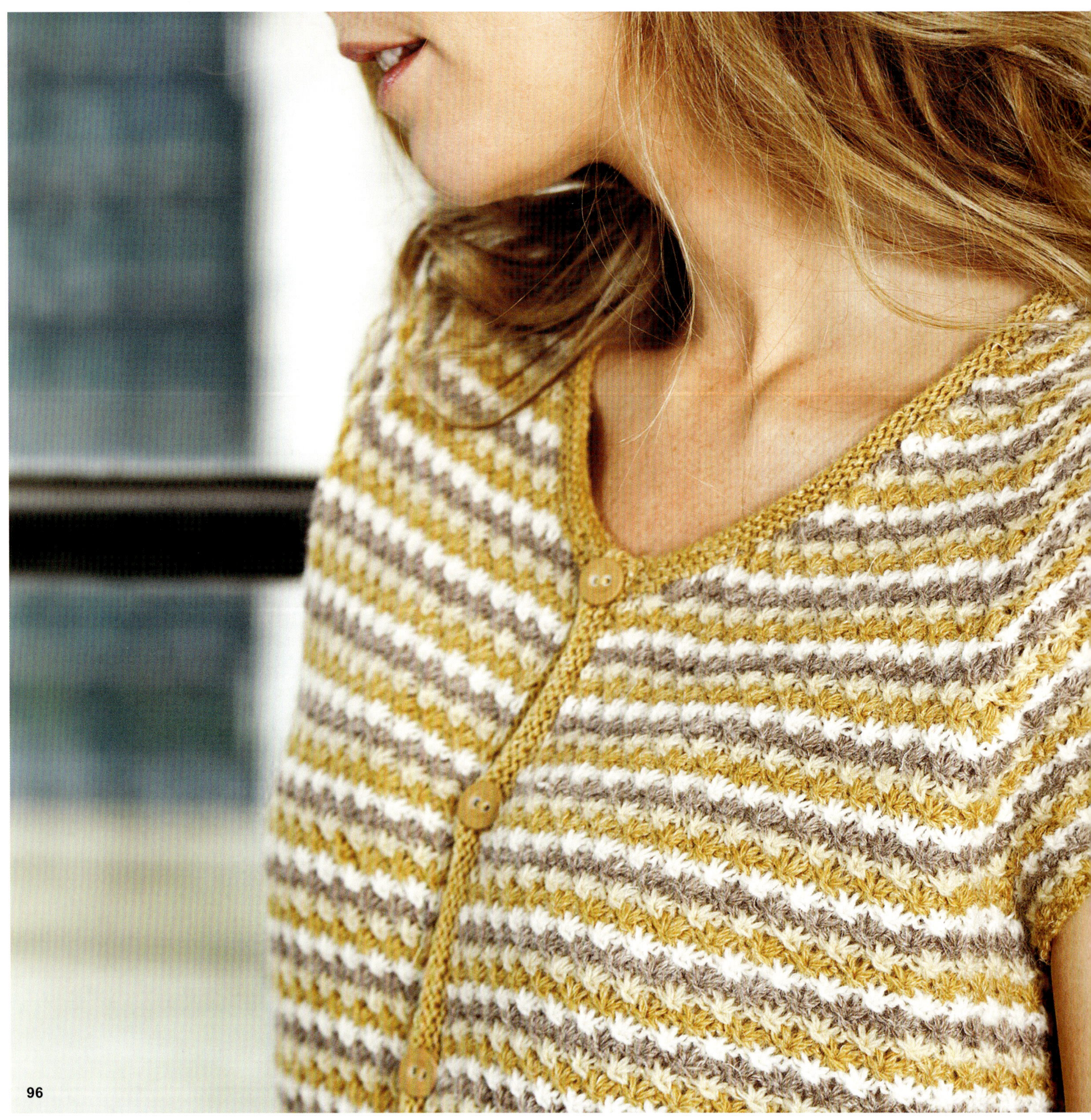

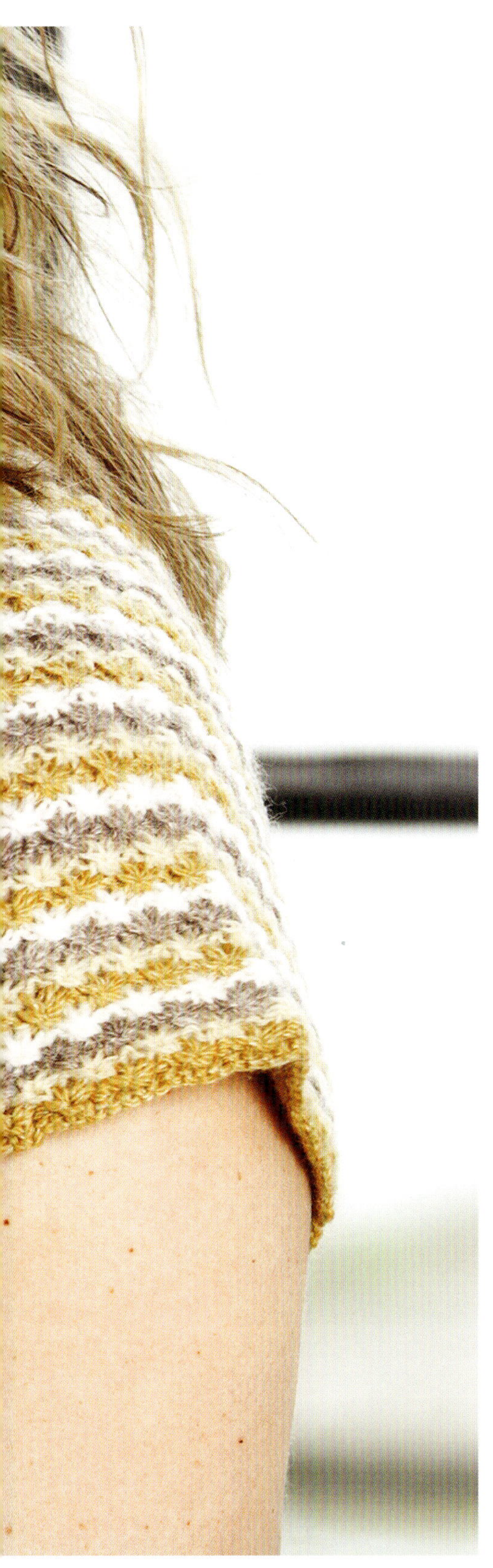

LINKER VORDERER RAND

Von außen 101(104)104(106) M aus dem linken vorderen Rand mit A herausstricken:
Mit 4 M am Halsrand beginnen.
Danach aus jeweils 3 Streifen 4 M herausstricken.
Reihe 1: 1 M abheben, mit dem Faden vor der M = FV, sodass ein Kettrand entsteht – 100(103)103(105) re stricken.
Reihe 2: 101(104)104(106) re stricken.
Reihe 1 – 2 wdh, bis 5 R gestrickt sind.
Alle M abketten (evtl. die letzten 2 M vor dem Abketten zus stricken)

RECHTER VORDERER RAND

Mit A von außen 101(104)104(106) M aus dem rechten vorderen Rand herausstricken:
Die letzten 4 M aus dem Halsrand herausstricken.
Reihe 1: 1 FV – 100(103)103(105) re stricken.
Reihe 2 mit Kopflöchern: 1(4)4(1) re – *2 re zus – 2 M anschlagen – 2 re zus – 15(15)15(16) re* stricken.
Von * bis * wdh. Enden mit 2 re zus – 2 M anschlagen – 2 re zus – 1 re.
Reihe 3: Wie Reihe 1.
Reihe 4: 101(104)104(106) re stricken.
Reihe 5: Wie Reihe 1.
Alle M abketten.

FERTIGSTELLUNG

Die abgeketteten M des Ärmelrandes an die abgeketteten M des Körpers nähen.
Die Fäden vernähen.
Die Knöpfe annähen.

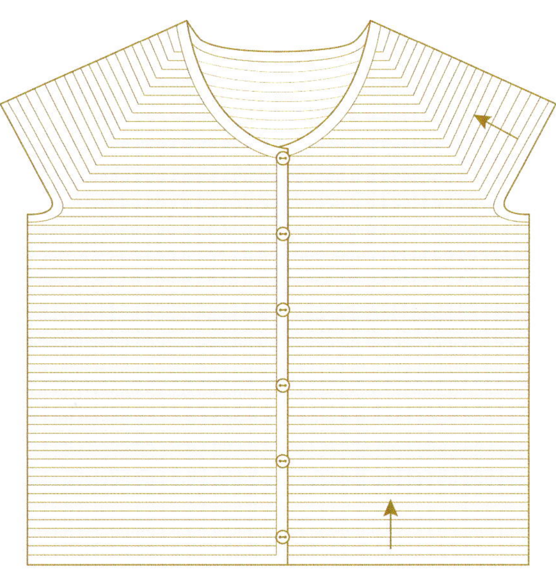

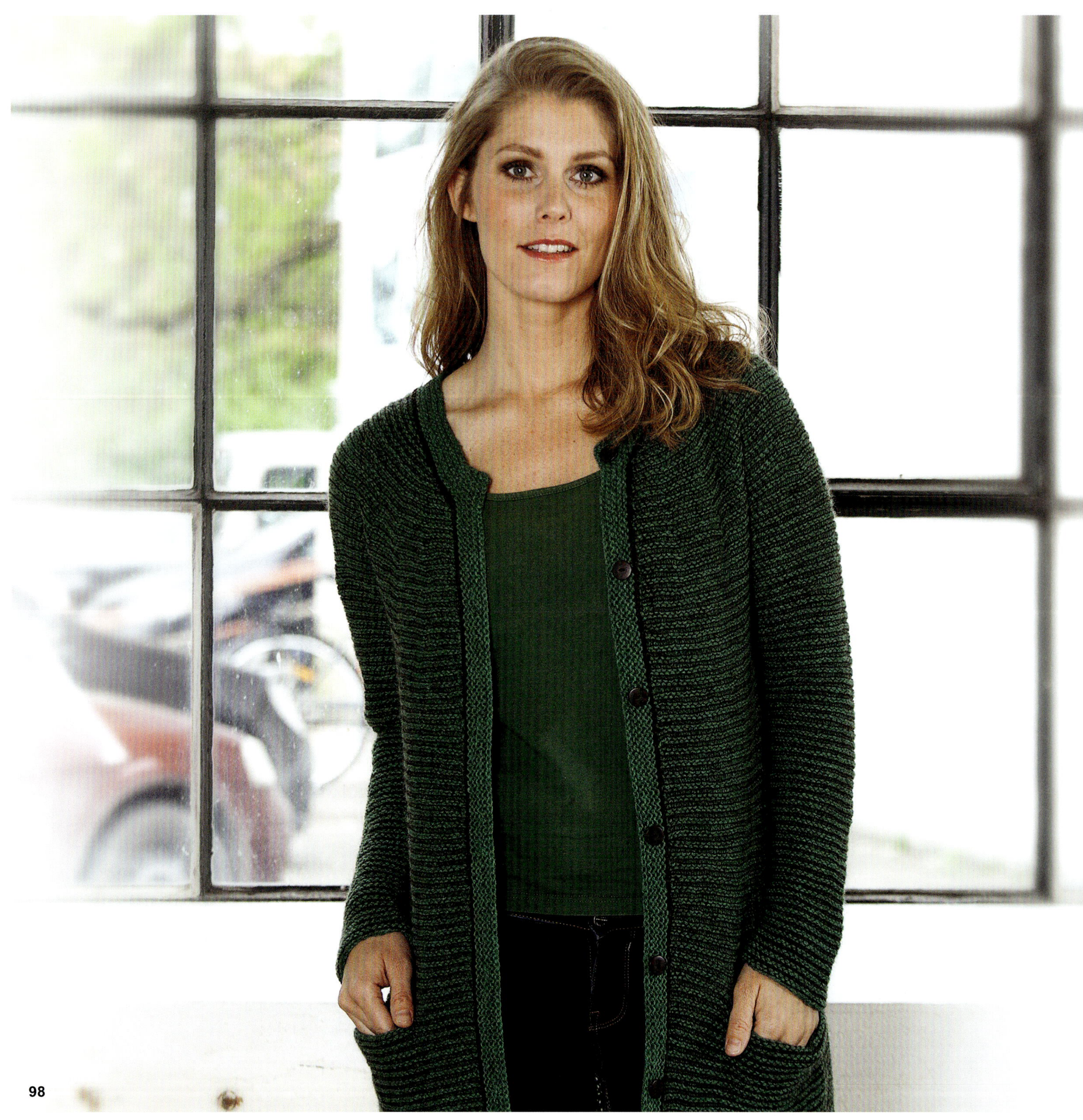

KASTANIE

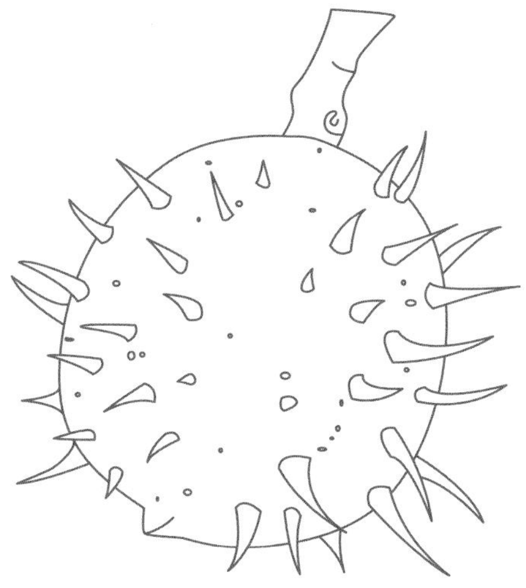

Größe: S(M)L(XL)

Halbe Oberweite: 46(51)54(58) cm
Länge ohne Halsrand: 67(68)69(70) cm
Ärmellänge: 42 cm

Material:
A: 350(400)400(450)g Tvinni Farbe 56
B: 100(100)100(150)g Isager Highland Farbe Chocolate

7 Köpfe

Nadeln: Rundnadel und Ärmelnadel Nr. 4

Maschenprobe in kraus rechts mit 2 Fäden A: 10 cm = 19 M und 36 R
Maschenprobe im Muster: 10 cm = 19 M und 34 R

PASSE

72(80)88(96) M mit 2 Fäden A und Nd Nr. 4 anschlagen.
In Reihen hin und her stricken.
A immer mit 2 Fäden stricken.
B mit einem Faden stricken.

1. Streifen mit A stricken:
Reihe 1 (HinR): 2 M aus der ersten M stricken, dafür die M re stricken, aber nicht von der linken Nd heben. Mit der rechten Nd unter dem hinteren Maschenschenkel der selben M noch einmal einstechen, den Faden durchziehen und die M von der linken Nd heben – 70(78)86(94) re – 2 M aus der letzten M.

Mit B stricken:
Reihe 2 (RückR): 2 M aus der ersten M – 72(80)88(96) re – 2 M aus der letzten M.

2. A-Streifen stricken – dort beginnen, wo der Faden hängt:
Reihe 3 (RückR): 76(84)92(100) re.
Reihe 4 (HinR): 2 M aus erster M – 74(82)90(98) re – 2 M aus letzter M.

Mit B stricken – dort beginnen, wo der Faden hängt:
Reihe 5 (HinR): 2 M aus erster M – 76(84)92(100) li – 2 M aus letzter M.

3. A-Streifen stricken:
Reihe 6 (RückR): 80(88)96(104) re.
Reihe 7 (HinR): 2 M aus erster M – 78(86)94(102) re – 2 M aus letzter M.

Mit B stricken:
Reihe 8 (RückR): 2 M aus erster M – 80(88)96(104) re – 2 M aus letzter M.

Die 1. ZUNAHME in den 4. A-Streifen stricken – dort beginnen, wo die Fäden hängen:
Reihe 9 (RückR): 2 re – *7 re – 2 M aus nächster M*. Von * bis * wdh.
Enden mit 10 re = 93(102)111(120) M.
Reihe 10 (HinR): 2 M aus erster M – 91(100)109(118) re – 2 M aus letzter M.

Mit B stricken – dort beginnen, wo der Faden hängt:
Reihe 11 (HinR): 2 M aus erster M – 93(102)111(120) li – 2 M aus letzter M.

5. A-Streifen stricken:
Reihe 12 (RückR): 97(106)115(124) re.
Reihe 13 (HinR): 2 M aus erster M – 95(104)113(122) re – 2 M aus letzter M.

Mit B stricken:
Reihe 14 (RückR): 2 M aus erster M – 97(106)115(124) re – 2 M aus letzter M.

2. ZUNAHME im 6. A-Streifen stricken – dort beginnen, wo die Fäden hängen:
Reihe 15 (RückR): 4(5)6(6) re – *2 M aus der nächsten M – 3(3)4(4) re*. Von * bis * wdh. Enden mit 1(1)3(2) re = 125(136)141(152) M.
Reihe 16 (HinR): 2 M aus erster M – 123(134)139(150) re – 2 M aus letzter M.

Mit B stricken – dort beginnen, wo der Faden hängt:
Reihe 17 (HinR): 2 M aus erster M – 125(136)141(152) li – 2 M aus letzter M.

7. A-Streifen stricken:
Reihe 18 (RückR): 129(140)145(156) re.
Reihe 19 (HinR): 2 M aus erster M – 127(138)143(154) re – 2 M aus letzter M = 131(142)147(158) M.
Ab hier keine weiteren Zunahmen für den Halsausschnitt stricken.
An jeder Seite eine Markierung setzen.

Mit B stricken:
Reihe 20 (RückR): 131(142)147(158) re.

3. ZUNAHME im 8. A-Streifen stricken – dort beginnen, wo die Fäden hängen.
Reihe 21 (RückR): 5(5)4(7) re – *2 M aus nächster M – 5 re*. Von * bis * wdh.
Enden mit 2 re aus nächster M – 5(4)4(6) re = 152(165)171(183) M.
1 Reihe re stricken.

1 R li mit B stricken.
9. A-Streifen stricken.
1 R re mit B stricken.

4. ZUNAHME im 10. A-Streifen stricken: 5(5)4(7) re – *2 M aus nächster M – 6 re*. Von * bis * wdh.
Enden mit 2 re aus nächster M – 6(5)5(7) re = 173(188)195(208) M.
1 R re stricken.

1 R li mit B stricken.
11. A-Streifen stricken.
1 R re mit B stricken.

5. ZUNAHME im 12. A-Streifen stricken: 6(6)5(8) re – *2 M aus nächster M – 7 re*. Von * bis * wdh.
Enden mit 2 re aus nächster M – 6(5)5(7) re = 194(211)219(233) M.
1 R re stricken.

1 R li mit B stricken.
13. A-Streifen stricken.
1 R re mit B stricken.

6. ZUNAHME im 14. A-Streifen stricken: 6(6)5(8) re – *2 M aus nächster M – 8r*. Von * bis * wdh.
Enden mit 2 re aus nächster M – 7(6)6(8) re = 215(234)243(258) M.
1 R re stricken.

1 R li mit B stricken.
15. A-Streifen stricken.
1 R re mit B stricken.

Gr. (XL):
16. A-Streifen stricken.
1 R li mit B stricken.

Alle Gr.:
7. ZUNAHME im 16.(16.)16.(17.) A-Streifen stricken: 7(7)6(9) re – *2 M aus nächster M – 9 re*. Von * bis * wdh. Enden mit 2 re aus nächster M – 7(6)6(8) re = 236(257)267(283) M.

Im Muster weiterstricken.
1 R mit B stricken.
Den 17.(17.)17.(18.) A-Streifen stricken.
1 R mit B stricken.

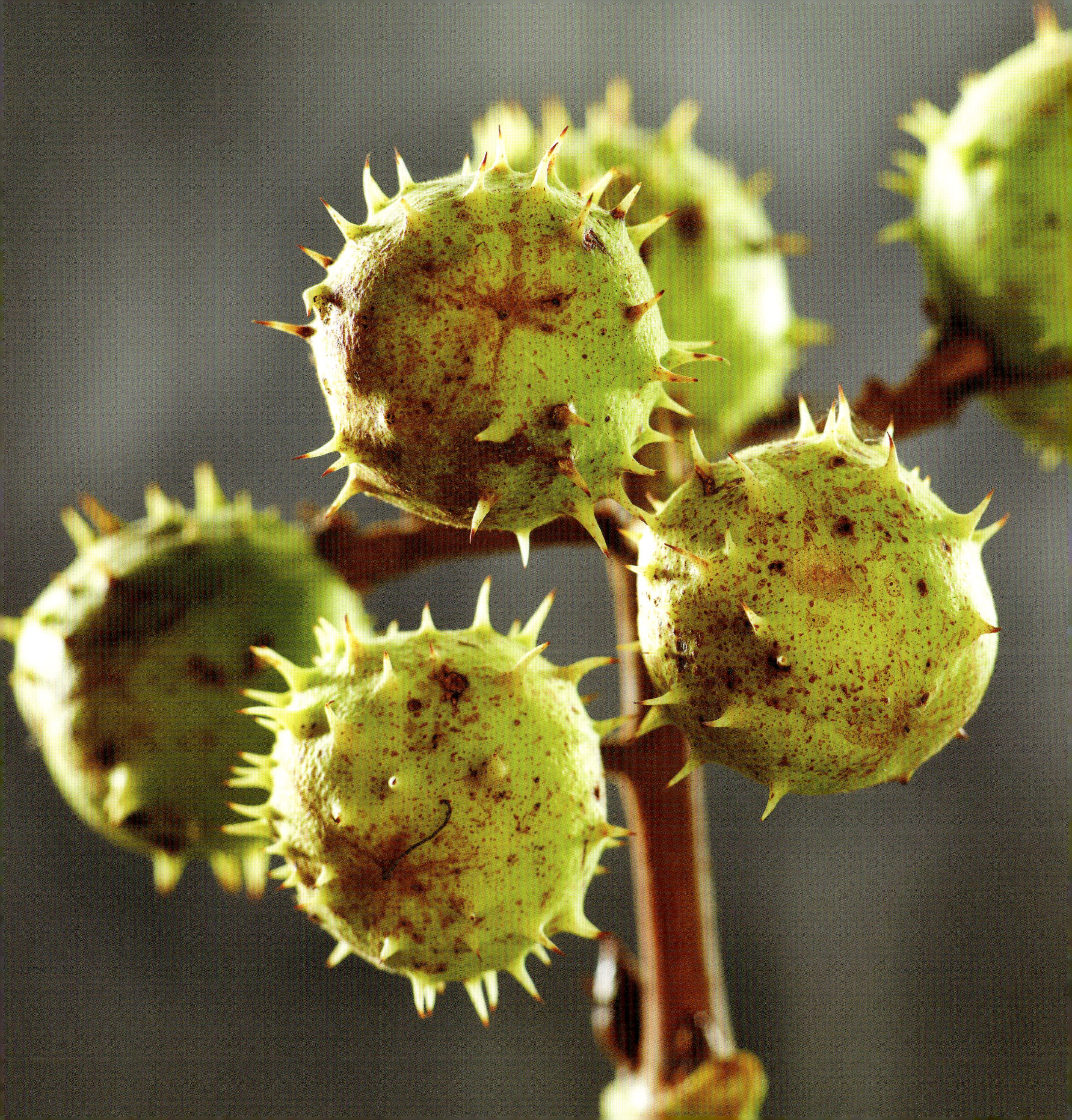

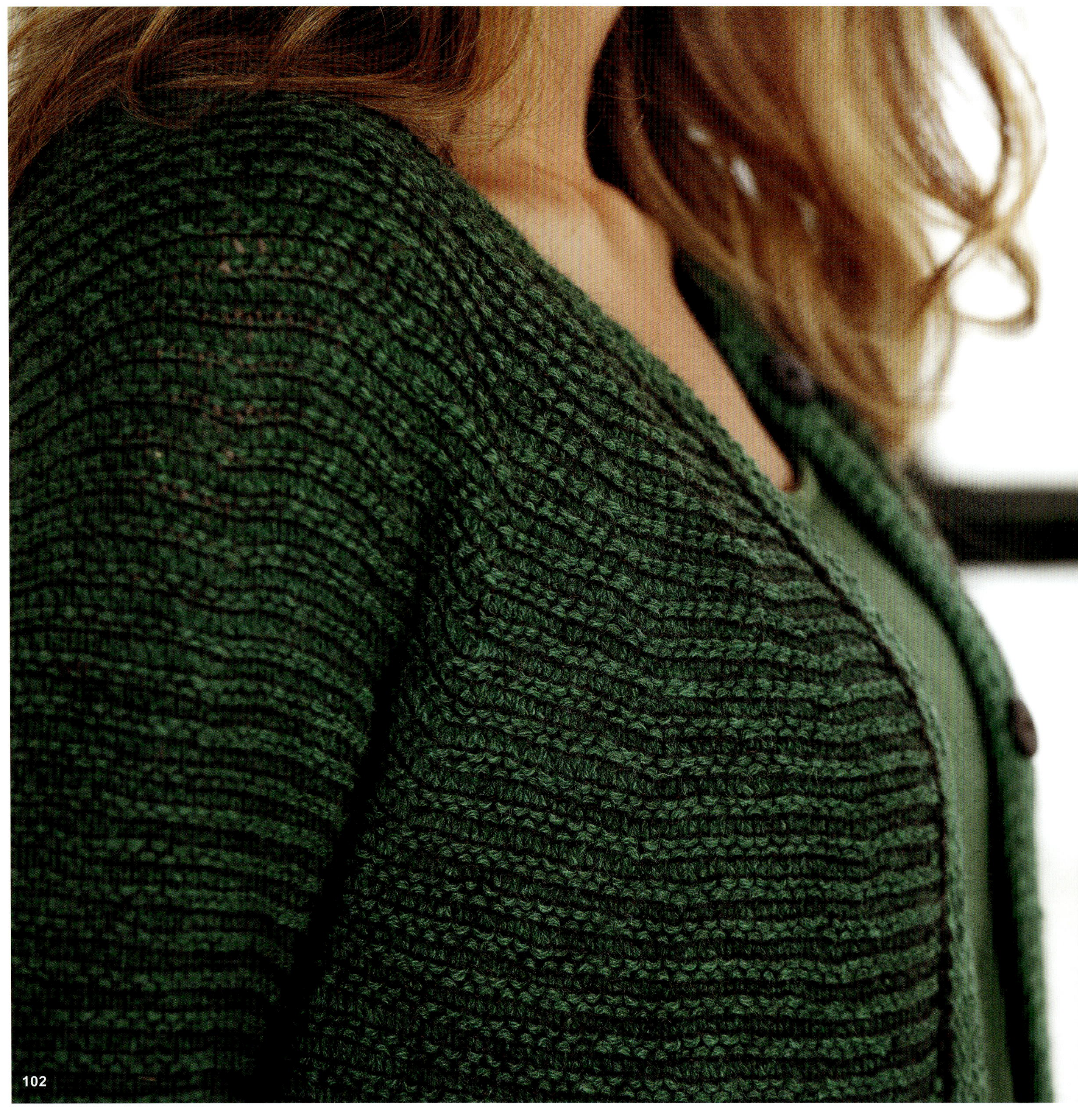

Gr. L(XL):
Den 18.(19.) A-Streifen stricken.
1 R mit B stricken.

Alle Gr.:
8. ZUNAHME im 18.(18.)19.(20.) A-Streifen stricken: 7(7)6(9) re – *2 M aus nächster M – 10 re*. Von * bis * wdh. Enden mit 2 re aus nächster M – 8(7)7(9) re = 257(280)291(308) M.
1 R mit B stricken.
Den 19.(19.)20.(21.) A-Streifen stricken.
1 R mit B stricken.

Gr. (M)L(XL):
(20.)21.(22.) A-Streifen stricken.
1 R mit B stricken.

Alle Gr.:
9. ZUNAHME im 20.(21.)22.(23.) A-Streifen stricken: 8(8)7(10) re – *2 M aus nächster M – 11r*. Von * bis * wdh. Enden mit 2 re aus nächster M - 8(7)7(9) re = 278(303)315(333) M.

1 R mit B stricken.
21.(22.)23.(24.) A-Streifen stricken.
1 R mit B stricken.
22.(23.)24.(25.) A-Streifen stricken.
1 R mit B stricken.

AUFTEILUNG

Die M für den Körper und die Ärmel aufteilen. Mit A stricken: 40(44)46(49) Vorderteilmaschen – 58(63)65(68) M stilllegen, ohne sie zu stricken – 6(8)10(11) M in Verlängerung der Vorderteilmaschen anschlagen – 82(89)93(99) Rückenmaschen stricken – 58(63)65(68) M stilllegen, ohne sie zu stricken – 6(8)10(11) M in Verlängerung der Rückenmaschen anschlagen – 40(44)46(49) Vorderteilmaschen stricken.

KÖRPER

Im Muster über die 174(193)205(219) Körpermaschen weiterstricken.
Im 7. A-Streifen nach dem Armausschnitt gleichzeitig Abnahmen am Rücken stricken.
1. ABNAHME: 75(83)89(95) re – 2 re zus – 20(23)23(25) re – 2 re zus – 75(83)89(95) re = 172(191)203(217) M.

2. ABNAHME im 11. A-Streifen: 75(83)89(95) re – 2 re zus – 18(21)21(23) re – 2 re zus – 75(83)89(95) re = 170(189)201(215) M.

3. ABNAHME im 15. A-Streifen: 75(83)89(95) re – 2 re zus – 16(19)19(21) re – 2 re zus – 75(83)89(95) re = 168(187)199(213) M.

4. ABNAHME im 19. A-Streifen:75(83)89(95) re – 2 re zus – 14(17)17(19) re – 2 re zus – 75(83)89(95) re = 166(185)197(211) M.

Die Jacke misst ab dem Armausschnitt 17 cm.

Nun in der Rückenmitte und unter den Armausschnitten ZUNAHMEN stricken.
1. ZUNAHME im 22. A-Streifen: 39(43)46(48) re – 2 M aus nächster M – 6(8)10(11) re – 2 M aus nächster M – 28(30)31(34) re – 2 M aus nächster M – 14(17)17(19) re – 2 M aus nächster M – 28(30)31(34) re – 2 M aus nächster M – 6(8)10(11) re – 2 M aus nächster M – 39(43)46(48) re = 172(191)203(217) M.

2. ZUNAHME im 26. A-Streifen: 39(43)46(48) re – 2 M aus nächster M – 8(10)12(13) re – 2 M aus nächster M – 28(30)31(34) re – 2 M aus nächster M – 16(19)19(21) re – 2 M aus nächster M – 28(30)31(34) re – 2 M aus nächster M – 8(10)12(13) re – 2 M aus nächster M – 39(43)46(48) re = 178(197)209(223) M.

3. ZUNAHME im 30. A-Streifen: 39(43)46(48) re – 2 M aus nächster M – 10(12)14(15) re – 2 M aus nächster M – 28(30)31(34) re – 2 M aus nächster M – 18(21)21(23) re – 2 M aus nächster M – 28(30)31(34) re – 2 M aus nächster M – 10(12)14(15) re – 2 M aus nächster M – 39(43)46(48) re = 184(203)215(229) M.

4. ZUNAHME im 34. A-Streifen und Maschen für die Taschen stilllegen: 14(18)19(19) re – 22(22)24(26) M stilllegen – in Verlängerung der M auf der Nd 26(26)28(30) neue M anschlagen – 3 re – 2 M aus nächster M – 12(14)16(17) re – 2 M aus nächster M – 28(30)31(34) re – 2 M aus nächster M – 20(23)23(25) re – 2 M aus nächster M – 28(30)31(34) re – 2 M aus nächster M – 12(14)16(17) re – 2 M aus nächster M – 3 re – 22(22)24(26) M stilllegen – in Verlängerung der M auf der Nd 26(26)28(30) neue M anschlagen – 14(18)19(19) re = 198(217)229(243) M.

5. ZUNAHME im 38. A-Streifen: nur unter den Armausschnitten stricken: 43(47)50(53) re – 2 M aus nächster M – 14(16)18(19) re – 2 M aus nächster M – 80(87)89(97) re – 2 M aus nächster M – 14(16)18(19) re – 2 M aus nächster M – 43(47)50(53) re = 202(221)233(247) M.

6. ZUNAHME im 43. A-Streifen: 43(47)49(53) re – 2 M aus nächster M – 16(18)20(21) re – 2 M aus nächster M – 80(87)89(97) re – 2 M aus nächster M – 16(18)20(21) re – 2 M aus nächster M – 43(47)49(53) re = 206(225)237(251) M.

7. ZUNAHME im 49. A-Streifen: 43(47)49(53) re – 2 M aus nächster M – 18(20)22(23) re – 2 M aus nächster M – 80(87)89(97) re – 2 M aus nächster M – 18(20)22(23) re – 2 M aus nächster M – 43(47)49(53) re = 210(229)241(255) M.

Im 56. A-Streifen abk.
In der 2. Reihe (HinR) mit A alle M abk. Die Jacke misst ab Schulter 67(68)69(70) cm.

ÄRMEL

Die Ärmelmaschen auf eine Ärmelnadel heben. 3(4)5(5) M mit A anschlagen – eine RückR über die 58(63)65(68) Ärmelmaschen stricken – 3(4)5(6) M in Verlängerung dieser M anschlagen = 64(71)75(79) M.

Das Muster in Reihen hin und her stricken.
Im 5. A-Streifen der Ärmel beginnen die Abnahmen. Dafür die 2 ersten und 2 letzten M re zus stricken.

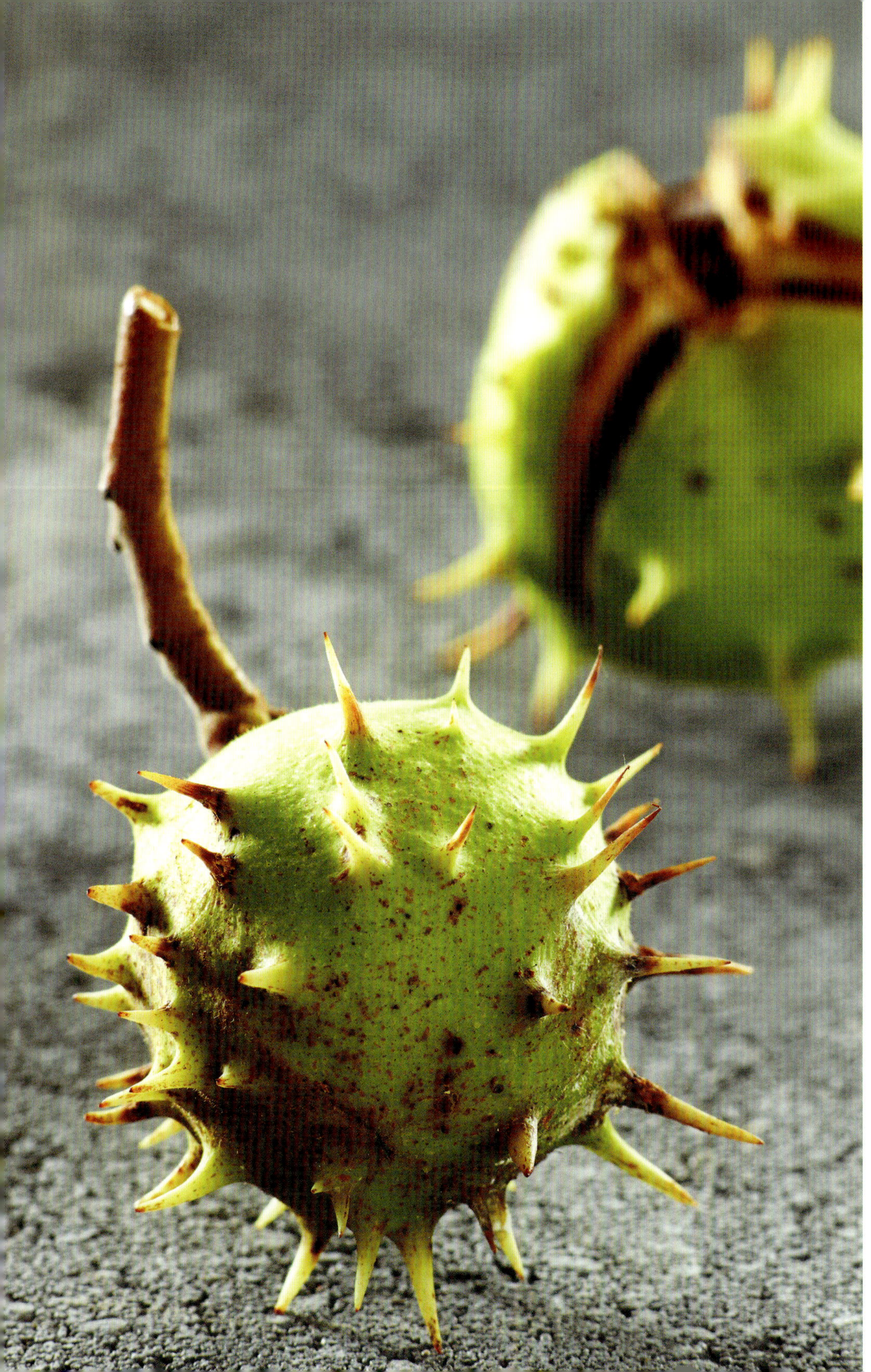

Die Abnahmen in jedem 4.(3.)3.(3.) Streifen mit A stricken, bis es 42(43)45(49) M sind. Weiterstricken, bis der Ärmel ab dem Armausschnitt ca. 42 cm misst.

In der zweiten R mit A alle M abk.

Den zweiten Ärmel auf die gleiche Weise stricken.

TASCHE

Die 22(22)24(26) stillgelegten M wieder auf eine Nd heben.
2 M mit 2 Fäden A und Nd Nr. 4 anschlagen – weiter über die Taschenmaschen eine RückR stricken: 22(22)24(26) re – 2 M in Verlängerung der M anschlagen = 26(26)28(30) M.

Glatt stricken. Die erste R muss eine RückR sein, sodass die linken M außen liegen.
Die M abketten, wenn die Tasche so lang wie die Jacke ist.
Die zweite Tasche auf die gleiche Weise stricken.

HALSRAND

Von außen mit 2 Fäden B und Nd Nr. 4 aus dem Halsausschnitt Maschen herausstricken. Am rechten Vorderteil bei der Markierung beginnen:
14 M aus dem schrägen Stück – 72(80)88(96) M aus den angeschlagenen M – 14 M aus dem schrägen Stück herausstricken = 100(108)116(124) M.
1 R rechts stricken.
Die 2 Fäden B abschneiden.

Zu 2 Fäden A wechseln.
Reihe 1: Alle M rechts stricken.
Reihe 2: Die ersten und letzten 2 M re zus stricken.
Reihe 1 - 2 wdh, bis insg 9 R gestrickt sind.
Enden nach einer Reihe 1.
In der RückR abketten.

RECHTER VORDERER RAND

Von außen mit 2 Fäden B und Nd Nr. 4 Maschen herausstricken.
Es sind 73(74)75(76) A-Streifen.
Aus 2 A-Streifen 3 M herausstricken = 109(111)112(114) M.
Aus dem Halsrand keine M herausstricken.
1 R rechts stricken.
Die 2 Fäden B abschneiden.

Zu 2 Fäden A wechseln.
Reihe 1: 109(111)112(114) re – 1 M aus dem B-Streifen stricken – 6 M aus dem mit A gestrickten Halsrand herausstricken.
Reihe 2: Die erste M abh mit dem Faden vor der M (= Kettrand) – 115(117)118(120) re.
Reihe 3 - 5: Wie Reihe 2 stricken.
Reihe 6 (RückR) mit Knopflöchern: Die erste M abh, mit dem Faden vor der M – 2 re - *2 re zus – 2 neue M anschlagen – 2 re verschr zus – 14 re*. Von * bis * wdh. Enden mit 2 re zus – 2 neue M anschlagen – 2 re verschr zus – 1(3)4(6) re.
Reihe 7 - 9: Wie Reihe 2 stricken.
Alle M in der RückR abk.

LINKER VORDERER RAND

109(111)112(114) M wie am rechten vorderen Rand herausstricken.
Direckt nach dem B-Streifen am Halsrand beginnen.
1 R rechts stricken.
Die 2 Fäden B abschneiden.

Zu 2 Fäden A wechseln.
Reihe 1: 6 M aus dem mit A gestrickten Halsrand – 1 M aus dem B-Streifen herausstricken – 109(111)112(114) re.
Reihe 2: Die erste M abh mit dem Faden vor der M (= Kettrand) – 115(117)118(120) re
Reihe 3 - 9: Wie Reihe 2 stricken.
Alle M in der RückR abketten.

FERTIGSTELLUNG

Die Taschen an der Rückseite der Jacke annähen.
Die Ärmel zusammennähen und unter den Armausschnitten an den Körper nähen.
Die Fäden vernähen.
Die Knöpfe annähen.

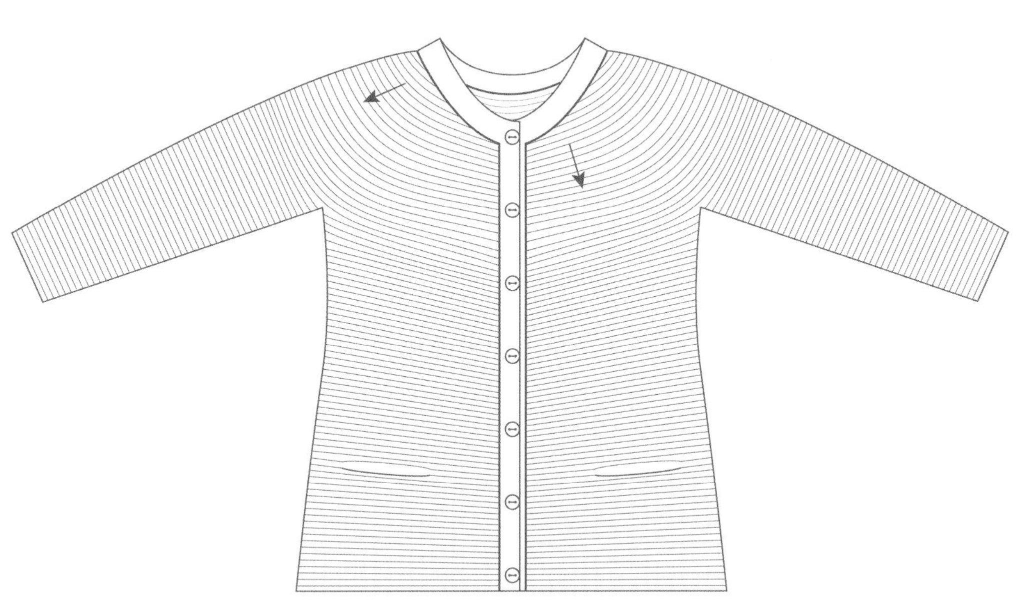

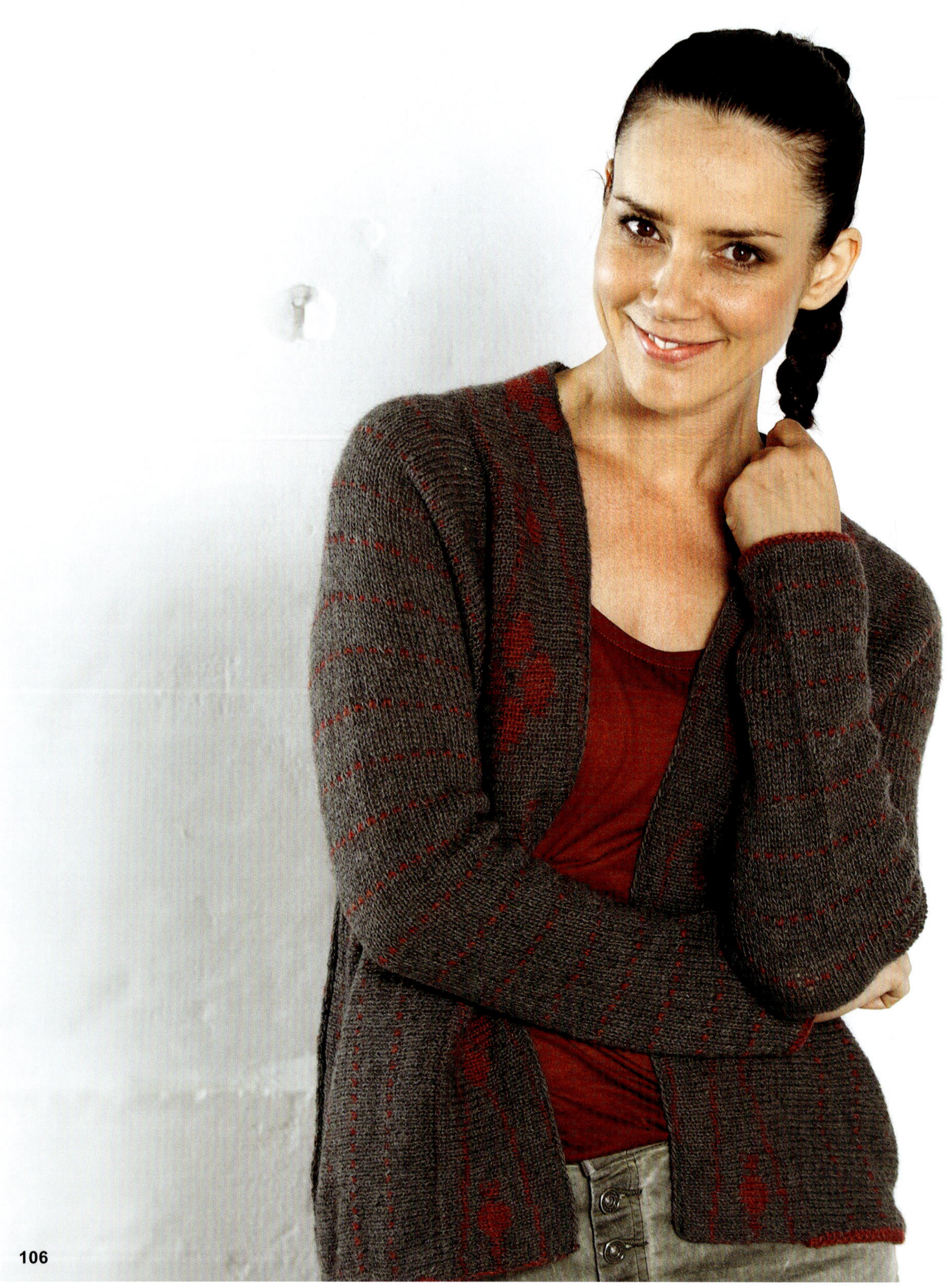

MOHN

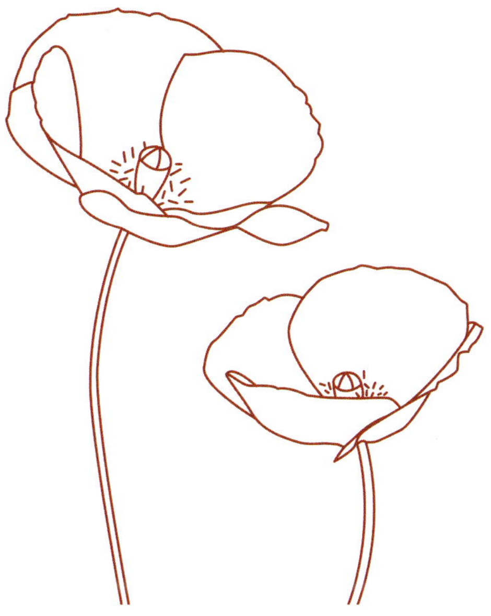

Größe: S(M)L(XL)

Halbe Oberweite: 46(50)54(58) cm
Länge: 59 cm
Innere Ärmellänge: 43(40)42(43) cm

Material:
A = 100g Isager Highland Farbe Chili
B = 200(200)250(250)g Tvinni Farbe 23s
C = 150(150)150(200)g Spinni Farbe 23s

Nadeln: Rundnadeln Nr. 3, 3½ und 4, Strumpfnadeln Nr. 3½ und 4

Maschenprobe im Doppelstrick mit Nd Nr. 3: 10 cm = 23 M (23 x 1 re – 1 li) und 33 R

Maschenprobe glatt gestrickt mit B + C und Nd Nr. 4: 10 cm = 21 M und 28 R
Maschenprobe im Körpermuster mit Nd Nr. 4: 10 cm = 21 M und 26 R

KRAGEN

282 M mit 2 Fäden B und Nd Nr. 3 anschlagen. So entsteht eine „Doppelmasche" aus 2 Fäden, die für die Doppelstricktechnik in 2 Hälften aufgeteilt wird, für jede Seite und jede Farbe 1 Masche.
Einen Faden B abschneiden und mit A ersetzen.

Reihe 1 (RückR):
Faden A über Zeige - und Mittelfinger legen = für die Rechtsmaschen.
Faden B über den Zeigefinger legen, mit möglichst großem Abstand zu Faden A in Richtung Handrücken über den Finger legen = für die Linksmaschen.

Die erste M li abh, ohne die M zu teilen.
Danach aus jeder Doppelmasche zwei M stricken, mit je einer Farbe: *Die erste Hälfte der Doppelmasche mit Farbe A re stricken – für die nächste linke M beide Fäden vor die Nd legen, die rechte Nadel unter beiden Fäden durchführen und aus der zweiten Hälfte 1 linke M mit Farbe B stricken*.
Von * bis * bis zur letzten M wdh, diese mit beiden Fäden re stricken, nicht in 2 M teilen.

Beim Stricken müssen die Fäden immer in der Mitte zwischen der Vorder- und der Rückseite mitgeführt werden. Die Fäden dürfen niemals außen auf einer der beiden Seiten sichtbar sein.

Reihe 2 (HinR):
Nach Diagramm stricken.
Grundfarbe = die Rechtsmaschen mit B stricken.
Die erste und letzte M ist im Diagramm nicht abgebildet.

Das Diagramm ist zweigeteilt. Es wird erst von links nach rechts gelesen. Wenn es 1mal gestrickt ist = die Hälfte der M sind gestrickt, wird es noch einmal wiederholt, aber nun von rechts nach links – also spiegelverkehrt. Den Pfeilen folgen.

Jedes Kästchen im Diagramm steht für 2 M:
1 rechte für die Vorder- und 1 linke für die Rückseite.

Die erste M li abh, ohne die M zu teilen.
Die letzte M re stricken, ohne die M zu teilen.
Die Randmaschen am Anfang und Ende der Reihe sind im Diagramm NICHT abgebildet.

Die erste Reihe verlangt etwas Geduld.
Eventuell sind Markierungsfäden zur Einhaltung des Musters hilfreich.
In der Höhe steht jedes Kästchen im Diagramm für eine Reihe.

Reihe 3 (RückR): Grundfarbe = die Rechtsmaschen mit A stricken. Nach Diagramm stricken.

Das gesamte Diagramm 1mal stricken.

KÖRPER

A abschneiden.
Mit B + C und Nd Nr. 4 stricken.
Die Kragenmaschen in einer HinR zusammenstricken:
Die Randmasche stricken – die erste Rechtsmasche re – danach die nächsten 2 M immer re zus stricken, bis noch 1 li + Randmasche übrig sind. Diese 2 M zu 1 M zus stricken = 282 M.

Reihe 1 (RückR):
2 M abk – 138 li (die erste M ist bereits auf der Nd) – 2 li zus – 139 li – 1 re.
Reihe 2 mit Zunahme für den Raglan am Rücken:
2 M abk – 123 re (die erste M ist bereits auf der Nadel) – 1 neue re, dafür den Faden zw den M re verschr stricken – 2 re, diese M markieren – 1 neue re – 27 re – 1 neue re – 2 re, diese M markieren – 1 neue re – 123 re = 281 M.
Reihe 3: 1 re – 123 li – 1 neue li, dafür den Faden zw den M verschr auf die li Nd heben und li stricken – 2 li – 1 neue li – 29 li – 1 neue li – 2 li – 1 neue li – 123 li – 1 re = 285 M.

Reihe 4: 285 re.
Reihe 5: 1 re – 124 li – 1 neue li – 2 li – 1 neue li – 31 li – 1 neue li – 2 li – 1 neue li – 124 li – 1 re = 289 M.
Reihe 6: 126 re – 1 neue re – 2 re – 1 neue re – 33 re – 1 neue re – 2 re – 1 neue re – 126 re = 293 M.
Reihe 7: 1 re – 291 li – 1 re.

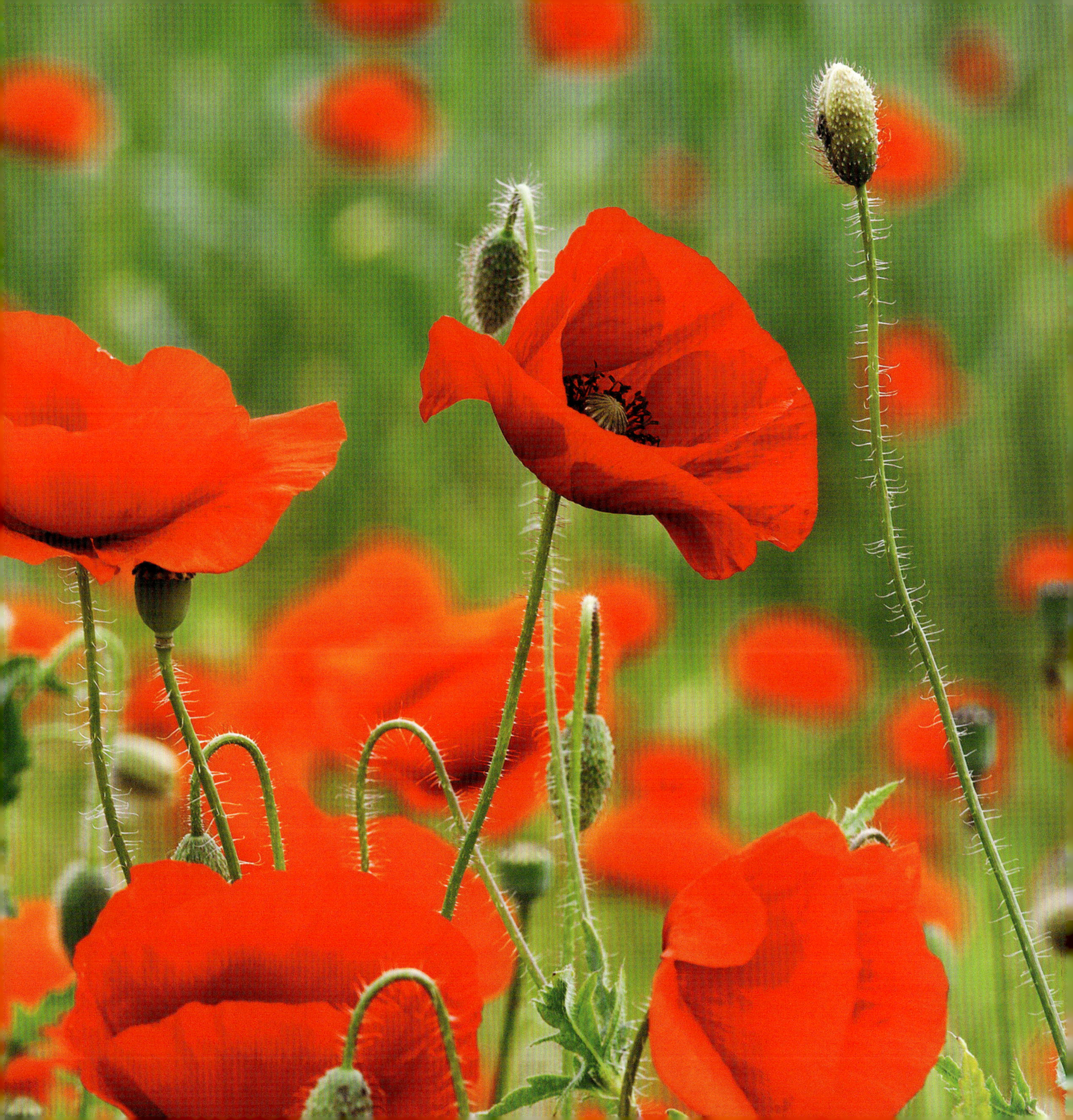

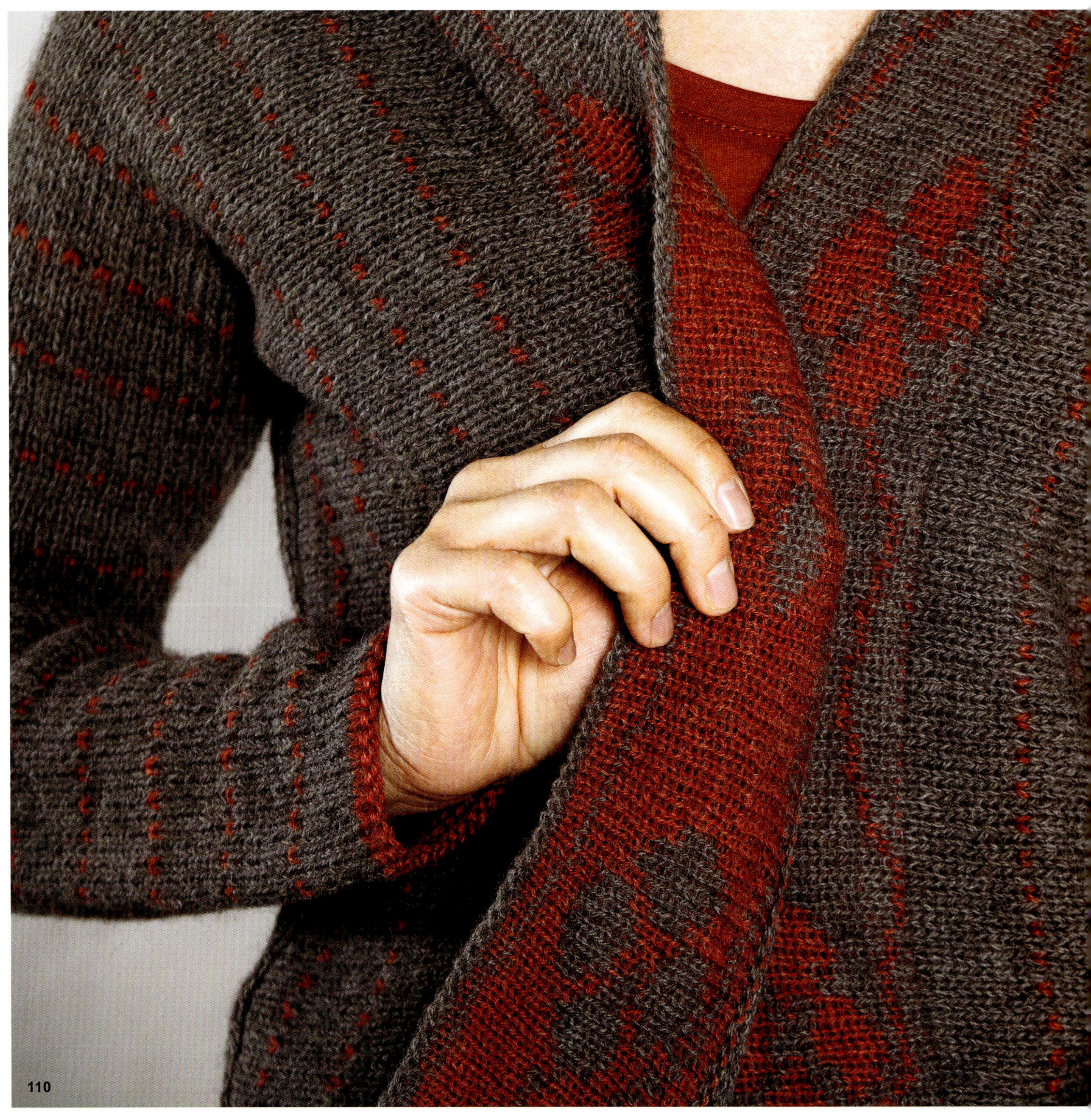

Reihe 8: 127 re – 1 neue re – 2 re – 1 neue re – 35 re – 1 neue re – 2 re – 1 neue re – 127 re = 297 M.

Reihe 9 mit ABNAHME an der Schulter: 1 re – 115 li – 2 li zus – 2 li, diese M markieren – 2 li verschr zus – 6 li – 1 neue li – 2 li – 1 neue li – 37 li – 1 neue li – 2 li – 1 neue li – 6 li – 2 li zus – 2 li, diese M markieren – 2 li verschr zus – 115 li – 1 re = 297 M.

MUSTERREIHE

Mit 2 Fäden A stricken:
1 re – 1 M abh, ohne sie zu stricken. Von * bis *wdh. Enden mit 1 re. A abschneiden.
Unabhängig davon, ob die vorherige R eine Hin- oder Rückreihe war, wird die Musterreihe immer in einer HinR gestrickt.

Wieder mit B + C von der anderen Seite der R stricken.
Reihe 10 (HinR): 297 re.
Reihe 11: 1 re – 126 li – 1 neue li – 2 li – 1 neue li – 39 li – 1 neue li – 2 li – 1 neue li – 126 li – 1 re = 301 M.
Reihe 12: 128 re – 1 neue re – 2 re – 1 neue re – 41 re – 1 neue re – 2 re – 1 neue re – 128 re = 305 M.

Reihe 13: 1 re – 303 li – 1 re.
Reihe 14: 129 re – 1 neue re – 2 re – 1 neue re – 43 re – 1 neue re – 2 re – 1 neue re – 129 re = 309 M.
Reihe 15: 1 re – 129 li – 1 neue li – 2 li – 1 neue li – 45 li – 1 neue li – 2 li – 1 neue li – 129 li – 1 re = 313 M.

Reihe 16: 313 re.
Reihe 17: 1 re – 129 li – 1 neue li – 2 li – 1 neue li – 47 li – 1 neue li – 2 li – 1 neue li – 129 li – 1 re = 317 M.
Reihe 18 mit ABNAHME an der Schulter:
115 re – 2 re verschr zus – 2 re – 2 re zus – 11 re – 1 neue re – 2 re – 1 neue re – 49 re – 1 neue re – 2 re – 1 neue re – 11 re – 2 re verschr zus – 2 re – 2 re zus – 115 re = 317 M.

Wieder eine Musterreihe wie nach der 9. R stricken.
Danach wieder mit B + C eine RückR stricken.

Die 9 Reihen mit Raglanzunahmen an jeder Seite der 2 markierten M wie bisher stricken.
Das heißt: Zunahmen in der 2., 3., 5., 6., 8. und 9. R stricken.
In der 9. R zusätzlich Abnahmen für die Schulter an jeder Seite der 2 markierten M stricken.

Wieder eine Musterreihe wie nach der 9. R stricken.

Auf diese Weise weiterstricken, bis die Musterreihe insg 5(6)7(7)mal gestrickt ist = 377(397)417(417) M.

Weitere 6(3)0(6) R wie bisher stricken = 393(405)417(433) M.

Die ersten 80(76)72(68) M abk – 68(74)80(88) Ärmelmaschen (die erste M ist bereits auf der Nd) – 97(105)113(121) Rückenmaschen – 68(74)80(88) Ärmelmaschen stricken – die letzten 80(76)72(68) M abk.
Die Fäden abschneiden.

An beiden Seiten die 68(74)80(88) Ärmelmaschen stilllegen.

RÜCKEN

2(5)8(2) R glatt mit B + C über die 97(105)113(121) Rückenmaschen stricken.
Die erste und letzte M re stricken.

Eine Musterreihe stricken.
9 R glatt mit B + C stricken.

Über den Rücken wie bisher mit Musterreihen nach jeder 9. R stricken, bis es insg 16 Musterreihen sind.
9 R glatt stricken.
B + C abschneiden.

UNTERER RAND

Mit 2 Fäden A und Nd Nr. 3½ am unteren Rand des linken Vorderteils 36(40)45(50) M herausstricken.
Nach dem Kragen beginnen, es werden nur aus dem glatt gestrickten Stück M herausgestrickt.
Weiter über die Rückenmaschen eine HinR mit Abnahmen stricken: 12(10)13(11) re – *2 re zus – 12 re*. Von * bis * wdh. Enden mit 2 re zus – 13(9)14(10) re = 91(98)106(113) Rückenmaschen.
36(40)45(50) M am rechten Vorderteil herausstricken.
Es sind insg 163(178)196(213) M.

2 R li stricken, dabei die erste und letzte M re stricken.
2 R re stricken.
1 R li stricken.
In der HinR abketten.

FERTIGSTELLUNG

Die Seitennähte zusammennähen.
Den unteren Rand an den Linksreihen nach innen umlegen und an der Rückseite festnähen.

ÄRMEL

Mit einer Ärmelnadel in Runden stricken und zu Strumpfnadeln wechseln, sobald dies nötig wird. 2(5)8(2) Runden glatt mit B + C stricken. Eine Musterreihe stricken.

Unter dem Ärmel ABNAHMEN stricken: 2 re zus – 64(70)76(84) re – 2 re verschr zus = 66(72)78(86) M.

Die Abnahmen in jeder 9.(7.)6.(5.) Runde wdh, bis es 44(46)48(48) M sind.
Nach jeder 9. Runde eine MUSTERREIHE stricken.
Darauf achten, dass die Punkte der Musterreihen genau übereinanderliegen.

Weiterstricken, bis ab dem Kragen 17(17)18(19) Musterreihen + je 9 glatt gestrickte Runden mit B + C gestrickt sind.
B + C abschneiden.

Zu Nd Nr. 3½ wechseln und mit 2 Fäden A stricken.
Abnahmen stricken: 6(2)3(3) re – *2 re zus – 8 re*. Von * bis * wdh. Enden mit 2 re zus – 6(2)3(3) re = 40(41)43(43) M.

1 Rd re stricken.
2 Rd li stricken.
2 Rd re stricken.
Alle M abketten.

FERTIGSTELLUNG

Die Fäden vernähen.
Den unteren Ärmelrand an den Linksreihen nach innen umlegen und an der Rückseite festnähen.

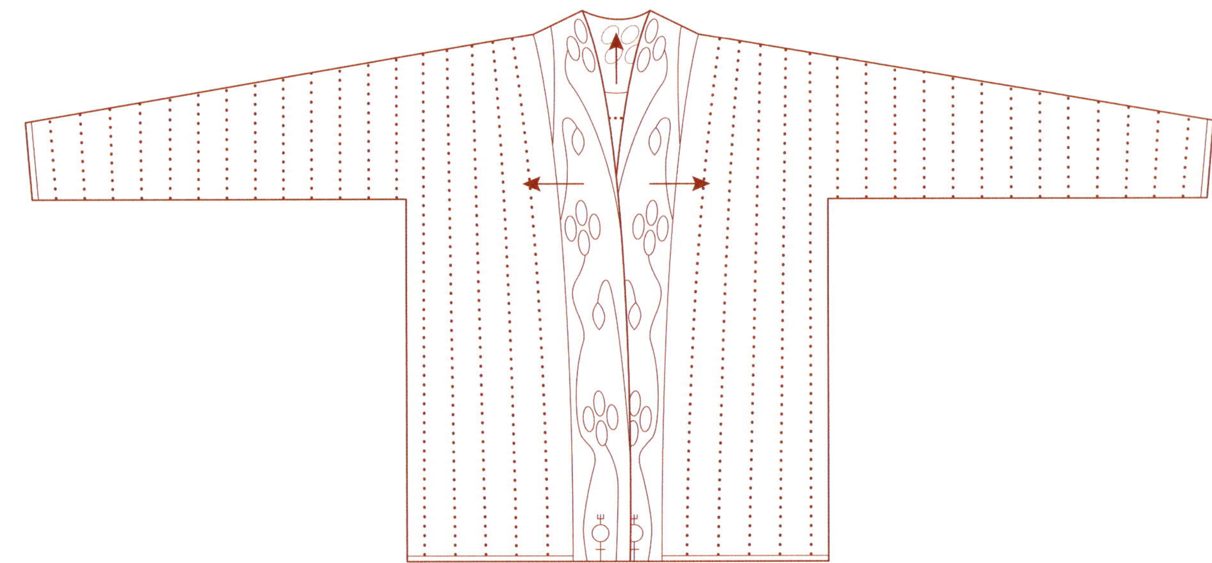

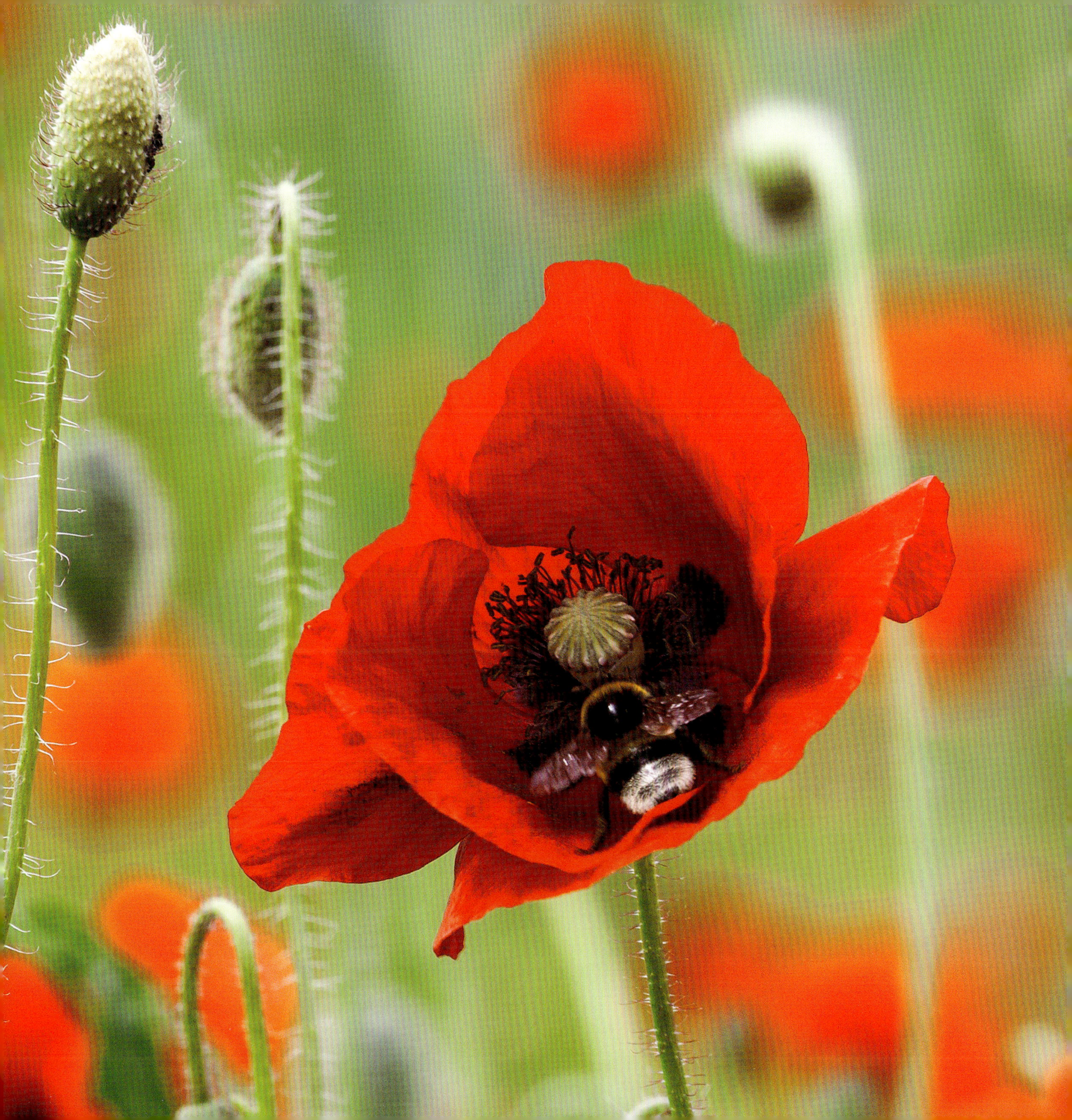

DIAGRAMM

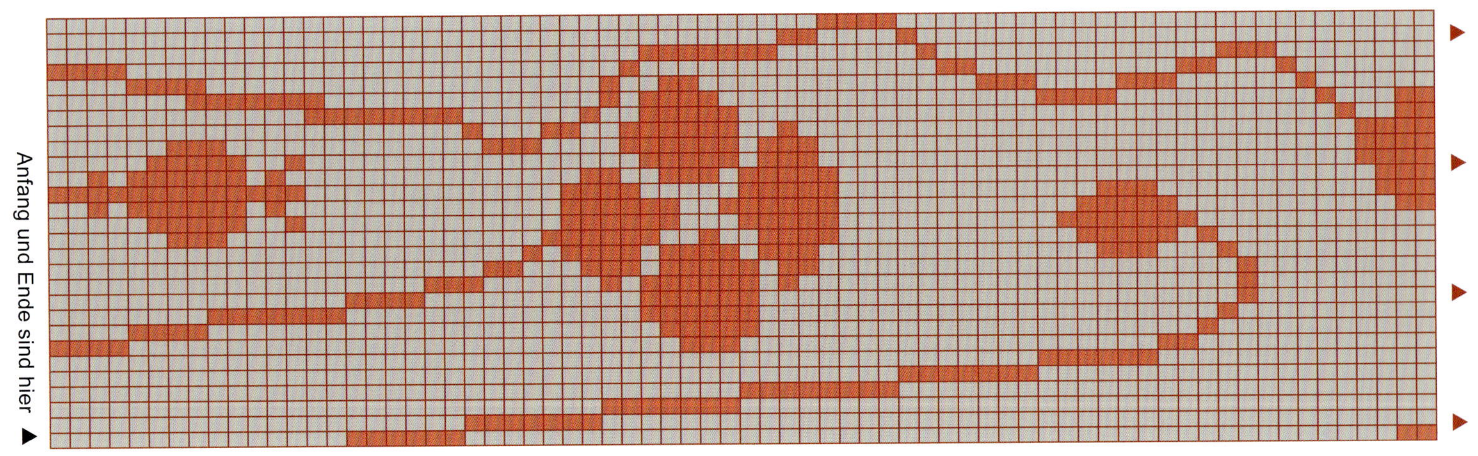

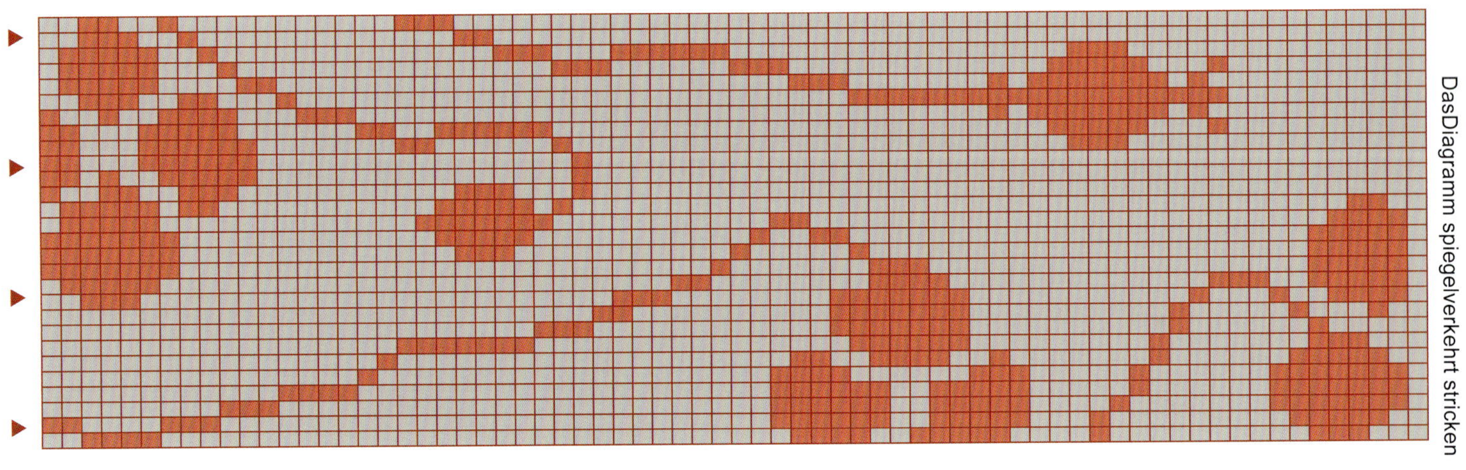

So sieht das Diagramm in der gesamten Länge aus:

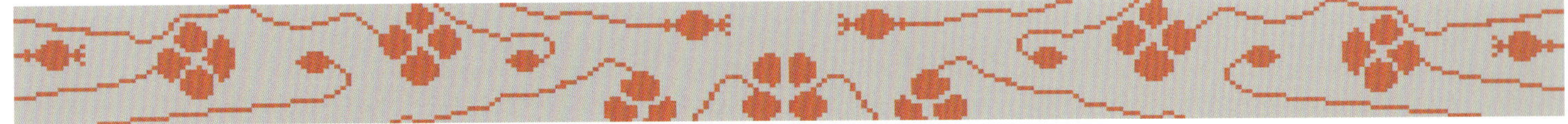

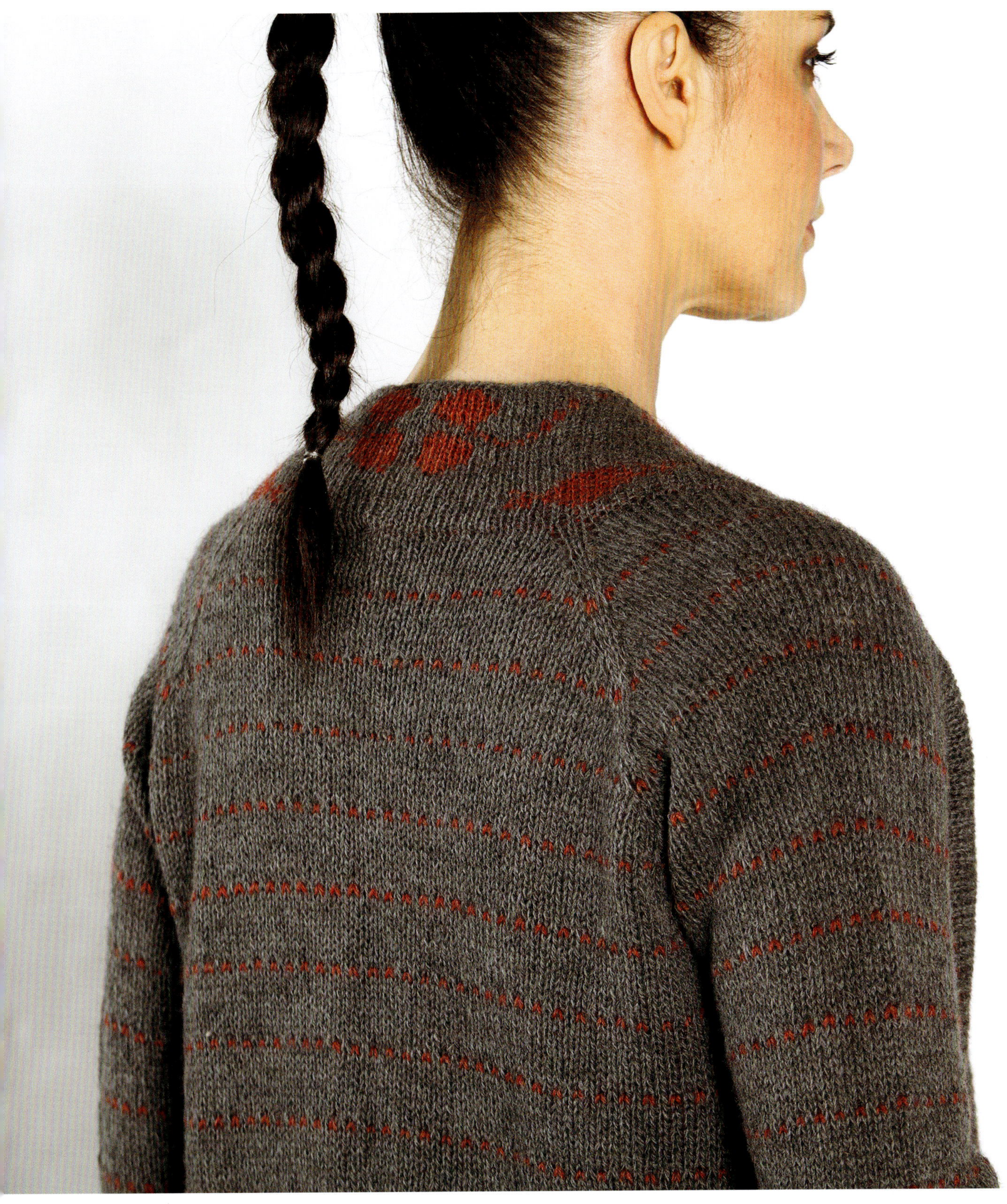

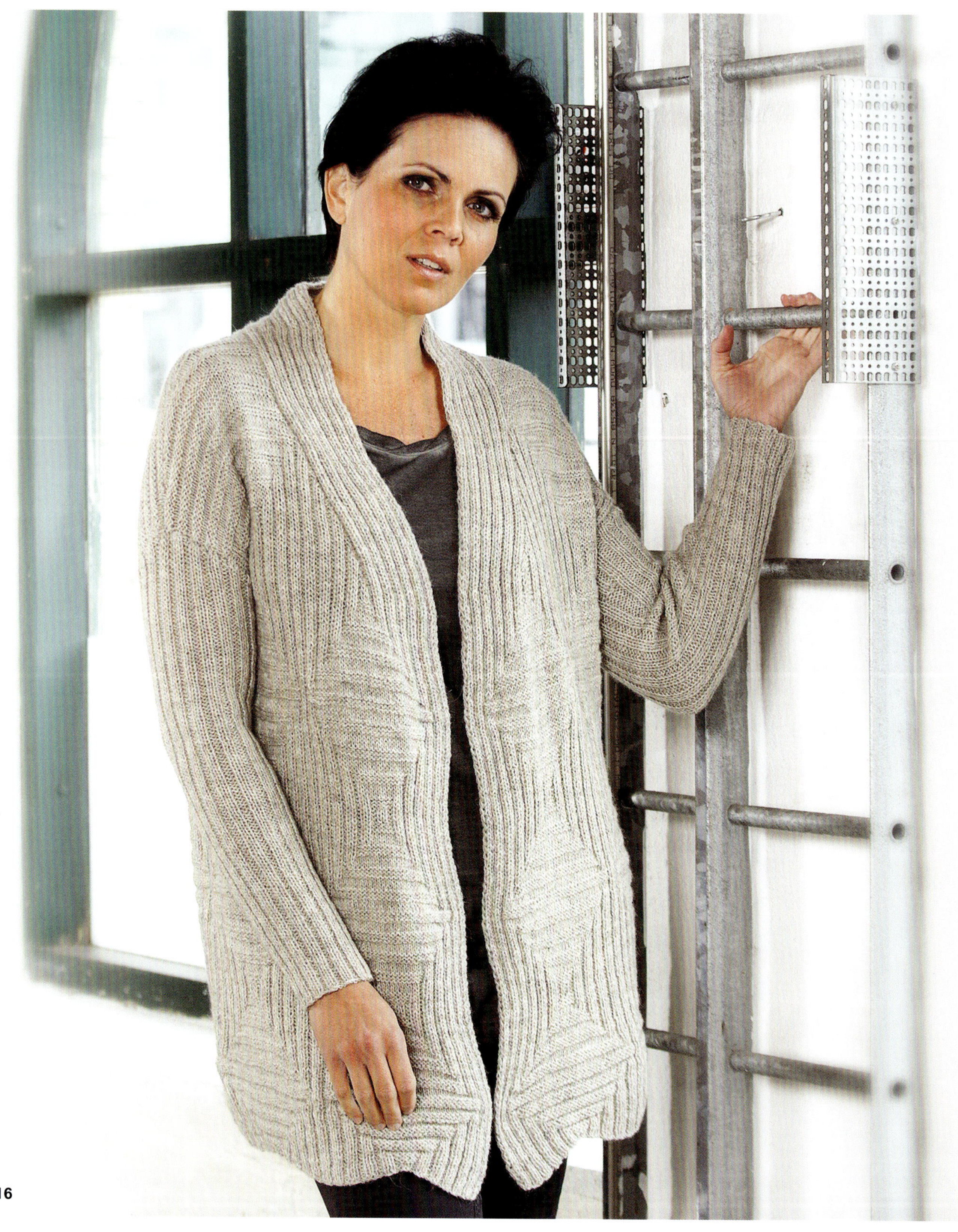

PUSTEBLUME

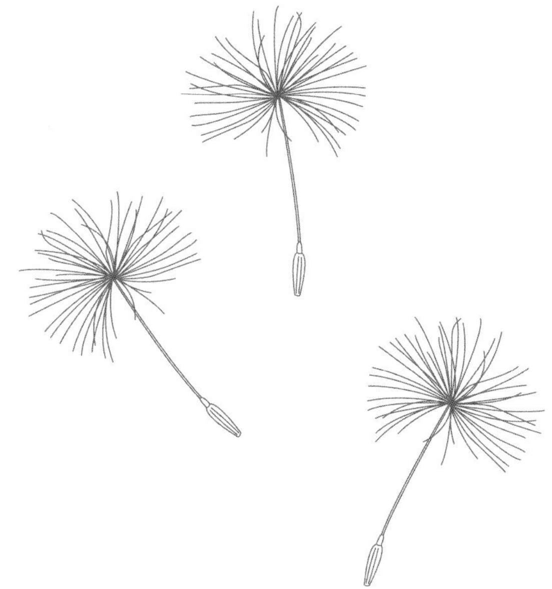

SCHMALES MODELL (BREITES MODELL)

Rückenbreite: 57(76) cm
Länge: 79 cm
Innere Ärmellänge: 39(35) cm

Material:
A: 300(400)g Isager Highland Farbe Sand
B: 200(250)g Isager Alpaca 1 Farbe 2
Beide Qualitäten zusammen verstricken

Nadel Nr. 4

Maschenprobe glatt gestrickt mit A + B: 10 cm = 21 M und 30 R

KÖRPER

292(372) M mit A + B und Nd Nr 4 anschlagen. In Reihen hin und her stricken.

Reihe 1 (RückR): 1 M abh, mit dem Faden vor den Maschen = 1 FV – *2 li – 2 re*.
Von * bis * wdh. Enden mit 2 li – 1 re.
Reihe 2: 1 FV – *2 re – 2 li*. Von * bis * wdh. Enden mit 3 re.
Reihe 3: 1 FV – 2 li – 2 re – 1 li. Eine Markierung setzen.
Das Diagramm 7(9)mal stricken. Eine Markierung setzen. 1 li – 2 re – 2 li – 1 re stricken.
Reihe 4: 1 FV – 2 re – 2 li – 1 re.
Das Diagramm 7(9)mal stricken. 1 re – 2 li – 3 re.
Das Diagramm mit den Rippen am Anfang und Ende der Reihe 3mal hoch stricken = 57 cm.
Enden mit einer HinR.

LINKES VORDERTEIL

Nun in der Seitennaht teilen und das Vorderteil für sich fertig stricken.
Reihe 1 (RückR): Die ersten 46 M in Rippen stricken. Die nächsten 40(60) M im Muster stricken. Wenden. Hier beginnt der Armausschnitt.
Reihe 2: 59(79) M stricken – 2 re zus. Die äußeren 25 M stilllegen. Diese M später weiterstricken.
Reihe 3: 60(80) M stricken. Wenden.
Reihe 4: 58(78) M stricken – 2 re zus stricken. Wenden.
Reihe 5: 59(79) M stricken. Wenden.

Weiter im Muster und mit den Abnahmen am Ende der HinR stricken, bis 29 R des Diagramms gestrickt sind.

Nun Rippen stricken, dafür abwechselnd 3 R glatt stricken und 3 R umgekehrt glatt stricken.
Weitere Abnahmen am Ende der HinR stricken, bis noch 40(60) M auf der Nd sind.

SCHMALES MODELL: Im Rippenmuster gerade hoch stricken, bis ab Armausschnitt insg 51 R gestrickt sind.
BREITES MODELL: Im Rippenmuster gerade hoch stricken, bis ab Armausschnitt insg 43 R gestrickt sind.

Die Schulter ab Armausschnitt schräg abk.
8(12)mal 5 M abk.
Die Fäden abschneiden.

RÜCKEN

Mit einer RückR beginnen.
120(160) M im Muster stricken. Wenden.
Hier beginnt der Armausschnitt.
Über diese 120(160) M im Muster hin und her stricken, bis 29 Diagrammreihen gestrickt sind.

Weiter in Rippen 3 R glatt – 3 R umgekehrt glatt stricken.

SCHMALES MODELL: Insg 52 R für den Armausschnitt stricken.
BREITES MODELL: Insg 44 R für den Armausschnitt stricken.
An beiden Seiten für die schrägen Schultern abketten. Beidseitig 8(12)mal 5 M abketten = 40 M. Die letzten Maschen abketten.
Die Fäden abschneiden.

RECHTES VORDERTEIL

Am Armausschnitt beginnen.
Reihe 1: Die ersten 59(79) M im Muster – 2 re zus stricken. Wenden.
Die äußeren 25 M stillegen.
Reihe 2: 60(80) M stricken.
Reihe 3: 58(78) M – 2 re zus stricken. Wenden.
Reihe 4: 59(79) M stricken.

Im Muster und mit den Abnahmen am Ende der RückR weiterstricken, bis 29 Diagrammreihen gestrickt sind.
Nun in Rippen stricken, bis noch 40(60) M auf der Nd sind.

SCHMALES MODELL: Weiterstricken, bis für den Armausschnitt insg 52 R gestrickt sind.
BREITES MODELL: Weiterstricken, bis für den Armausschnitt insg 44 R gestrickt sind.

Wie das linke Vorderteil fertigstricken.

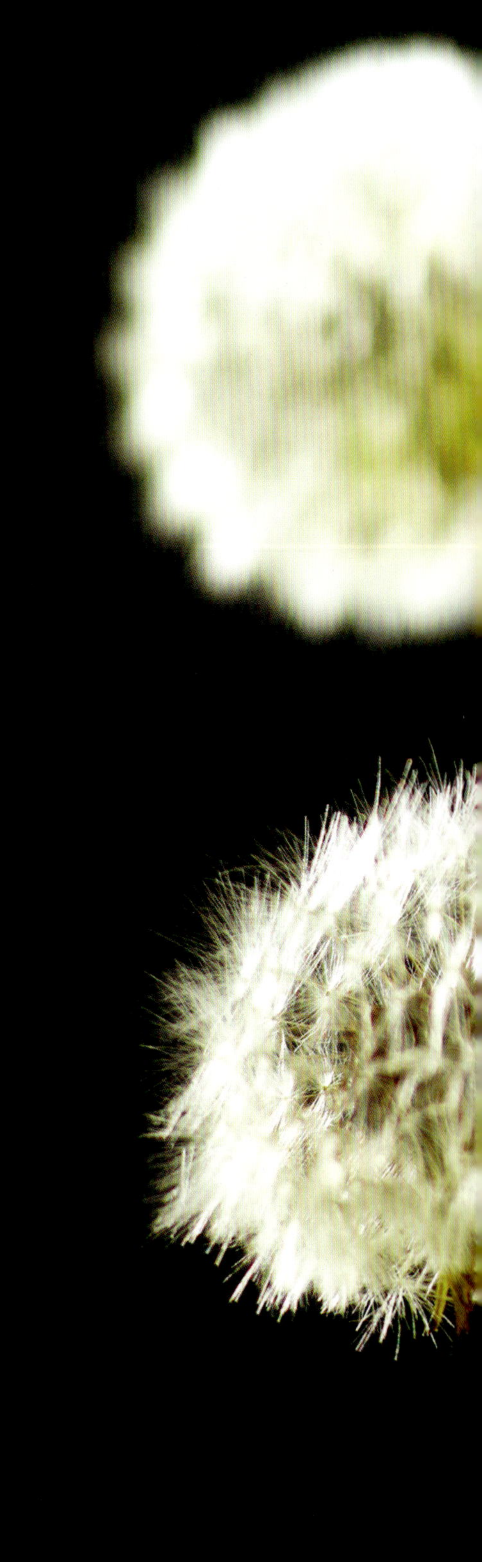

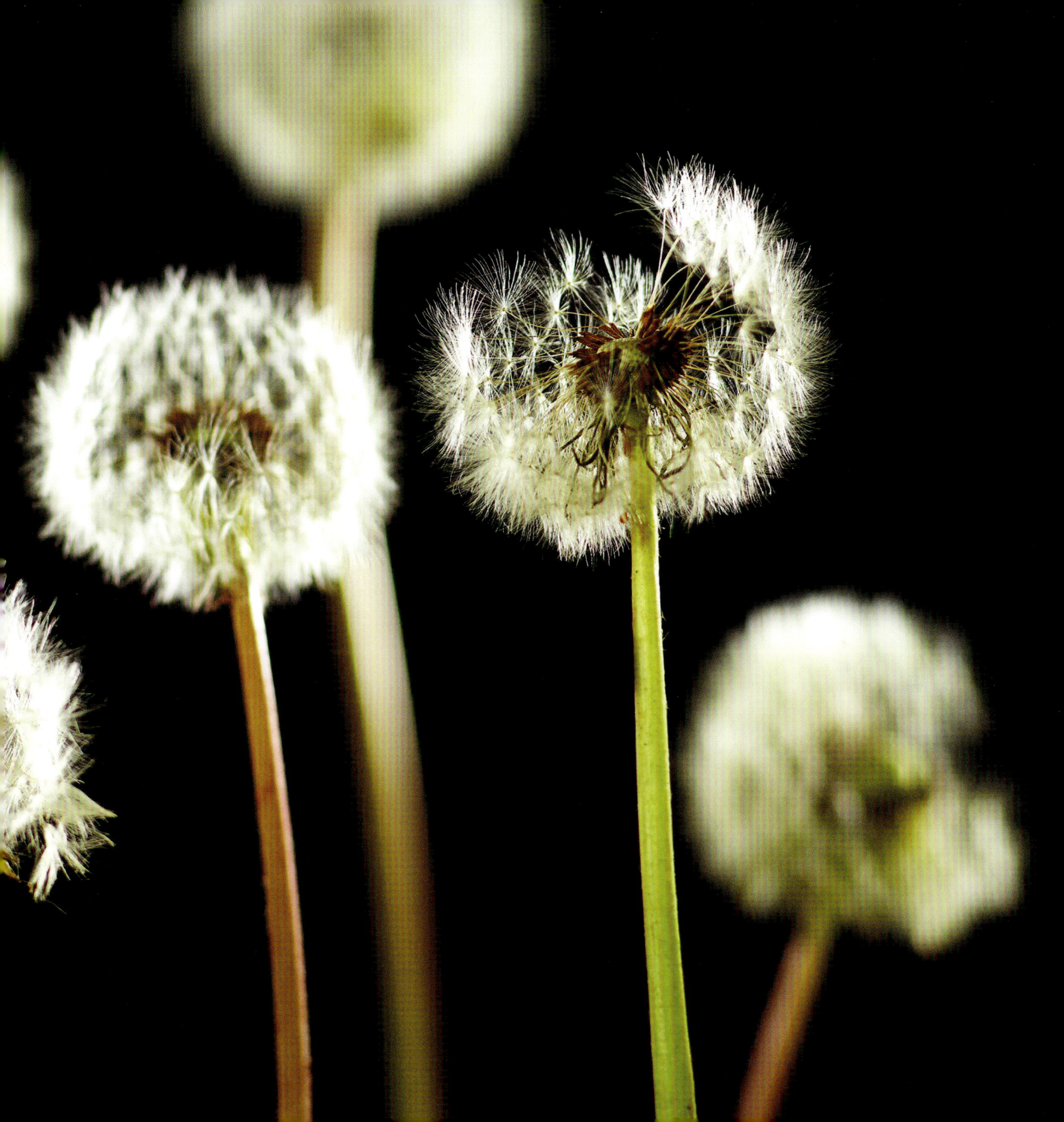

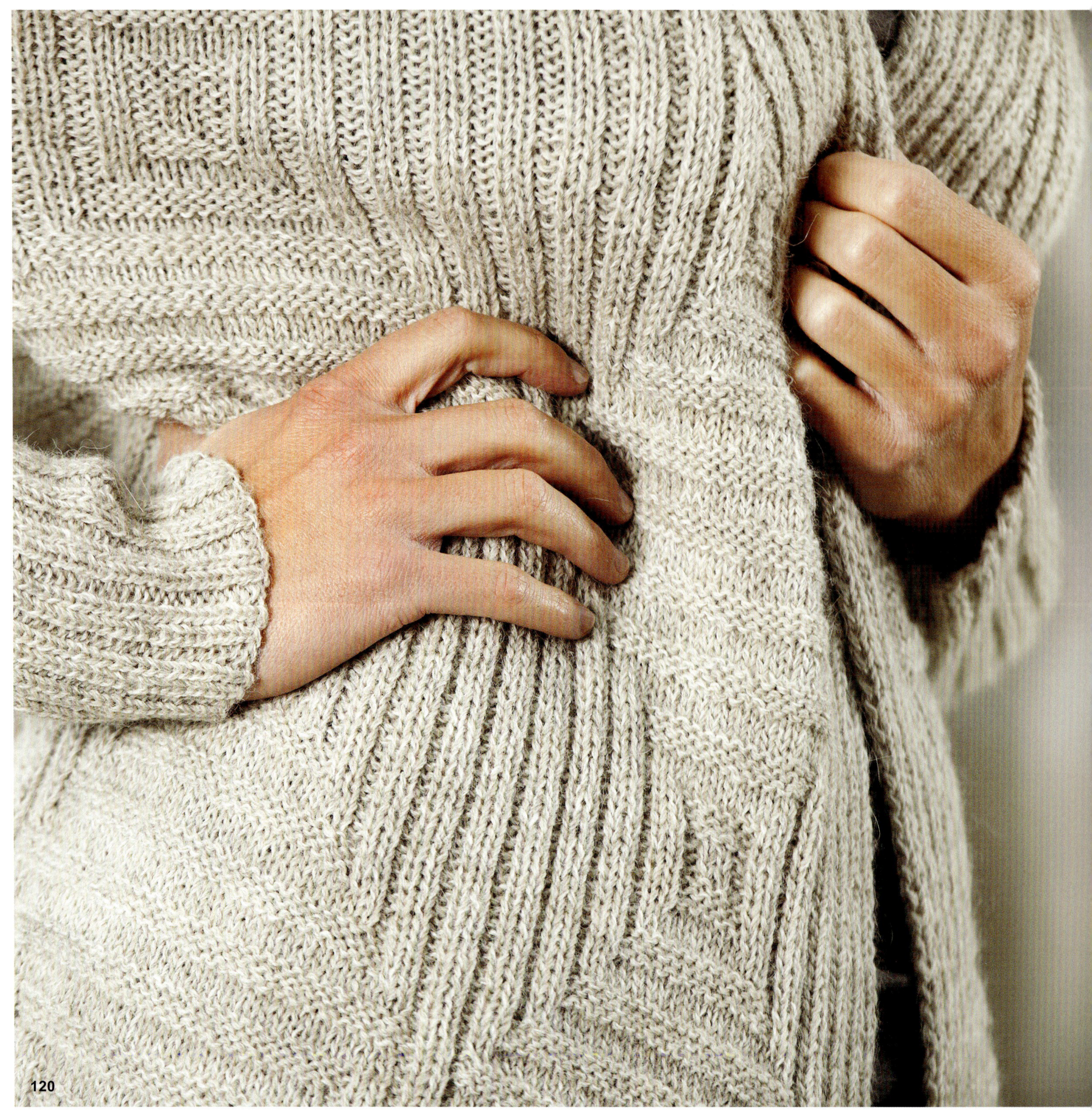

RECHTER VORDERER RAND

Die 25 M am rechten Vorderteil wieder auf eine Nd heben.
Mit einer RückR beginnen.

Reihe 1: *2 re – 2 li*. Von * bis * wdh. Enden mit 1 re.
Mit verkürzten Reihen den vorderen Rand formen.
Reihe 2: 1 FV – 2 re – 2 li. Wenden.
Reihe 3: 1 verschr U – 2 re – 2 li – 1 re.
Reihe 4: 1 FV – 2 re – 2 li – den U mit der nächsten M re zus stricken – 1 re – 2 li. Wenden.
Reihe 5: 1 verschr U – *2 re – 2 li*. Von * bis * wdh. Enden mit 1 re.
Reihe 6: 1 FV – *2 re – 2 li*. Von * bis * wdh. Den U mit der nächsten M re zus stricken – 1 re – 2 li. Wenden.
Reihe 7: 1 verschr U – *2 re – 2 li*. Von * bis * wdh. Enden mit 1 re.
Reihe 8: Wie Reihe 6.
Reihe 9: Wie Reihe 7.
Reihe 10: Wie Reihe 6.
Reihe 11: Wie Reihe 7.
Reihe 12: 1 FV – *2 re – 2 li*. Von * bis * wdh. Den U mit der nächsten M re zus stricken – 1 re – 1 li – 1 re.

Insg 27 cm in Rippen stricken. Die äußerste M, die letzte vor dem Vorderteil, in allen R re stricken.
Der Rand muss an das schräg abgekettete Vorderteil passen.

Wieder verkürzte Reihen in den HinR stricken.
Mit Reihe 2 beginnen.
Eine Markierung an der inneren Seite (in Richtung der Vorderteilmaschen) setzen = für das Zusammennähen mit der Schulternaht.

Weitere 9 cm Rippen stricken. Enden an der Seite, die an die Vorderteilmaschen stößt. Die Fäden abschneiden.
Die M stilllegen.

LINKER VORDERER RAND

Die 25 M des linken Vorderteils wieder auf eine Nd heben.
Mit einer HinR beginnen.
Reihe 1: 1 re – 1 li – *2 re– 2 li*. Von * bis * wdh. Enden mit 3 re.
Verkürzte Reihen stricken.
Reihe 2: 1 FV – 2 li – 1 re. Wenden.
Reihe 3: 1 verschr U – 1 li – 3 re.
Reihe 4: 1 FV – 2 li – 1 re – den U mit der nächsten M re verschr zus str – 2 li – 1 re. Wenden.
Reihe 5: 1 verschr U – 1 li – 2 re – 2 li – 3 re.
Reihe 6: 1 FV – 2 li – 2 re – 2 li – 1 re – U mit der nächsten M re verschr zus stricken – 2 li – 1 re. Wenden.
Reihe 7: 1 verschr U – 1 li – *2 re – 2 li*. Von * bis * wdh. Enden mit 3 re.
Reihe 8: 1 FV – 2 li – *2 re – 2 li*. Von * bis * wdh. 1 re – den U mit der nächsten M re verschr zus – 2 li – 1 re stricken. Wenden.
Reihe 9: Wie Reihe 7.
Reihe 10: Wie Reihe 8.
Reihe 11: Wie Reihe 7.
Reihe 12: 1 FV – 2 li – *2 re – 2 li*. Von * bis * wdh. 1 re – U mit nächster M re zus str – 2 li – 2 re.

Wie am rechten Vorderteil weiterstricken.

Den rechten vorderen Rand wieder auf eine Nd heben.
Die Ränder im Nacken rechts auf rechts aneinanderlegen.
Mit einer dritten Nd die M beider Nadeln zusammenstricken und gleichzeitig dabei abketten.

ÄRMEL

52 M mit A + B und Strumpfnadeln Nr. 4 anschlagen.
Das Rippenmuster nun in Rd stricken: 1 re – *2 li – 2 re*. Von * bis * wdh. Enden mit 2 li – 1 re.
Insg 10 Rd stricken.

ZUNAHME: 1 re – 1 neue re, dafür den Faden zw den M re verschr stricken – 50 M in Rippen – 1 neue re – 1 re.

SCHMALES MODELL: Die Zunahme in jeder 13.Rd wdh.
BREITES MODELL: Die Zunahme in jeder 10. Rd wdh.

Zunahmen stricken, bis es 68 M sind. Die neuen M nach und nach in das Muster einfügen.
Wenn unter dem Ärmel 6 rechte M nebeneinander sind, die 2 mittleren M links stricken.
Wenn unter dem Ärmel 6 linke M nebeneinander sind, die 2 mittleren M rechts stricken.

Weiterstricken, bis der Ärmel 39(35) cm misst.
Unter dem Ärmel teilen und in Reihen hin und her stricken.
Am Anfang der Runde 4 M abketten – die Reihe zu Ende stricken = 60 M.
Beidseitig am Anfang jeder Reihe abk.
Beidseitig 6mal 4 M abk = 12 M.
Die letzten M abk.
Den zweiten Ärmel auf die gleiche Weise stricken.

FERTIGSTELLUNG

Die Schultern zusammennähen.
Die vorderen Ränder an die Vorderteile und den Nacken nähen.
Darauf achten, dass die Markierungen an jeder Seite auf die Schulternaht treffen.
Vor dem Einnähen die Ärmel mit Nadeln in dem Armausschnitt feststecken. Von außen einnähen.
Die Fäden vernähen.

Die Jacke leicht waschen und vorsichtig in der Waschmaschine schleudern.
Einen Besenstiel durch die Ärmel stecken und die Jacke daran ½ Stunde aufhängen.
Die Jacke mit dem unteren Rand auf eine Wäscheleine hängen. Den unteren Rand der Jacke mit Stecknadeln um die Wäscheleine herum feststecken.

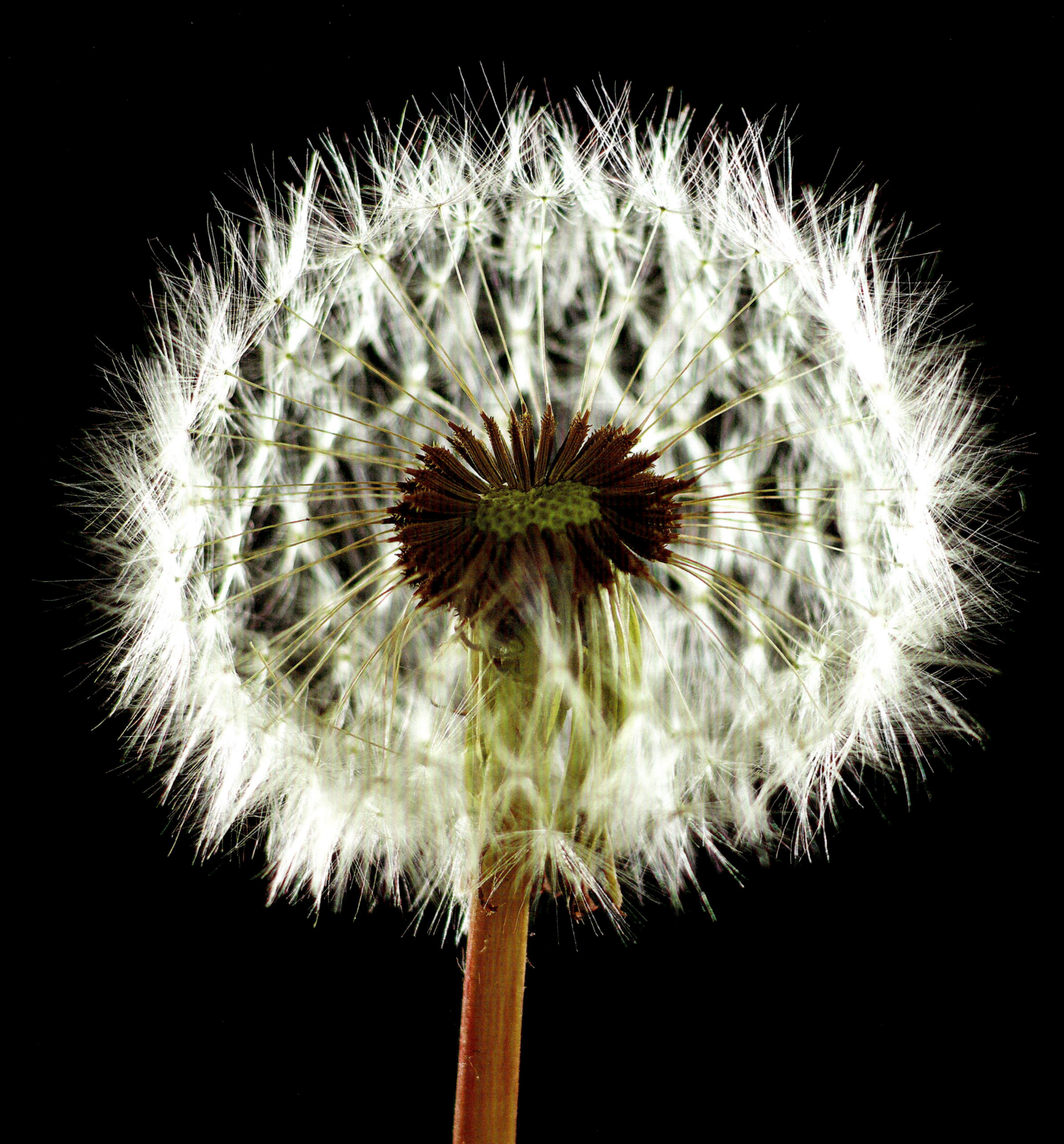

DIAGRAMM

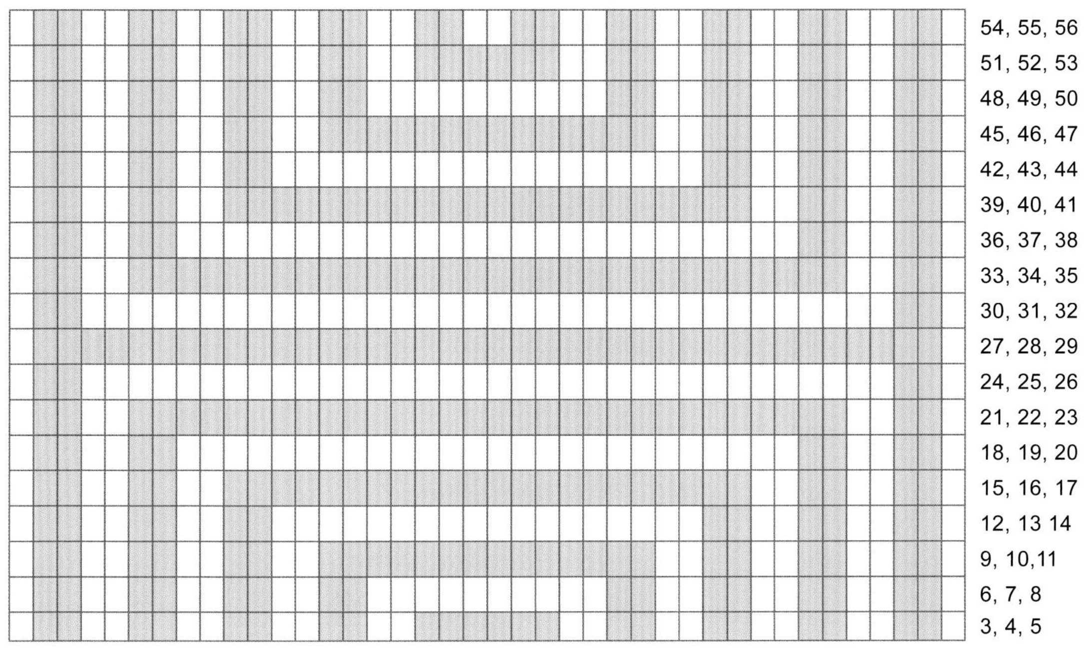

☐ = re in den HinR und li in den RückR

▒ = li in den HinR und re in den RückR

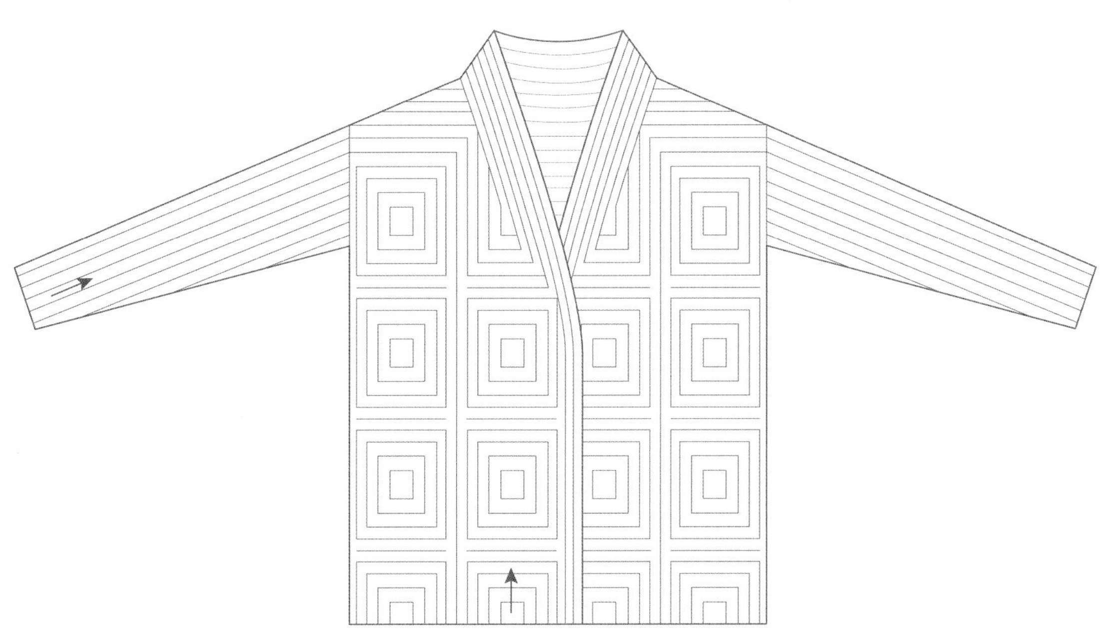

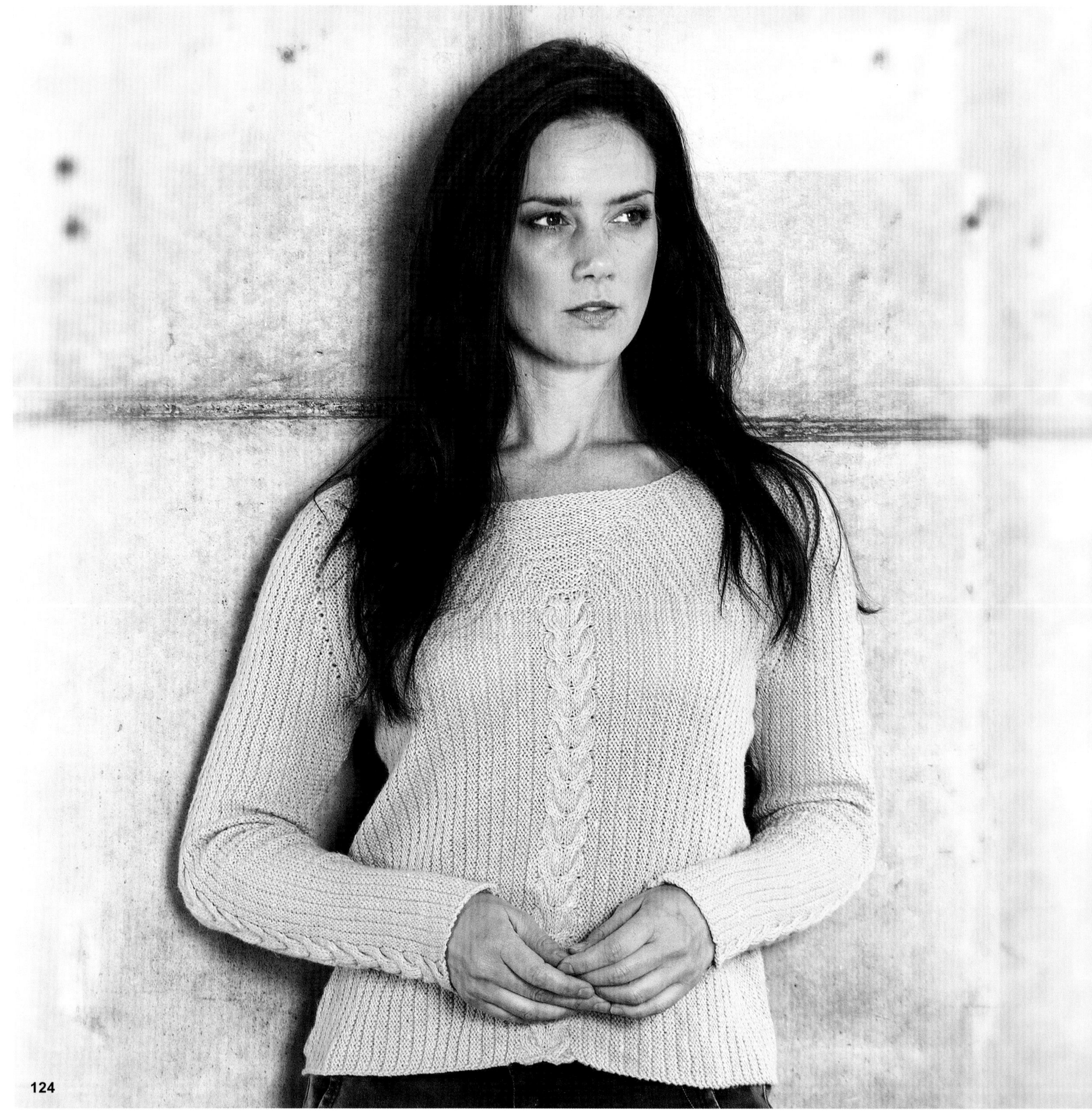

C H R I S T R O S E

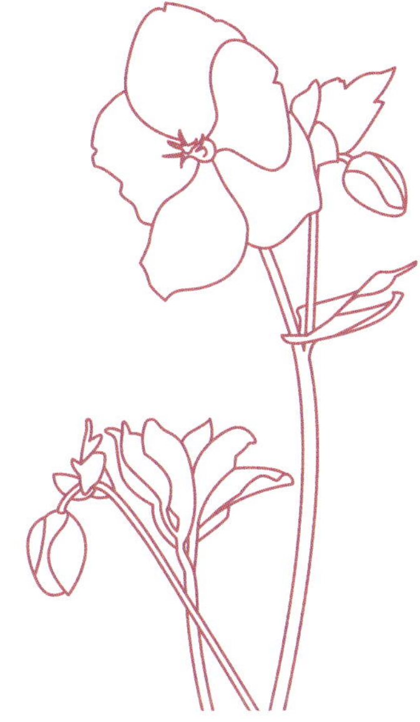

Größe: S(M)L(XL)

Halbe Oberweite: 46(50)54(58) cm
Länge: 53(55)55(57) cm
Innere Ärmellänge: 43 cm

Material
300(350)350(400)g Isager Merilin Farbe 61

Nadeln: Rundnadel Nr. 3 und 3½
Evtl. Strumpfnadeln als Hilfsnadel

Maschenprobe glatt gestrickt mit Nd Nr. 3½: 10 cm = 24 M und 30 R

RÜCKEN

Mit dem mittleren Zopfband beginnen.
14 M mit Nd Nr. 3½ anschlagen.
Reihe 1 (RückR): 1 re – 12 li – 1 re.
Reihe 2: 14 re.
Reihe 3: Wie Reihe 1.
Reihe 4: Wie Reihe 2.
Reihe 5: Wie Reihe 1.
Reihe 6 mit Zopf: 1 re – 3 M auf Hilfsnd hinter die Arbeit legen – 3 re – die 3 M der Hilfsnd re – 3 M auf Hilfsnd vor die Arbeit legen – 3 re – die 3 M der Hilfsnd re – 1 re.
Reihe 7: Wie Reihe 1.
Reihe 8: Wie Reihe 2.

Diese 8 Reihen wdh, bis 16 Zöpfe gestrickt sind. Unmittelbar nach einer Zopfreihe (Reihe 6) enden.
Reihe 7: 1 re – *2 li zus*. Von * bis * insg 6mal stricken. Enden mit 1 re = 8 M.
Das Zopfband misst ca. 36 cm.
Den Faden abschneiden.

Nun M aus dem Rand des Zopfbands herausstricken, dann um die Ecke herum die M von der Nd stricken und weiter an der anderen Seite des Zopfbandes M herausstricken.
Das ist ein bisschen knifflig aber mit Hilfe mehrerer Strumpfnd ist es einfacher. Mit zunehmender Reihenanzahl wird es leichter.
86 M aus der rechten Seites des Bandes herausstricken – die 8 M von der Nd re – 86 M aus der linken Seite des Bandes herausstricken = 180 M.

Reihe 1 (RückR): 180 re.
Reihe 2 mit ZUNAHMEN: 1 re – 83 li – eine Markierung setzen – *1 li – 1 neue li, dafür den Faden zw den M verschr auf die linke Nd heben und li stricken – 1 li*. Von * bis * insg 6mal stricken. Eine Markierung setzen – 83 li – 1 re = 186 M.
Reihe 3: 186 re.
Reihe 4 mit 1. Rippe: 186 re.

Reihe 5 mit ZUNAHMEN in der RückR: 84 re – *1 re – 1 neue re, dafür den Faden zw den M re verschr stricken – 4 re – 1 neue re – 1 re*. Von * bis * insg 3mal stricken. 84 re = 192 M.
Reihe 6: 1 re – 190 li – 1 re.
Reihe 7: 192 re.
Reihe 8 mit 2. Rippe und ZUNAHMEN in der HinR:
84 re – *1 re – 1 neue re – 6 re – 1 neue re – 1 re*. Von * bis * insg 3mal stricken. 84 re = 198 M.
Reihe 9: 198 re.
Reihe 10: 1 re – 196 li – 1 re.
Reihe 11 mit ZUNAHMEN in der RückR: 84 re – *1 re – 1 neue re – 8 re – 1 neue re – 1 re*.
Von * bis * insg 3mal stricken. 84 re = 204 M.
Reihe 12 mit 3. Rippe: 204 re.
Reihe 13: 204 re.
Reihe 14 mit ZUNAHMEN in der HinR:
1 re – 83 li – *1 li – 1 neue li – 10 li – 1 neue li – 1 li*.
Von * bis * insg 3mal stricken. 83 li – 1 re = 210 M.
Reihe 15: 210 re.

Weiterstricken mit Zunahmen in jeder 3. Reihe und Rippen in jeder 4. Reihe.
Wenn auf der Rückseite 16(18)18(20) Rippen + 3 Reihen sind = 312(330)330(348) M.
Den Faden abschneiden.
Die M stilllegen.

VORDERTEIL

Wie den Rücken stricken, bis auf der Rückseite 7(8)8(9) Rippen + 3 R sind = 240(252)252(258) M.

LINKE SCHULTER

Über die ersten 108(112)112(114) M weiterstricken.
Die mittleren 24(28)28(30) M für den Halsausschnitt stilllegen, ohne sie zu stricken.
Auch die letzten 108(112)112(114) M stilllegen, ohne sie zu stricken.

Wenden. Nur über die ersten 108(112)112(114) M im Muster und mit Zunahmen weiterstricken wie bisher, bis es insg 16(18)18(20) Rippen + 3 R sind = 132(138)138(144) M.

Nur über die unteren 84 M vor der Markierung stricken.

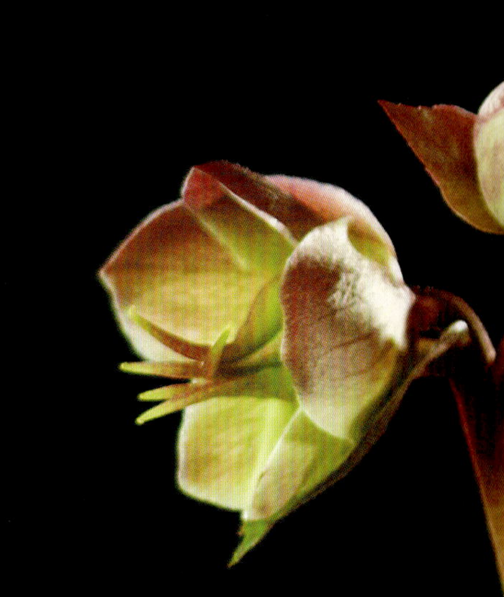

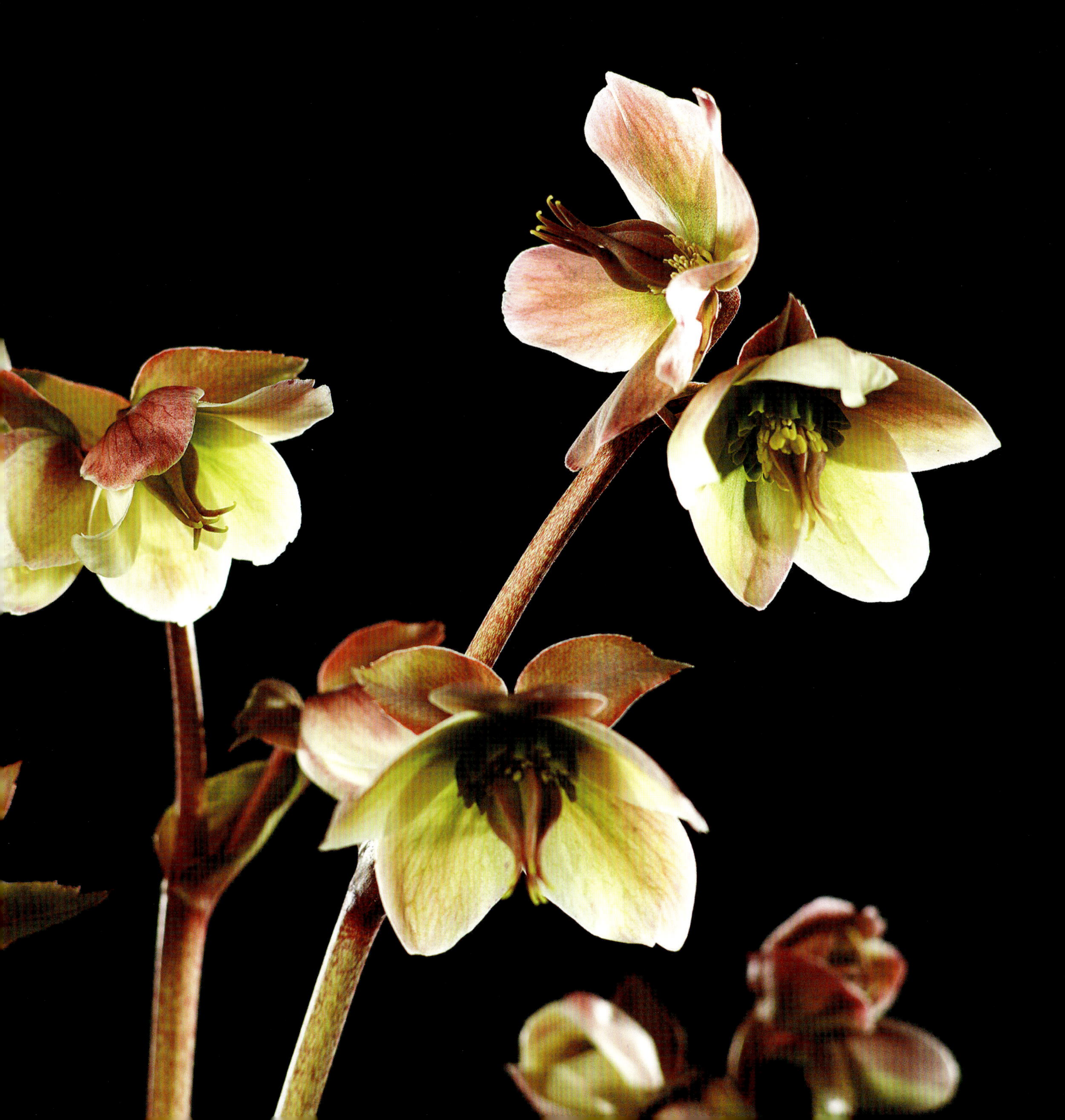

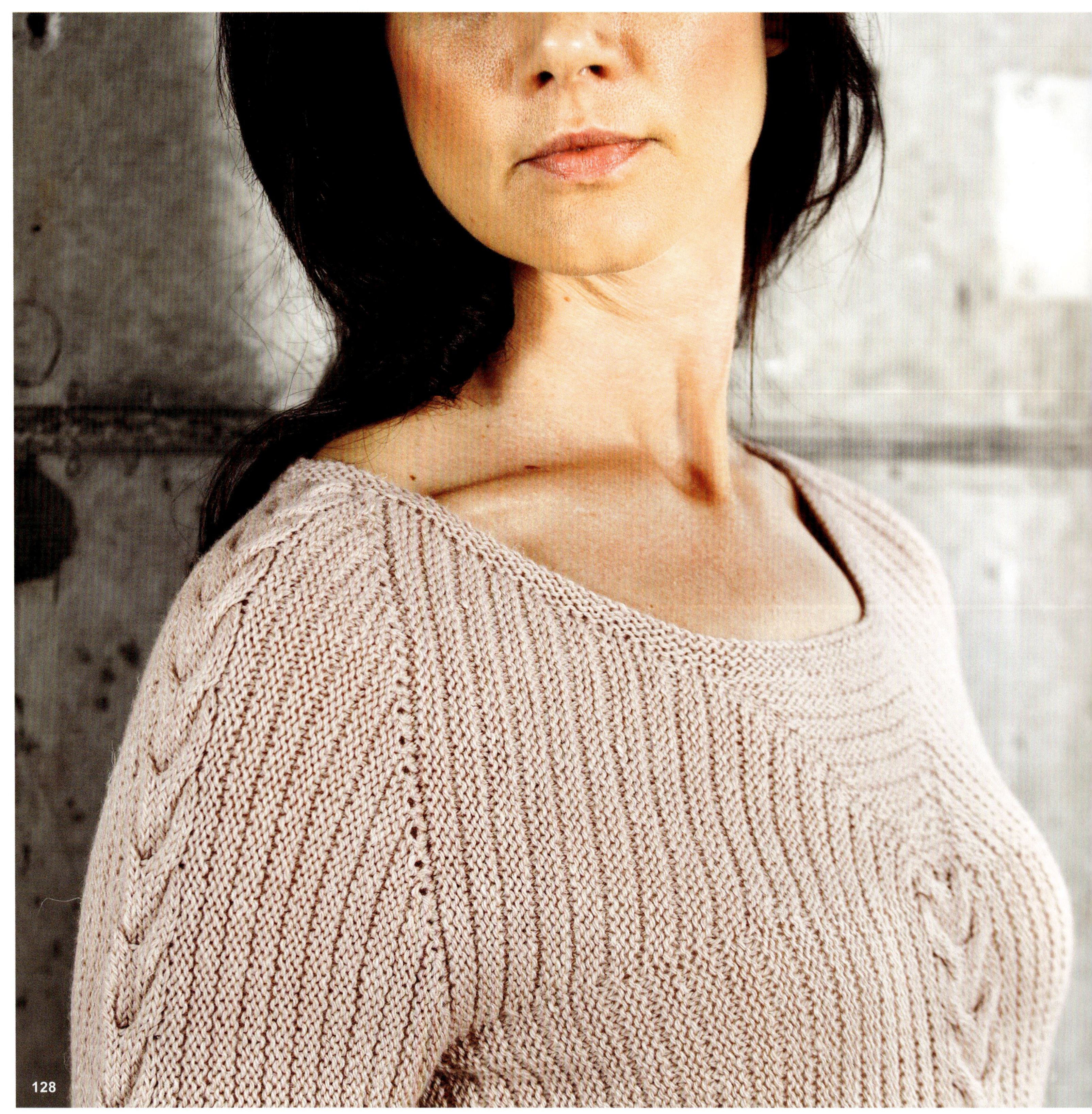

Die oberen 48(54)54(60) M nach der Markierung für den Raglan stilllegen.
24(24)32(32) R im Muster wie bisher stricken.
Direkt vor einer Rippe enden.
Insg sind es nun 22(24)26(28) Rippen + 3 R.

Die 84 M der linken Rückenseite wieder auf eine Nd heben und mit dem Vorderteil zusammenstricken.
Beide Teile rechts auf rechts aneinanderlegen und mit einer dritten Nadel die M beider Nd zusammenstricken und gleichzeitig dabei abk.

RECHTE SCHULTER

Wie die LINKE SCHULTER stricken.
Nach den mittleren 24(28)28(30) M beginnen.
Wenn es insg 16(18)18(20) Rippen + 3 R sind = 132(138)138(144) M den Faden abschneiden.
24(24)32(32) R über die unteren 84 M stricken.
Unmittelbar nach den oberen 48(54)54(60) Raglanmaschen beginnen.
Diese Seite ebenfalls mit dem Rücken zusammenstricken.

LINKER ÄRMEL

Ein Zopfband wie für den Rücken stricken, bis es insg 27(28)28(29) Zöpfe = ca. 61(63)63(65) cm sind.
In der nächsten RückR auf 8 M reduzieren.
Den Faden abschneiden.
Die M stilllegen. Sie werden später für den Halsausschnitt benötigt.

ERSTE SEITE ÄRMEL

148(154)154(160) M in einer HinR aus der rechten Seite des Zopfbandes herausstricken.
Unten am Zopfband beginnen.

Reihe 1 (RückR): 148(154)154(160) re.
Reihe 2: 1 re – 145(151)151(157) li. Wenden.
Es bleiben noch 2 M, die nicht gestrickt werden, auf der Nd.
Reihe 3: 1 M abh, mit dem Faden hinter der M = 1 FH – 145(151)151(157) re.
Reihe 4 mit 1. Rippe: 144(150)150(156) re.
Wenden. Es sind noch 4 M übrig.
Reihe 5: 1 M abh, mit dem Faden vor der M = 1 FV – 143(149)149(155) re.
Reihe 6: 1 re – 141(147)147(153) li. Wenden.
Es sind 6 M übrig.
Reihe 7: 1 FH – 141(147)147(153) re.
Reihe 8 mit 2. Rippe: 140(146)146(152) re.
Wenden. Es sind 8 M übrig.
Reihe 9: 1 FV – 139(145)145(151) re.

Im Muster weiterstricken und oben am Ärmel immer 2 M vor der letzten Wende wenden.

In der 8.(9.)9.(10.) Rippe 116(118)118(120) re stricken. Wenden. Oben am Ärmel werden nun 32(36)36(40) M nicht mitgestrickt.
107(108)108(110) M stricken = 9(10)10(10) M, die unten am Ärmel nicht gestrickt werden.
Wenden.
105(106)106(108) M stricken. Wenden.
98(100)101(103) M stricken = 7(6)5(5) zusätzliche M, die unten am Ärmel nicht gestrickt werden. Wenden.

9.(10.)10.(11.) Rippe stricken: 96(98)99(101) M = 36(40)40(44) M, die oben am Ärmel nicht gestrickt werden. Wenden.
89(92)94(96) M stricken = 7(6)5(5) zusätzliche M, die unten am Ärmel nicht gestrickt werden.

Weiterhin oben am Ärmel immer 2 M vor der letzten Wende wenden.
Unten am Ärmel 7(6)5(5) M vor der letzten Wende wenden.

Bei der 12.(13.)13.(15.) Rippe 42(50)57(45) M stricken = 48(52)52(60) M, die oben am Ärmel nicht gestrickt werden. Wenden.
35(44)52(40) M stricken = 7(6)5(5) zusätzliche M, die unten am Ärmel nicht gestrickt werden.

Gr. (M)L:
Wenden. (42)50 M stricken.
Wenden. (36)45 M stricken = (6)5 zusätzliche M, die unten am Ärmel nicht gestrickt werden.

Alle Gr.:
Wenden. 35(36)45(40) M stricken = bei der letzten Wende oben am Ärmel.
Oben am Ärmel enden die Wenden und es wird nun jedes Mal bis zur letzten Wende gestrickt.
Wenden. 28(30)40(35) M stricken = 7(6)5(5) zusätzliche M, die unten am Ärmel nicht gestrickt werden.
Die oberen 48(54)54(60) M bilden die Raglannaht, die später mit dem Rücken zusammengestrickt wird.

Wenden. 28(30)40(35) M stricken.
Wenden. 21(24)35(30) M stricken = 7(6)5(5) zusätzliche M, die unten am Ärmel nicht gestrickt werden.

Wenden. 21(24)35(30) M stricken.
Wenden. 14(18)30(25) M stricken = 7(6)5(5) zusätzliche M, die unten am Ärmel nicht gestrickt werden.

Wenden. 14(18)30(25) M stricken.
Wenden. 7(12)25(20) M stricken = 7(6)5(5) zusätzliche M, die unten am Ärmel nicht gestrickt werden.

Wenden. 7(12)25(20) M stricken.

Gr. S(M):
Den Faden abschneiden.

Gr. L(XL):
Wenden. 20(15) M stricken = 5 zusätzliche M, die unten am Ärmel nicht gestrickt werden.

Wenden. 20(15) M stricken.
Wenden. 15(10) M = 5 zusätzliche M, die unten am Ärmel nicht gestrickt werden.

Wenden. 15(10) M stricken.
Wenden. 10(5) M stricken = 5 zusätzliche M, die unten am Ärmel nicht gestrickt werden.
Wenden. 10(5) M stricken.
Den Faden abschneiden.

ZWEITE SEITE ÄRMEL

148(154)154(160) M in einer HinR an der linken Seite des Zopfbands herausstricken.
Oben am Zopfband beginnen.

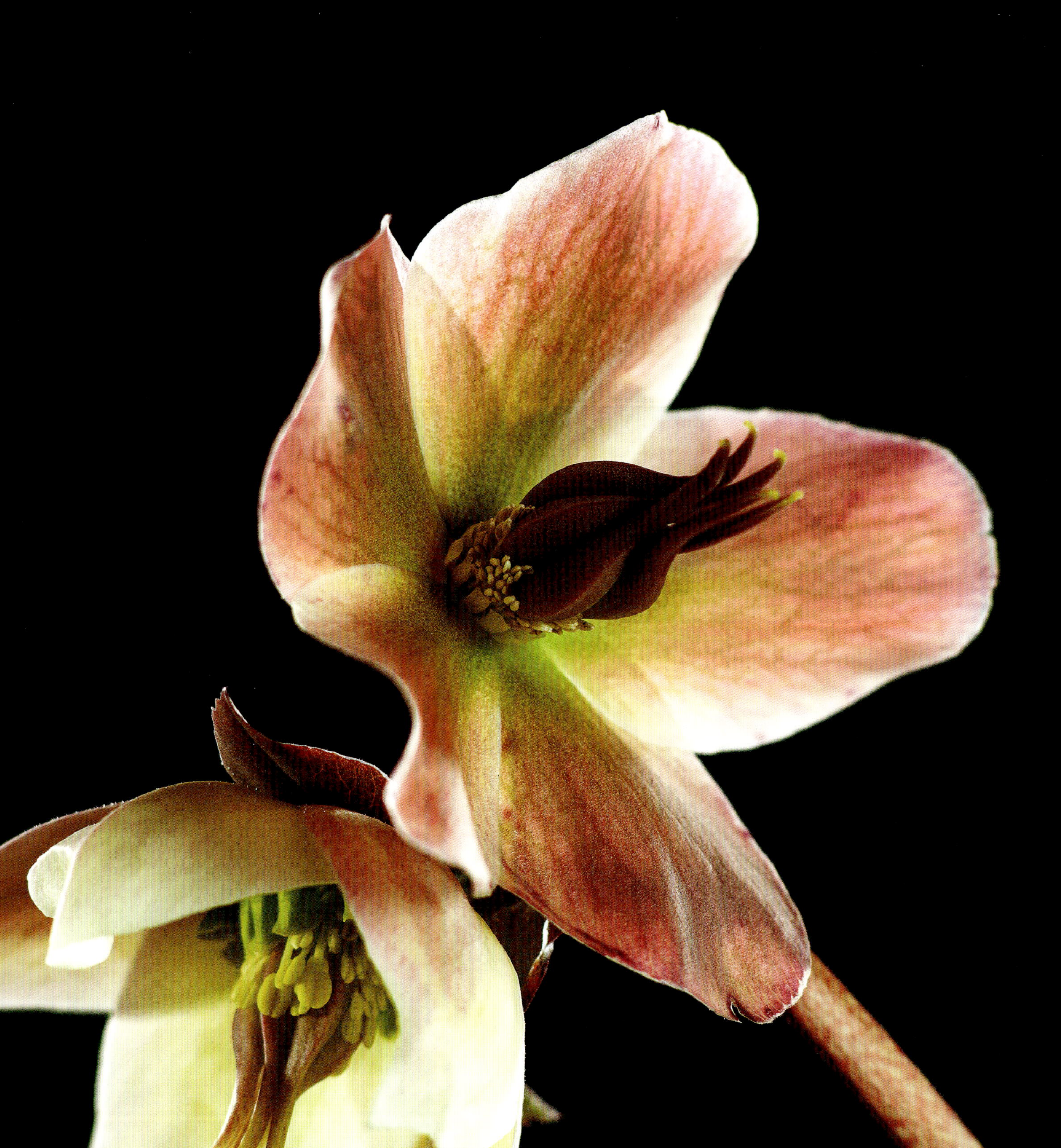

Reihe 1 (RückR): 146(152)152(158) re. Wenden.
2 M werden nicht gestrickt.
Reihe 2: 1 FV – 144(150)150(156) li – 1 re.
Reihe 3: 144(150)150(156) re. Wenden.
Es werden nun 4 M nicht gestrickt.
Reihe 4 mit 1. Rippe: 1 FV – 143(149)149(155) re.

Weiter im Muster stricken und 2 M vor der letzten Wende wenden.
In der 8.(9.)9.(10.) Rippe 110(105)105(107) re stricken = 6(13)13(13) M, die unten am Ärmel nicht gestrickt werden (anders als an der anderen Seite). Oben am Ärmel werden 32(36)36(40) M nicht gestrickt.

Oben am Ärmel weiterhin 2 M vor der letzten Wende wenden.
Unten am Ärmel 7(6)5(5) M vor der letzten Wende wenden, wie an der anderen Ärmelseite.

Wenn oben am Ärmel 48(54)54(60) M nicht mehr mitgestrickt werden, enden dort die Wenden. Diese oberen M bilden die Raglannaht und werden später mit dem Vorderteil zusammengestrickt.

Unten am Ärmel wie bisher wenden, bis nach der letzten Wende noch 10(9)12(7) M gestrickt werden.

Den Ärmel an den Körper stricken:
48(54)54(60) M der linken Vorderteilschulter wieder auf eine Nd heben.
Das Vorderteil mit den Maschen der zweiten Ärmelseite auf die gleiche Weise wie die Seitennaht zusammenstricken.
Die entspechenden 48(54)54(60) Rückenmaschen wieder auf eine Nd heben und mit der ersten Ärmelseite zusammenstricken.
Die Ärmelnaht zusammenstricken.

Den zweiten Ärmel auf die gleiche Weise stricken.

HALSRAND

Die Nackenmaschen + Vorderteilmaschen + 2 x 8 Ärmelmaschen (Zopfband) wieder auf eine Nd heben.

Mit Nd Nr.3 eine HinR re über die 48(54)54(60) Nackenmaschen stricken.
2 M im Übergang zu den Ärmelmaschen herausstricken. 8 Ärmelmaschen re.
26(29)29(32) M aus dem Halsrand herausstricken.
24(28)28(30) Vorderteilmaschen re.
26(29)29(32) M aus dem Halsrand herausstricken.
8 Ärmelmaschen re.
2 M im Übergang zu den Nackenmaschen herausstricken = 144(160)160(174) M für den Halsrand.

Wenden.
6 Reihen re hin und her stricken.
In einer RückR re abketten.
Mit der Festigkeit des Abkettens wird die Größe des Halsausschnittes bestimmt.

FERTIGSTELLUNG

Die Seitenteile an die Ärmel nähen.
Den kleinen Schlitz am Halsrand zusammennähen.
Die Fäden vernähen.

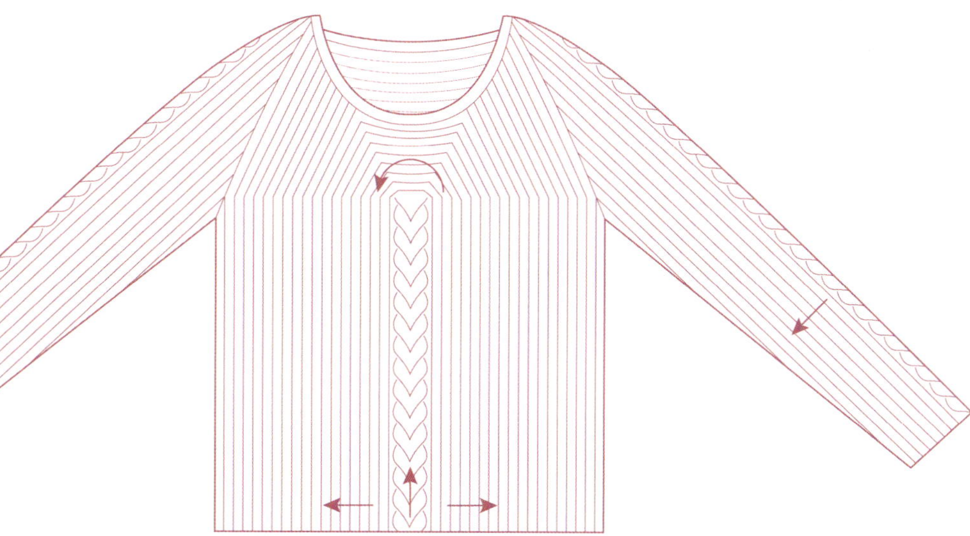

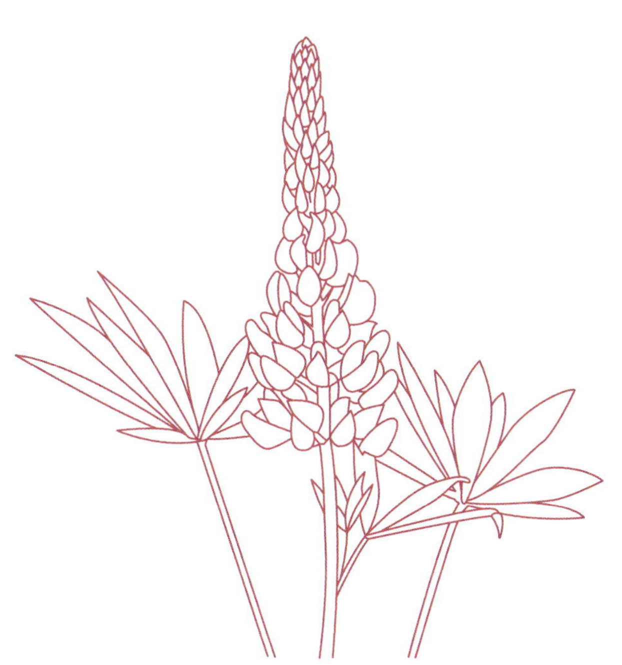